三　訂

刑法判例大系

総論

内田文昭

責任編集

山火正則
福山道義
吉田敏雄
林　美月子

共編

八千代出版

〈編者紹介〉
内 田 文 昭（神奈川大学名誉教授・法博）　　第２章
山 火 正 則（神奈川大学名誉教授・法博）　　第３章，第７章
福 山 道 義（福岡大学教授・法博）　　第６章
吉 田 敏 雄（北海学園大学教授・法博）　　第１章，第５章
林　美月子（立教大学教授・法博）　　第４章

はしがき

本書は、刑法総論の講義・演習等の副読本ないしは教材として編集したものである。

講義の際に使用する教科書では、紙面の関係もあって、判例として検討するというよりは、むしろ著者の理論等に肉付けを与えるために判例を援用する場合が多く、したがって、教科書だけでは、判例の存在は知りえても、その内容に接することができないことが稀ではない。また、演習で判例を教材とする場合には、解説付きのものが利用されることが多く、ともすれば解説に引きずられてしまう傾向があり、判例そのものの検討とはいえなくなる可能性がある。しかし、法律学にとって、したがってまた刑法学にとって、判例理論の検討は、必須のものであることはいうまでもない。

このようなことから、かねて、適当な副読本・教材の必要性が認識されていたといって過言ではない。

そこで、われわれは、判例を判例として理解することを通して、刑法解釈論の研究・学習の効果をあげるために、判例集等に登載された「判例」をできるだけ「生まの判例」に近づけるかたちで整理し、体系的にまとめることを企画した。本書は、その総論部分にあたるものである。その特色として、次の諸点をあげることができるであろう。

第一は、解説・ヒントは一切省略したが、解釈論の体系的関心に従い、「項目」・「みだし」を多くつけ、かつ、これに相応しいものを、参照判例をも含めて、可能な限り数多く選びだす努力をしたことである。その結果、当該判例の体系的位置づけが示されたばかりではなく、類書でとりあげられなかった判例も、かなり多数登載することができたものと思われる。

第二は、どのような事実に対して、裁判所はどのような判断を示したかを、可能な限り明確にするための努力を払ったことである。有罪か無罪か。有罪の場合、刑罰はどれだけか。上級審の判断はどのようであったか。これらの点をも、可能な限りあきらかにすることに努めたのである。したがって、一つ一つが、個々の刑事裁判としてどのように解決されたかという点も、かなりはっきりしたものとなったと思われる。しかし、所詮は、「判例そのもの」ではない。必要最小限度、「生まの判例」に近づいただけである。判例集等により、「生まの判例」に接する必要があることはいうまでもない。いや、場合によっては、事件の現場に赴いて、過去を振り返り、事件の個性・特色等に思いを致すことも必要である。本書は、そのための「手がかり」といえよう。

第三は、最新の判例を考慮したことである。これにより、学説との関連における判例の進展を理解することができるものと思われる。今後の判例の動向を見守りながら、、適宜補正を試みたいと考える。

さらに、各論部分をも近く公にする予定である。読者諸賢の素直な批判・叱正を希うものである。

なお、本書の出版にあたって、八千代出版社社長・茅沼紘氏に格別の支援をいただいた。記して謝意を表したい。

昭和六三年春

内田文昭

三訂版・はしがき

改訂後、早いもので、もう八年になろうとしている。幸い読者に恵まれ、三訂の必要に迫られた。そこで、この間の判例の展開を前提としながら、新たな重要判例をも取り上げ、再構成することにした次第である。判例の取捨選択は、各担当者に拠っているが、より充実した内容となったものと確信している。さらに、古い判例でも、わが国の刑法判例史上、忘れることができないものは、改めてこれを取り上げたことをも付記したい。

本書が、刑法学習上、有効に活用されることを切望する。

平成一四年秋

内田文昭

はしがき

目次

第七章 罪数論

第一章　基礎理論

第一節　罪刑法定主義

1　法律主義・委任立法と規則

最判昭和四九・一一・六
刑集二八巻九号三九三頁

●事　実　被告人は、北海道宗谷郡猿払村の鬼志別郵便局に勤務する郵政事務官で、猿払地区労協議会事務局長を勤めていた者であるが、昭和四二年一月八日告示の衆議院議員総選挙に際し、右協議会の決定に従い、日本社会党を支持する目的をもって、勤務時間外に、同党公認候補者の選挙用ポスター六枚を公営掲示板に掲示したほか、右ポスター合計一八四枚の掲示方を依頼して配布したため、国家公務員法一〇二条一項、人事院規則一四—七・六項一三号違反に問われ、国公法一一〇条一項一九号の罰則が適用されるべきであるとして起訴された。

●判　旨　「政治的行為の定めを人事院規則に委任する国公法一〇二条一項が、公務員の政治的中立性を損うおそれのある行動類型に属する政治的行為を具体的に定めることを委任するものであることは、同条の合理的な解釈により理解しうるところである。そして、そのような政治的行為が、公務員組織の内部秩序を維持する見地から課される懲戒処分を根拠づけるに足りるものであるとともに、国民全体の共同利益を擁護する見地から科される刑罰を根拠づける違法性を帯びるものであることは、すでに述べたとおりであるから、右条項は、それが同法八二条による懲戒処分及び同法一一〇条一項一九号による刑罰の対象となる政治的行為の定めを一様に委任するものであるからといって、そのことの故に、憲法の許容する委任の限度を超えることになるものではない。」原判決及び第一審判決破棄。罰金五千円。

2　構成要件の明確性(1)

最判昭和五〇・九・一〇
刑集二九巻八号四八九頁

●事　実　被告人は、徳島県反戦青年委員会主催の集団示威行進に、青年、学生約三〇〇名と共に参加したが、右集団行進の先頭集団数十名が車道上でだ行進を行い交通秩序の維持に反する行為をした際、自らもだ行進をしたり、先頭列外付近に位置して所携の笛を吹きあるいは両手をあげて前後に振り、集団行進者にだ行進をさせるよう刺激を与えた。このうちだ行進は道路交通法七七条三項、一一九条一項一三号に該当し、せん動は徳島市公安条例三条三号、五条に該当するとして、起訴された。第一審は、道交法違反については有罪としたが、公安条例違反については、同条例三条三号の「交通秩序を維持すること」の規定は、一般的、抽象的、多義的であって、これに合理的な限定解釈を加えることは困難であるから憲法三一条に違反するとした。原審高松高判昭八・二・一九は検察官控訴を棄却。

●判　旨　「本条例三条三号、五条の犯罪構成要件としての明確性について

次に、本条例三条三号の『交通秩序を維持すること』という規定が犯罪構成要件の内容をなすものとして明確であるかどうかを検討する。

右の規定は、その文言だけからすれば、単に抽象的に交通秩序を維持すべきことを命じているだけで、いかなる作為、不作為を命じているのかその義務内容が具体的に明らかにされていない。……立法措置として著しく妥当を欠くものがあるといわなければならない。しかしながら、およそ、刑罰法規の定める犯罪構成要件があいまい不明確のゆえに憲法三一条に違反し無効であるとされるのは、その規定が通常の判断能力を有する一般人に対して、禁止される行為とそうでない行為とを識別するための基準を示すところがなく、そのため、その適用を受ける国民に対して刑罰の対象となる行為をあらかじめ告知する機能を果たさず、また、その運用がこれを適用する国又は地方公共団体の機関の主観的判断にゆだねられて恣意に流れる等、重大な弊害を生ずるからであると考えられる。しかし、一般に法規は、規定の文言の表現力に限界があるばかりでなく、その性質上多かれ少なかれ抽象性を有し、刑罰法規もその例外をなすものではないから、禁止される行為とそうでない行為との識別を可能ならしめる基準といつても、必ずしも常に絶対的なそれを要求することはできず、合理的な判断を必要とする場合があることを免れない。それゆえ、ある刑罰法規があいまい不明確のゆえに憲法三一条に違反するものと認めるべきかどうかは、通常の判断能力を有する一般人の理解において、具体的場合に当該行為がその適用を受けるものかどうかの判断を可能ならしめるような基準が読みとれるかどうかによつてこれを決定すべきである。」

「思想表現行為としての集団行進等は、前述のように、これに参加する多数の者が、行進その他の一体的行動によってその共通の主張、要求、観念等を一般公衆等に強く印象づけるために行うものであり、専らこのような一体的行動によつてこれを示すところにその本質的な意義と価値があるものであるから、これに対して、それが秩序正しく平穏に行われて不必要に地方公共の安寧と秩序を脅かすような行動にわたらないことを要求しても、それは、右のような思想表現行為としての集団行進等の本質的な意義と価値を失わしめ憲法上保障されている表現の自由を不当に制限することにはならないのである。そうすると本条例三条が、……その三号に『交通秩序を維持すること』を

掲げているのは、道路における集団行進等が一般的に秩序正しく平穏に行われる場合にこれに随伴する交通秩序阻害の程度を超えた、殊更な交通秩序の阻害をもたらすような行為を避止すべきことを命じているものと解されるのである。そして、通常の判断能力を有する一般人が……通常その判断にさほどの困難を感じることはないはずであり……」

「……したがつて……本条例三条三号の規定により、国民の憲法上の権利の正当な行使が阻害されるおそれがあるとか、国又は地方公共団体の機関による恣意的な運用を許すおそれがあるとは、ほとんど考えられないのである……。

このように見てくると、本条例三条三号の規定は、確かにその文言が抽象的であるとのそしりを免れないとはいえ、集団行進等における道路交通の秩序遵守についての基準を読みとることが可能であり、犯罪構成要件の内容をなすものとして明確性を欠き憲法三一条に違反するものとはいえないから、これと異なる見解に立つ原判決及びその維持する第一審判決は、憲法三一条の解釈適用を誤つたものというべく、論旨は理由がある。」

原判決及び第一審判決破棄、罰金一万円。

3　構成要件の明確性(2)

最判昭和六〇・一〇・二三
刑集三九巻六号四一三頁

●事　実　福岡県青少年保護育成条例は、青少年の健全な育成を図るため青少年を保護することを目的として定められ（一条一項）、他の法令により成年者と同一の能力を有する者を除き、小学校就学の始期から満一八歳に達するまでの者を青少年と定義した（三条一項）上で、「何人も、青少年に対し、淫行又はわいせつの行為をしてはならない」（一〇条一項）と規定し、その違反者に対しては二年以下の懲役又は一〇万円以下の罰金を科し（一六条一項）、違反者が青少年であるときは、これに対して罰則を適用しない（一七条）こととしている。被告人は、Aが一八歳に満たない青少年であることを知りながら、ホテルの客室において右Aと性交をしたとして、罰金五万円に処せられた。被告人上告。

●判　旨　「本条例一〇条一項、一六条一項の規定（以下、両者を併せて『本件各規定』という）の趣旨は、一般に青少年が、その心身の未成熟や発育程度の不均衡から、精神的に未だ十分に安定していないため、性行為等によつて精神的な痛手を受け易く、また、その痛手からの回復が困難となりがちである等の事情にかんがみ、青少年の健全な育成を図るため、青少年を対象としてなされる性行為等のうち、その育成を阻害するおそれのあるものとして社会通念上非難を受けるべき性質のものを禁止することとしたものであることが明らかであつて、右のような本件各規定の趣旨及びその文理等に徴すると、本条例一〇条一項の規定にいう『淫行』とは、広く青少年に対する性行為一般をいうものと解すべきではなく、青少年を誘惑し、威迫し、欺罔し又は困惑させる等その心身の未成熟に乗じた不当な手段により行う性交又は性交類似行為のほか、青少年を単に自己の性的欲望を満足させるための対象として扱つているとしか認められないような性交又は性交類似行為をいうものと解するのが相当である。けだし、右の『淫行』を広く青少年に対する性行為一般を指すものと解するときは、『淫らな』性行為を指す『淫行』の用語自体の意義に添わないばかりでなく、例えば婚約中の青少年又はこれに準ずる真摯な交際関係にある青少年との間で行われる性行為等、社会通念上およそ処罰の対象として考え難いものをも含むこととなつて、その解釈は広きに失することが明らかであり、また、前記『淫行』を目して単に反倫理的あるいは不純な性行為と解するのでは、犯罪の構成要件として不明確であるとの批判を免れないのであつて、前記の規定の文理から合理的に導き出され得る解釈の範囲内で、前叙のように限定して解するのを相当とする。このような解釈は通常の判断能力を有する一般人の理解にも適うものであり、『淫行』の意義を右のように解釈するときは、同規定につき処罰の範囲が不当に広過ぎるとも不明確であるともいえないから、本件各規定が憲法三一条の規定に違反するものとはいえず、憲法一一条、一三条、一九条、二一条違反をいう所論も前提を欠くに帰し、すべて採用することができない。

なお、本件につき原判決認定の事実関係に基づいて検討するのに、被告人と少女との間には本件行為までに相当期間にわたつて一応付合いと見られるような関係があつたようであるが、当時における両者のそれぞれの年齢、性交渉に至る経緯、その他両者間の付合いの態様等の諸事情に照らすと、本件は、被告人において当該少女を単に自己の性的欲望を満足させるための対象として扱つているとしか認められないような性行為をした場合に該当するものというほかないから、本件行為が本条例一〇条一項にいう『淫行』に当たるとした原判断は正当である。」被告人の上告棄却。（第一審判決、罰金五万円。）

4　罪刑の均衡

最判昭和四八・四・四
刑集二七巻三号二六五頁

●事　実　被告人は、中学二年生の時、父親に無理に姦淫され、それを契機にその後も不倫行為を反覆され、一七歳の時に、父親の子を生んだのを始めとして、相次いで五人の子供を出産した。その後、被告人は、勤務先の青年と相思の仲となり、婚約を約するまでになったが、父親は被告人の希望を拒み、従前の関係をなおも続けようとしたため、被告人は父親を殺害するに至った。

●**判　旨**　「尊属の殺害は通常の殺人に比して一般に高度の社会的道義的非難を受けて然るべきであるとして、このことをその処罰に反映させても、あながち不合理であるとはいえない。そこで、被害者が尊属であることを犯情のひとつとして具体的事件の量刑上重視することは許されるものであるのみならず、さらに進んでこのことを類型化し、法律上、刑の加重要件とする規定を設けても、かかる差別的取扱いをもつてただちに合理的な根拠を欠くものと断ずることはできず、したがつてまた、憲法一四条一項に違反するということもできないものと解する。

さて、右のとおり、普通殺のほかに尊属殺という特別の罪を設け、その刑を加重すること自体はただちに違憲であるとはいえないのであるが、しかしながら、刑罰加重の程度いかんによつては、かかる差別の合理性を否定すべき場合がないとはいえない。すなわち、加重の程度が極端であつて、前示のごとき立法目的達成の手段として甚だしく均衡を失し、これを正当化しうべき根拠を見出しえないときは、その差別は著しく不合理なものといわなければならず、かかる規定は憲法一四条一項に違反して無効であるとしなければならない。

この観点から刑法二〇〇条をみるに、同条の法定刑は死刑および無期懲役刑のみであり、普通殺人罪に関する同法一九九条の法定刑が、死刑、無期懲役のほか三年以上の有期懲役刑となつているのと比較して、刑種選択の範囲が極めて重い刑に限られていることは明らかである。もつとも、現行刑法にはいくつかの減軽規定が存し、これによつて法定刑を修正しうるのであるが、現行法上許される二回の減軽を加えても、尊属殺につき有罪とされた卑属に対して刑を言い渡すべきときには、処断刑の下限は懲役三年六月を下ることがなく、その結果として、いかに酌量すべき情状があろうとも法律上刑の執行を猶予することはできないのであり、普通殺の場合とは著しい対照をなすものといわなければならない。」

「尊属殺の法定刑は、それが死刑または無期懲役刑に限られている点（現行刑法上、これは外患誘致罪を除いて最も重いものである。）においてあまりにも厳しいものというべく、上記のごとき立法目的、すなわち、尊属に対する敬愛や報恩という自然的情愛ないし普遍的倫理の維持尊重の観点のみをもつてしては、これにつき十分納得すべき説明がつきかねるところであり、合理的根拠に基づく差別的取扱いとして正当化することはとうていできない。

以上のしだいで、刑法二〇〇条は、尊属殺の法定刑を死刑または無期懲役刑のみに限つている点において、その立法目的達成のため必要な限度を遙かに超え、普通殺に関する刑法一九九条の法定刑に比し著しく不合理な差別的取扱いをするものと認められ、憲法一四条一項に違反して無効であるとしなければならず、したがつて、尊属殺にも刑法一九九条を適用するのほかはない。この見解に反する当審従来の判例はこれを変更する。」原判決破棄。懲役二年六月、執行猶予三年。

［参照判例］
最判昭和三〇・七・七刑集九巻九号一八一六頁。

5　判例変更と遡及処罰の禁止

最判平成八・一一・一八
判例時報一五八七頁

●**事　実**　昭和四九年四月一一日に行われた日教組の統一行動に関わって、当時岩手県教職員組合の執行委員長であった被告人は、傘下の公立学校教職員に対し、同盟罷業の遂行のあおり及びあおりの企てをしたとして、地方公務員法違反の罪で起訴された。第一次第一審は、被告人に無罪を言い渡し、同第二審も、これを是認した。検察官の上告を受けた最高裁判所は、無罪判決を破棄して、事件を仙台高裁に差し戻した。第二次控訴審は、あおり行為については無罪。あおりの企てについて有罪の判決を下した。被告人は、本件事件当時は、地方公務員法上の争議行為をあおり及びあおりの企てについては、限定解釈をしていた昭和四四年四月二日の都教組事件最高裁大法廷判決が支配しており、この都教組事件判決の下では、本件行為は適法であったにもかかわらず、これを違法として処罰するのは、遡及処罰を禁止した憲法三九条に違反するとして上告した。

●**判　旨**　「行為当時の最高裁判所の判例の示す法解釈に従えば無罪となるべき行為を処罰することが憲法三九条に違反する旨をいう点は、そのような行為であっても、これを処罰することが憲法の右規定に違反しないことは、当裁判所の判例（最高裁昭和二三年（れ）第二一二四号同二五年四月二六日大法廷判決・刑集四巻四号七〇〇頁、最高裁昭和二九年（あ）第一〇五六号同三三年五月二八日大法廷判決・刑集一二巻八号一七一八頁、最高裁昭和四七年（あ）第一八九六号同四九年五月二九日大法廷判決・刑集二八巻四号一一四頁）の趣旨に徴して明らかであ」る。被告人の上告棄却。

裁判官河合伸一の補足意見「私は、被告人の行為が、行為当時の判例の示す法解釈に従えば無罪となるべきものであったとしても、そのような行為を処罰することが憲法に違反するものではないという法廷意見に同調するが、これに関連して、若干補足して述べておきたい。

判例、ことに最高裁判所が示した法解釈は、下級裁判所に対し事実上の強い拘束力を及ぼしているのであり、国民も、それを前提として自己の行動を定めることが多いと思われる。この現実に照らすと、最高裁判所の判例を信頼し、適法であると信じて行為をした者を事情の如何を問わずすべて処罰するとすることには問題があるといわざるを得ない。しかし、そこで問題にすべきは、所論のいうような行為後の判例の「遡及的適用」の許否ではなく、行為時の判例に対する国民の信頼の保護如何である。私は、判例を信頼し、それゆえに自己の行為が適法であると信じたことに相当な理由のある者については、犯罪を行う意思、すなわち故意を欠くと解する余地があると考える。もっとも、違法性の錯誤は故意を阻却しないというのが当審の判例であるが（最高裁昭和二三年（れ）第二二七六号同年七月一四日大法廷判決・刑集二巻八号八八九頁、最高裁昭和二四年（れ）第二二七六号同二五年一一月二八日第三小法廷判決・刑集四巻一二号二四六三頁等）、私は、少なくとも右に述べた範囲ではこれを再検討するべきであり、そうすることによって、個々の事案に応じた適切な処理も可能となると考えるのである。

この観点から本件をみると、被告人が犯行に及んだのは昭和四九年三月であるが、当時、地方公務員法の分野ではいわゆる都教組事件に関する最高裁昭和四一年（あ）第四〇一号同四四年四月二日大法廷判決・刑集二三巻五号三〇五頁が当審の判例となってはいたものの、国家公務員法の分野ではいわゆる全農林警職法事件に関する最高裁昭和四三年（あ）第二七八〇号同四八年四月二五日大法廷判決・刑集二七巻四号五四七頁が出され、都教組事件判例の基本的な法理は明確に否定されて、同判例もいずれ変更されることが予想される状況にあったのであり、しかも、記録によれば、被告人は、このような事情を知ることができる状況にあり、かつ知った上であえて犯行に及んだものと認められるのである。したがって、本件は、被告人が故意を欠いていたと認める余地のない事案であるというべきである。

このように、被告人は、私見によっても処罰を免れないのであり、被告人は地方公務員法違反の犯罪の成立を認めた原判決に誤りはなく、刑訴法四一一条一号に当たるとすることはできないのである。」

第二節　刑法の解釈

6　縮小解釈

最決昭和四二・七・二〇
判例時報四九六号六八頁

●事　実　被告人らは、昭和二七年九月三重県上野市内で、「われわれは武装の準備と行動を開始しなければならない」と題する文書約七〇部を頒布し、破防法三八条二項二号の文書頒布罪にあたるとして起訴された。

●決定要旨　「なお、原判決および同判決が是認する第一審判決が適法に認定したところによれば、被告人らは、日本共産党員もしくはその同調者であるが、これまで内乱の実行手段ないし準備行為を企図したことは全然なく、本件軍事文書についてもその存在さえ知らなかつたところ、党員のAに命令され、その使者としてこれを労働争議中のB鉄工所の工員に頒布するに際し、右文書の内容を一瞥し、あるいは相被告人より聞き、または憶測してこれを了知した程度にすぎず、被告人らの意図は、もつぱら同工員をして自発的に内乱に立ち上らせることにあつたというのである。さらに、右各判決は、B鉄工所の工員が日本共産党員もしくはその同調者であり、本件軍事文書の指令に服すべき関係にあつた事実は認められず、また右文書の頒布により内乱罪の実行されるべき可能性ないし蓋然性が客観的に存在していたことは認められないとしているのである。以上の事実関係のもとにおいては、被告人らの本件行為が、破壊活動防止法三八条二項二号の罪にあたらないとした原審の判断は、結局正当である。」検察官の上告棄却。（第一審判決、無罪。）

〔参照判例〕
最判昭和三〇・三・一刑集九巻三号三八一頁。最判昭和三一・四・一〇刑集一〇巻四号五二〇頁。最判昭和三一・六・二七刑集一〇巻六号九二一頁。最大判昭和四一・一〇・二六刑集二〇巻八号九〇一頁。最大判昭和四四・四・二刑集二三巻五号三〇五頁。最大判昭和四四・四・二刑集二三巻五号六八五頁。

7　拡張解釈

大判昭和一五・八・二二
刑集一九巻五四〇頁

●事　実　鉄道会社の乗務機関手である被告人が、乗客九十余名を満載したガソリンカーを運転中、遅延時間の回復にのみ心を奪われ、Sカーブにおいて、過速度運転のためガソリンカーを転覆させ、一般乗客等八十数名以上に死傷を負わせた。

●判　旨　「刑法第百二十九条ニハ其ノ犯罪ノ客体ヲ汽車、電車又ハ艦船ト明記シアリ、而モ汽車ナル用語ハ蒸気機関車ヲ以テ列車ヲ索引シタルモノヲ指称スルヲ通常トスルモ、同条ニ定ムル汽車トハ汽車ハ勿論本件ノ如キ汽車代用ノ『ガソリンカー』ヲモ包含スル趣旨ナリト解スルヲ相当トス。蓋シ刑法第百二十四条乃至第百二十九条ノ規定ヲ設ケタル所以ノモノハ交通機関ニ依ル交通往来ノ安全ヲ維持スルガ為メ之ガ防害ト為ルベキ行為ヲ禁ジ以テ危害ノ発生ヲ防止セントスルニ在ルコト勿論ナレバ、汽車ノミヲ該犯罪ノ客体ト為シ汽車代用ノ『ガソリンカー』ヲ除外スル理由ナキノミナラズ、右両者ハ単ニ其ノ動力ノ種類ヲ異ニスル点ニ於テ重ナル差異アルニ過ギズシテ、共ニ鉄道線路上ヲ運転シ多数ノ貨客ヲ迅速安全且ツ容易ニ運輸スル陸上交通機関ナル点ニ於テ全然其ノ揆ヲ一ニシ、現ニ国有鉄道運転規定軌道建設規程等ニ於テモ、汽動車ハ蒸気機関車及客車ニ準ジテ之ヲ取扱ヒ居レル事実ニ徴スルモ之ガ取締ニ付テモ亦両者間何等ノ差等ヲ設クベキ理拠アルコトナク、又均シク交通機関タルモ航空機及自動車ノ如ク前記法条所定ノ目的物ニ包含スルモノト解スルヲ得ザルモノニ付テハ、夫々特別法ヲ設ケ航空法第五十二条、自動車交通事業法第五十七条ニ於テ刑法第百二十九条ト同趣旨ノ罰則ヲ定メ居ル事実ニ徴スルモ、前記解釈ノ相当ナルコトヲ了知スルヲ得ベケレバナリ。然ラバ原判決ガ右ト同趣旨ノ解釈ノ下ニ判示所為ニ対シ同法条ヲ以テ問擬シタルハ正当ニシテ所論ノ如ク擬律錯誤ノ違法アルモノト謂フベカラズ論旨理由ナシ。」被告人の上告棄却。（第一審判決、禁錮四月。）

〔参照判例〕

最判昭和五四・七・三一刑集三三巻五号四九四頁（「鳥獣保護及狩猟ニ関スル法律一一条にいう『捕獲』とは、鳥獣を自己の実力支配内に入れようとする一切の方法を行うことをいい、鳥獣を現に自己の実力支配内に入れたか否かを問わないものと解するのが相当」と判示された事案）。

8　類推解釈

大判明治三六・五・二一
刑録九輯八七四頁

●事　実　旧刑法三六六条は「人ノ所有物ヲ窃取シタル者ハ窃盗ノ罪ト為シ二月以上四年以下ノ重禁錮ニ処ス」と規定していた。被告人は電気を盗用したとして起訴された。控訴審は、電流は有体物ではなく、窃盗罪の目的たりえないとして無罪を言い渡した。東京控訴院検事長上告。

●判　旨　「物ナル語ハ、斯ル一定不可動ノ意義ヲ有スルモノニアラズシテ、或ル場合ニ於テハ、有体物ナリトノ極メテ狭キ意義ニ解シ、或ル場合ニ於テハ、有体タルト無体タルトヲ問ハズ、有形的ノ或ルモノ、即チ人ノ思想ノミニ存在スル形而上ノモノニアラズシテ五官ノ作用ニ依リ直接ニ其存在ヲ認識シ得ベキ形而下ノ物ナリト解シ、或ル場合ニ於テハ其意義ヲ拡充シ権利ノ如キ人ノ理想ニノミ存在スル無形物ヲモ指称スルコトアルヲ以テ、刑法ニ於テ物ト称スルハ果シテ如何ナルモノヲ謂フヤハ自カラ刑法ノ解釈上ノ問題ニ属シ必ズシモ物理上及民法上ノ観念ノミニ依拠スルコトヲ要セザルモノナリ。依テ刑法第三百六十六条ニ所謂ル物トハ如何ナル物ヲ意味スルヤヲ按ズルニ、刑法ハ一般的ニ物ノ定義ヲ与ヘズ、又タ窃盗ノ目的タルコトヲ得ベキ物ノ範囲ヲ限定セザルヲ以テ、或物ニシテ苟クモ窃盗罪ノ基本的要素ヲ充タシ得ベキ特性ヲ有スルニ於テハ窃盗罪ノ目的物タルコトヲ得ベク、之ニ反シテ窃盗罪ノ観念ト相容レザル物ハ窃盗罪ノ目的タルコトヲ得ザルモノト解釈セザルベカラズ。換言スレバ、刑法が窃盗罪ノ基本的要素トナセル『窃取』ノ観念ハ自カラ窃盗罪ノ目的タルコトヲ得ベキ物ノ範囲ヲ確定スルノ作用ヲ為スモノニシテ窃盗罪ノ成立ニ必要ナル窃取ノ客体タルニ適スル物ハ窃盗罪ノ目的トナリ、窃取ノ客体トシテ不適当ナル物ハ窃盗罪ノ目的タルコトヲ得ザルモノト解スベキモノトス。……而シテ刑法第三百六十六条ニ所謂ル窃取トハ他人ノ所持スル物ヲ不法ニ自己ノ所持内ニ移スノ所為ヲ意味シ人ノ理想ノミニ存スル無形物ハ之ヲ所持スルコト能ハザルモノナレバ、窃盗ノ目的タルコトヲ得ザルハ論ヲ待タズ。然レドモ所持ノ可能ナルガ為メニハ五官ノ作用ニ依リテ認識シ得ベキ形而下ノ物タルヲ以テ足レリトシ、有体物タルコトヲ必要トセズ。何トナレバ此種ノ物ニシテ独立ノ存在ヲ有シ人力ヲ以テ任意ニ支配セラレ得ベキ特性ヲ有スルニ於テハ、之ヲ所持シ其所持ヲ継続シ移転スルコトヲ得ベケレバナリ。約言スレバ可動性及び管理可能性ノ有無ヲ以テ窃盗罪ノ目的タルコトヲ得ベキ物ト否ラザル物トヲ区別スルノ唯一ノ標準トナスベキモノトス。而シテ電流ハ有体物ニアラザルモ五官ノ作用ニ依リテ其存在ヲ認識スルコトヲ得ベキモノニシテ之ヲ容器ニ収容シテ独立ノ存在ヲ有セシムルコトヲ得ルハ勿論、容器ニ蓄積シテ之ヲ所持シ一ノ場所ヨリ他ノ場所ニ移転スル等人力ヲ以テ任意ニ支配スルコトヲ得ベク可動性ト管理可能性トヲ併有スルヲ以テ、優ニ窃盗罪ノ成立ニ必要ナル窃取ノ要件ヲ充タスコトヲ得ベシ。故ニ他人ノ所持スル他人ノ電流ヲ不法ニ奪取シテ之ヲ自己ノ所持内ニ置キタル者ハ刑法第三百六十六条ニ所謂ル他人ノ所有物ヲ窃取シタルモノニシテ窃盗罪ノ犯人トシテ刑罰ノ制裁ヲ受ケザルベカラザルヤ明ナリ」原判決破棄。重禁錮三月（監視六月付。）

〔参照判例〕

大判昭和九・六・二一刑集一三巻八四三頁。大判昭和九・一一・一七刑集一三巻一五七七頁。大判昭和一三・七・二八刑集一七巻六一四頁。最判昭和五一・四・三〇刑集三〇巻三号四五三頁。

第三節　刑法の効力（適用範囲）

9　属地主義

大判明治四四・六・一六
刑録一七輯一二〇二頁

●事　実　被告人の油紙を横浜港内に碇泊していたドイツ船に積み込む際の過失行為により、外洋航行中に出火した。

●判　旨　「失火罪ノ一構成要件タル過失行為ニシテ日本帝国ノ版図内ニ於テ行ハレタル以上ハ、仮令其犯罪構成ノ他ノ要件タル結果ハ日本帝国ノ版図外ニ於テ発生シタリトスルモ、該罪ハ日本帝国内ニ於テ犯サレタルモノトシ、日本帝国ノ法令ニ依リ処罰セラルベキモノトス。而シテ原判決ノ事実認定ニ依レバ本件発火ノ原因タル過失行為、即チ被告ガ独逸汽船ゴーベン号ニ荷物二箇ヲ託送スルニ当リ一般ニ油紙ハ自然的危険性アルヲ了知シナガラ右託送荷物中ニ『フアンシーペーパー』又ハ『レーザーペーパー』ト称スル油紙を積ミ重ネ入レ置キタル過失行為ハ該汽船が日本帝国領海内ニシテ、即チ其版図ニ属スル横浜港内ニ碇泊セル際ニ行ハレタルモノナレバ、仮令右過失ニ基ク判示出火ノ事実ガ判示ノ如ク日本帝国ノ版図外タル香港付近ノ大洋上ニ於テ発生シタルモ、被告ハ日本帝国内ニ於テ失火罪ヲ犯シタルモノトシテ日本帝国ノ刑法ニ依リ処罰セラルベキモノナリ。」被告人の上告棄却。

［参照判例］
条例の属地的効力につき、最判昭和三九・一一・二四刑集八巻一一号一八六六頁。高松高判昭和六一・一二・二判例タイムズ六三一号二四四頁。

10　共犯の犯罪地

最決平成六・一二・九
刑集四八巻八号五七六頁、判例時報一五一九号一四八頁、判例タイムズ八七〇号一一一頁

●事　実　台湾に移住する同国籍の被告人が、日本人Aの依頼により、台湾の住民であるBとともに、台湾の国内において覚醒剤を調達してAに引き渡したところ、Aが右覚醒剤を日本に密輸入したため、Aの密輸入を幇助した行為、及びBとともに台湾から日本に覚醒剤を密輸入する行為で起訴された。第一審は、幇助犯は正犯の行為を通じて発生した結果について罪責を問われるものであるから、幇助犯の犯罪地は、幇助行為が行

われた場所及び正犯の行為がされた場所をいい、本件では、正犯の密輸入行為が日本国内で行われていることを理由に、被告人を日本の刑罰法規で処罰できるとした。控訴審も第一審判決の結論を承認した。

●**決定要旨** 「原判決の認定するところによれば、被告人は、Aらが日本国外から日本国内に覚せい剤を輸入し、覚せい剤取締法違反、関税法違反の各罪を犯した際、Bとともに、日本国外で右覚せい剤を調達してAに手渡し、同人らの右各犯行を容易にしてこれを幇助したというのである。右のように、日本国外で幇助行為をした者であっても、正犯が日本国内で実行行為をした場合には、刑法一条一項の『日本国内ニ於テ罪ヲ犯シタル者』に当たると解すべきであるから、同法八条、一条一項により、被告人の前記各幇助行為につき原判示の各刑罰法規を適用した原判決は、正当である。」被告人の上告棄却。

なお、本件犯行後平成三年の改正により世界主義が採用され、覚せい剤取締法違反の罪の大部分につき刑法二条の国外犯とする旨変更されるに至った。

［参照判例］
名古屋高判昭和六三・二・一九高刑集四一巻二号七五頁。那覇地判昭和五七・一〇・一二刑裁月報一四巻一〇号七五五頁。

11 属人主義

最判昭和四六・四・二二
刑集二五巻三号四五一頁

●**事　実** 被告人は、父所有名義の第一二、三光丸（総トン数六・九四トン）に船長兼漁撈長として乗り組み、他の乗員三名とともに、漁業権または入漁権に基づかないで、昭和四二年一〇月五日午前六時頃から午前九時三〇分頃までの間、国後島ノッテット崎西方約三海里付近の海域において、刺し網約三〇反を用い、さけ約一七〇尾を採捕した。ただし、被告人が刺し網を設置・揚網した海域が国後島の沿岸線から三海里を越えていたかどうかは明らかでない。被告人は、漁業法六五条一項、水産資源保護法四条一項を根拠法とする北海道海面漁業調整規則三六条、五五条違反の罪で起訴された。

●**判　旨** 「思うに、漁業法六五条一項および水産資源保護法四条一項の規定に基づいて制定された北海道海面漁業調整規則（以下、本件規則という）三六条の規定は、本来、北海道地先海面であつて、右各法律および本件規則の目的である水産資源の保護培養および維持ならびに漁業秩序の確立のための漁業取締りその他漁業調整を必要とし、かつ、主務大臣または北海道知事が漁業取締りを行なうことが可能である範囲の海面における漁業、すなわち、以上の範囲の、わが国領海における漁業および公海における日本国民の漁業に適用があるものと解せられる（本件規則前文、一条、漁業法八四条一項、昭和二五年農林省告示一二九号『漁業法による海区指定』参照）。そして、わが国の漁船がわが国領海および公海以外の外国の領海において漁業を営んだ場合、特別の取決めのないかぎり、原則として、わが国は、その海面自体においてはその漁船に対する臨場検査等の取締り（漁業法一三四条参照）の権限を行使しえないものである。しかし、前記各法律および本件規則の目的とするところを十分に達成するためには、何らの境界もない広大な海洋における水産動植物を対象として行なわれる漁業の性質にかんがみれば、日本国民が前記範囲のわが国領海および公海と連接して一体をなす外国の領海においてした本件規則三六条に違反する行為をも処罰する必要のあることは、いうをまたないところであり、それゆえ、本件規則三六条の漁業禁止の規定およびその罰則である本件規則五五条は、当然日本国民がかかる外国の領海において営む漁業にも適用される趣旨のものと解するのが相当である。すなわち、本件規則五五条は、前記の目的をもつ前記各法律および本件規則の性質上、わが国領海内における同規則三六条違反の行為のほか、前記範囲の公海およびこれらと連接して一体をなす外国の領海において日本国民がした同規則三六条違反の行為（国外犯）をも処罰する旨を定めたものと解すべきである。

ところで、国後島に対しては、現在事実上わが国の統治権が及んでいない状況にあるため、同島の沿岸線から三海里以内の海面については、北海道知事が日本国民に対し漁業の免許もしくは許可を与え、または臨場検査を行なうことができないものであるとしても、また、かりに本件採業海域が同島の沿岸線から三海里以内であつたとしても、同海域は、前記範囲のわが国領海および公海と連接して一体をなす海面に属するものであるから、以上に述べたとおり、本件規則三六条によつて日本国民が本件操業海域において同条に掲げる漁業を営むことは禁止され、これに違反した者は本件規則五五条による処罰を免れないものと解すべきである。

しからば被告人の本件所為に対し罪責を問いえないとした原判決および同旨の第一審判決は、いずれも法令の解釈を誤つた違法があるものである。」原判決及び第一審判決破棄。釧路地方裁判所に差戻し。

〔参照判例〕

最決昭和四五・九・三〇刑集二四巻一〇号一四三五頁。最判昭和四六・四・二二刑集二五巻三号四九二頁。

12　場所に関する効力

最判昭和五二・一二・二二
刑集三一巻七号一一七六頁

●**事　実**　被告人X_1、X_2は、共謀のうえ、X_2方において、販売の目的で、男女性交の場面や性器等を露骨に撮影した猥せつのカラー写真雑誌の写真原板三二枚を所持した。

●**判　旨**　「刑法一七五条の規定は、わが国における健全な性風俗を維持するため、日本国内において猥せつの文書、図画などが頒布、販売され、又は公然と陳列されることを禁じようとする趣旨に出たものであるから（このことは、刑法二条、三条の国外犯の処罰例中に同法一七五条が掲げられていないことから明らかである）、同条後段にいう『販売の目的』とは日本国内において販売する目的をいうものであり、したがつて、猥せつの図画等を日本国内で所持していても日本国外で販売する目的であったにすぎない場合には同条後段の罪は成立しないと解するのが相当である。これを本件について見ると、第一審判決挙示の証拠によれば、被告人X_1は、昭和四八年九月ころ、スウェーデンのポルノ書籍販売業者から本件写真原板を買い受けたのち、東京都内の印刷業者に依頼し右写真原板を用いてカラー写真雑誌多数冊を製作させたうえ、これを日本国内で販売したり又は販売の目的で所持していたところ、昭和四九年二月中検挙され、右写真雑誌多数冊を押収され、取り調べられるにいたつたこと、そのようなことがあつて、同被告人においては、アメリカ商社の日本駐在員などをしアメリカに出張などしていた被告人X_2を介して、右写真原板をアメリカで売却しようと考え、同年一一月初旬ころ、同被告人に対し、右の趣旨を依頼してこれを預けたこと、被告人X_2においては、これを引き受けたのち、国際電話でアメリカの関係業者数社に対し右の売却の交渉をしたりしていたことを認めることができるのである。以上の事実に照らすと、被告人X_1が右写真原板を被告人X_2に委託した主な動機は、売却代金の取得にほかならなく、アメリカで売却するということ自体はその方便にすぎないとみられるのであるが、しかし、本件起訴の対象である前記日時における所持に際し、被告人X_1及び同X_2が、日本国内で売却する目的をも合わせもつていたと断定することも困難なところであり、結局、被告人両名の右写真原板の所持について、日本国内で販売する目的があったとの証明は十分でないといわなければならない。」

X_1の上告棄却。原判決及び第一審決中X_2に関する部分破棄。

（第一審判決、X_1につき懲役一年六月、執行猶予二年。第二審判決、被告人らの各控訴棄却。）

13　刑の変更(1)　刑の執行猶予の条件に関する変更

最判昭和二三・六・二二
刑集二巻七号六九四頁

●事　実　不良団葉桜団の団長格たる被告人X_1は、不良団流星園団長のAと対立関係にあったが、些細なことで右Aから言いがかりをつけられ日本刀で左手指三本に切創を負わせられ、その後連日医師のもとへ通って治療を受けていたが、Aはその治療費も出さないのみか何等の挨拶もしないので痛くこれを憤慨していたところ、被告人X_1の友人であるX_2、X_3とともにAを訪ね、治療費等を請求し種々事案の解決策を求めたが、交渉が決裂するや、Aが「斬れるものなら斬つて見よ」と叫びながらX_2に跳び掛かるや、X_1の「やっちまえ」との声に応じ、X_2、X_3は所携の日本刀でAに斬りかかり、死亡するに至らしめた。

●判　旨　「刑法第六条は『犯罪後ノ法律ニ因リ刑ノ変更アリタルトキハ其軽キモノヲ適用ス』と定めている。したがって、同条が適用されるには、犯罪の制裁である刑が犯罪時と裁判時の中間において法律の改正によつて変更され、その間に軽重の差を生じたことを前提としている。そして、犯罪の制裁である刑の変更は、刑罰法令の各本条で定めている刑が改正されるときに生ずるのが典型的な場合であるが、なお刑法の総則等に規定する刑の加重軽減に関する規定が改正された結果、刑罰法令の各本条に定める刑が影響を受ける場合にも生ずるであろう。いずれにしても、特定の犯罪を処罰する刑そのものに変更を生ずるのでなければならない。また、刑の軽重は刑法第一〇条によつて刑の種類又は量の変更を標準として判断されるのである。されば、刑法第六条は特定の犯罪を処罰する刑の種類又は量が法律の改正によって犯罪時と裁判時とにおいて差異を生じた場合でなければ適用されない規定である。しかるに、本件で問題となっている刑の執行猶予の条件に関する規定の変更は、特定の犯罪を処罰する刑の種類又は量を変更するものではないから、刑法第六条の刑の変更に当らない。刑の執行猶予はその性質からいえば、刑の執行を一時猶予するというだけのものである（刑法第二十七条の効果は同条所定の要件が新に具わることにより同条に従つて新に発生するものである。）つまり刑の執行のしかたであって刑そのものの内容ではない。それだから、法律も刑と刑の執行猶予とを全然別に取り扱い各別の章に規定しており又刑の軽重の比較方法を定めた刑法第一〇条も執行猶予には一言も触れていないのである。そこで、刑の執行猶予の条件に関する規定が改正された場合に新旧いずれの規定を適用すべきかは刑法第六条によつて決まるのではなく、改正規定の立法趣旨によつて判断しなければならない問題となる。そして刑法の一部を改正する法律（昭和二二年法律第一二四号）附則第四項の規定の反面解釈によると、刑法第二五条の改正規定は同法施行前の行為についても適用される趣旨が窺われるので、事実審が判決で刑の言渡をする場合に刑の執行猶予をも同時に言渡すときには新規定によるべきこと当然である。しかし、原審が本件について判決で刑を言渡した当時においては改正規定はまだ施行されていなかつたのであるから新規定を適用する余地はまつたくなく、この点について原判決はもとより違法はない。」被告人らの各上告棄却。（原審判決、X_1につき懲役二年六月、X_2、X_3につき各懲役二年。）

［参照判例］
労役場留置期間の変更につき、大判昭和一〇・七・一七刑集一〇巻四二五頁。公訴時効変更期間の変更につき、最判昭和二五・四・二六刑集四巻四号七〇〇頁。

14 刑の変更⑵ 尊属傷害致死罪（旧205条2項）の削除

最判平成八・一一・二八
刑集五〇巻一〇号八二七頁、判例時報一五八五号一三四頁、判例タイムズ九二五号一七九頁

●事　実　被告人は、実母に対し、殴る蹴るの暴行を加えて死亡させた行為（尊属傷害致死）、さらに、愛人がこれに勘づいたと考え、その口封じのため、これを殺害し、その遺体を道路側溝内に捨てた行為（殺人、死体遺棄）について、一審は無期懲役を言い渡した。控訴審も被告人からの控訴を棄却した。被告人が上告を申し立てたが、控訴審判決言い渡し後に刑法の一部を改正する法律（平成七年法律第九一号）が施行され、尊属傷害致死罪は削除された。改正法附則二条一項は本文において改正法施行前の行為については「従前の例による」としつつも、但し書きにおいて二〇五条二項については、「この限りでない」としているが、尊属傷害致死行為について新規定二〇五条が適用されるのか、旧規定二〇五条一項が適用されるのか定かでなかった。そこでこのような場合、刑訴法四一一条五号にいう「刑の廃止」に当たるのか、「刑の変更」に当たるのかが問題となった。

●判決要旨　「なお、改正法による刑法の改正と本件における法令の適用との関係について、職権をもって判断する。

１　原判決言い渡し後の平成七年六月一日施行された改正法は、傷害致死罪を定めた旧法二〇五条一項に相応する規定として二〇五条のみを置き、その加重類型である尊属傷害致死罪については、旧法二〇五条二項に相応する規定を置いていない。そして、改正法附則二条一項ただし書きは、旧法二〇五条二項の適用について、改正法施行前にした行為の処罰についてなお従前の例によるとした同附則二条一項本文を適用しないと定めているから、改正法は、傷害致死罪の加重類型であるから尊属

傷害致死罪を廃止して、これを傷害致死罪に統合することにより、実質的に、尊属傷害致死の行為に対する刑を変更したものと解するのが相当である。

2　これを本件についてみるに、第一審判決は、罪となるべき事実の第一として、尊属である被告人の実母に対する傷害致死の事実を認定した上、これに旧法二〇五条二項を適用しており、原判決も、右の事実認定及び法令の適用を是認しているところから、本件は、刑訴法四一一条五号にいう原判決後の刑の変更に当たる場合というべきである。しかしながら、本件においては、尊属傷害致死罪について、改正法による改正後の傷害致死罪の法定刑にない無期懲役刑ではなく、有期懲役刑を選択し、かつ、右罪と併合罪の関係にある殺人罪につき選択した無期懲役刑を処断刑としているのであって、右刑の変更が量刑に与える影響は大きくないことに加え、本件各犯行の動機、犯行の手段方法の悪質さ、結果の重要性、犯行後の情状等にかんがみれば、被告人を無期懲役に処した第一審判決を維持した原判決の量刑は、右刑の変更の点を考慮しても相当であるから、原判決を破棄しなければ著しく正義に反するものとは認められない。」上告棄却。

15　刑の廃止(1)

最判昭和三七・四・四
刑集一六巻四号三四五頁

●事　実　被告人は、法定の除外事由がないのに、第二種原動機付自転車の後部荷台にA（当時二六歳）を乗車させて運転進行したが、右行為は、行為当時の道路交通取締施行令四一条による旧新潟県道路交通取締規則（昭和三一年新潟県公安委員会規則第一号）八条に違反したものであった。しかし右取締規則は昭和三三年四月一五日新潟県公安委員会規則第二号（同日施行）をもって全面的に改正され、その改正規則九条において、第二種原動機付自転車は除外されることとなった。

●判　旨　「道路交通取締法二三条一項は『諸車の乗車、積載又はけん引の制限について必要な事項は、命令でこれを定める』と規定し、同三〇条は『……第二三条第一項……の規定に基く命令には、三千円以下の罰金又は科料の罰則を設けることができる』と定めており、右法律の委任に基づいて道路交通取締法施行令（昭和二八年八月三一日政令第二六一号、同二八年六月三〇日政令第一八一号五条）四一条は『公安委員会は、自動車（そのけん引する諸車を含む。）及び前条第一項の荷車以外の諸車につき、道路における危険防止その他の交通の安全を図るため必要と認める乗車人員又は積載重量若しくは積載容量の制限を定めることができる』と規定し、同令七二条は『左の各号の一に該当する者は、三千円以下の罰金又は科料に処する』と規定して、同条三号に『……第四十一条……の規定に基く公安委員会の制限……に違反した者』と定めており、そして、右施行令四一条の委任に基づいて、新潟県公安委員会規則により新潟県道路交通取締規則が定められ、それが本件犯行後昭和三三年四月改正されたものであることは前に述べたとおりである。

㈢そこで、前記道路交通取締法、同施行令の規定ならびに前記新潟県公安委員会規則および同規則の改正の関係をみると、道路交通取締法は道路における危険防止およびその他の交通の安全を図ることを目的とするが（同法一条）、道路交通事情の実体に照らし、これがため必要な道路交通の規制の具体的内容をすべて法律または政令に規定することは適当でなく、その基本的な事項はこれを法律および政令において定めたが、実施上の細則的な具体的内容は、これを地方の実状に即応して定めることが妥当であるとの見地から、地方の実状に通ずる公安委員会の判断に委かせることとしたものに外ならない。すなわち、公安委員会は、前記法律、政令の範囲内において、その時々の実状に応じ、或いは制限を強化し、或いはこれを緩和し、必要かつ適切な道路交通の制限を実施することを委かされているのであって、前記施行令四一条は、公安委員会の定める制限が、その時々の必要により、適宜変更あるべきことを当然予想し、同七二条は、行為当時の制限に違反する行為を（その違反行為の後において、右公安委員会の定めた制限の具体的内容が、その時々の必要により変更されると否とにかかわりなく）可罰性あるものとして処罰することとし、もって道路交通取締法一条の目的を達成しようとしたものと解するを相当とする。このことは、前記施行令七二条三号が、同令三二条もしくは四〇条三項の規定に基づく制限または四二条四項の規定に基づく警察署長の処分に違反した者を、同様に処罰している点からも窺うことができる。そして、このように解しても、それは道路交通取締行政の実状と、それを考慮して定められた前記法律、政令、規則の法意とからみて、敢えて罪刑法定主義に反するものというべきものではない。また、前記施行令四一条、七二条を前記のごとき趣旨のものと解する以上、右公安委員会の規則を、右四一条の規定を具体的に充足する意味において、法規的性質を有するものであると解するとしても、この一事をもって、前記四一条、七二条の規定が空白刑法的のものであるということにはならない。

㈣これは、道路交通取締法二三条一項、三〇条、同施行令四一条、七二条が、本件行為の後において改廃されなかった以上、たとえ右施行令四一条の委任により公安委員会の定めた規則に改正があったとしても、前期法律、政令、規則が㈢に述べたような性質のものであるから、右道路交通取締法、同施行令の罰則規定は依然存続していたものといわねばならない。そして、その後、道路交通取締法、同施行令を廃止して新らたに制定された道路交通法（昭和三五年法律第一〇五号）の附則一四条は、新法の施行前にした行為に対する罰則の適用については、なお従前の例によるとしているのであるから、その限度において道路交通取締法、同施行令の罰則規定はなお有効であって、本件違反行為の可罰性は、今日に至るまで終始かわるところがないと解すべきである。

㈤それ故、本件においては、前述新潟県公安委員会規則の改正をもつて、本件行為につき、刑訴三三七条二号により犯罪後刑の廃止があったとして被告人を免訴すべきものとは認められず、原判決は結局において正当である。」被告人の上告棄却。

（第一審判決、免訴。第二審判決、原判決破棄、科料三百円。）

［参照判例］

大判昭和一五・七・一刑集一九巻四〇一頁。大判昭和一六・五・二〇刑集二〇巻三〇五頁。最判昭和二五・一〇・一一刑集四巻一〇号一九七二頁。最判昭和三〇・二・二三刑集九巻二号三四四頁。最判昭和三〇・七・二〇刑集九巻九号一九二二頁。最判昭和三一・五・二三刑集一〇巻五号附録一頁。最判昭和三一・七・一一刑集一〇巻七号一〇三五頁。最判昭和三一・九・二六刑集一〇巻九号一四〇三頁。刑の廃止があったものとして免訴を言い渡した事例として、大判昭和一三・一〇・二九刑集一七巻八五三頁。最判昭和二八・七・二二刑集七巻七号一五六二頁。最判昭和二九・一一・一〇刑集八巻一一号一七九一頁。最判昭和二九・一二・一刑集八巻一二号一九一一頁。最判昭和二九・一二・二三刑集八巻一三号二三〇九頁。最判昭和三〇・二・二三刑集九巻二号三四四頁。最判昭和三二・一〇・九刑集一一巻一〇号二四九七頁。最判昭和三二・一〇・九刑集一一巻一〇号二五〇九頁。最判昭和三六・一二・二〇刑集一五巻一一号一九四〇頁。

16　刑の廃止(2)

大阪高判昭和六〇・二・一九
判例タイムズ五五九号二九六頁

●事　実　農地転用の許可に関する意見進達等の職務権限を有する農業委員である被告人が右職務に関し賄賂を収受したが、その後、農地法の改正により、右職務権限が廃止された。

●判　旨　「所論の法改正によって、いわゆる市街化区域内にある農地については、農林水産省令で定めるところによりあらかじめ農業委員会に届け出た場合には、農地の転用（農地法四条）または転用目的のための権利の取得（同法五条）に関する都道府県知事等の許可を要しないものとされたことは所論のとおりであり、右の法改正は、右許可を要しないものとされた事項に関する限り、従前、都道府県知事等に許可権限、農業委員会及び農業委員会に許可に関する意見進達等の職務権限があることを定めていた法規（農地法四条、五条）が廃止されたことを意味しよう。そして、これを収賄罪とのかかわりでいえば、収賄罪の構成要件である公務員の『職務』の内容（どういう公務員がどういう職務を有するか）を定めていた他の法規が廃止されたことになるわけである。ところで、免許制度の趣旨に照らして考えると、このように、ある刑罰法条の構成要件の具体的内容を他の法規で定めているとき、右構成要件に該当する行為が、右の他の法規の廃止により右構成要件に該当しなくなった場合に、それが、刑事訴訟法三三七条二号にいう『刑の廃止』に当たるというためには、右法規の廃止が、右構成要件該当行為の可罰性に関する法的評価が変わつたことを理由としてなされ、右構成要件それ自体を実質的に変更するものである場合でなければならず、右の可罰性に関する法的評価とは直接かかわりのない他の法政策上の必要から法規が廃止され、その結果構成要件の内容たる事実の面で変更を生じたにすぎない場合は『刑の廃止』には当たらないと解するのが相当である。そして、本件についてこれをみるに、前記のように都市計画法附則四項によつて農地法四条及び五条が改正されたのは、近時における都市及びその周辺での宅地、工業用地の需要の増大と米作地減反の必要等に対応して、土地利用の計画化を促進するためであつて、決して職務である農地法四条あるいは五条の許可や意見進達にからむ農業委員らの収賄行為の可罰性に対する評価が変わつたためではなく、右改正により収賄罪の構成要件それ自体が実質的に変更されたものではないと解されるから、右の法改正により、刑事訴訟法三三七条二号にいう『刑の廃止』があつたということはできないといわなければならない。」原判決破棄。懲役一年六月、執行猶予三年。

第四節　両罰規定

17　自然人事業主処罰の根拠

最大判昭和三二・一一・二七
刑集一一巻一二号三一一三頁

●事　実　被告人は、昭和二二年二月頃から同年一二月中旬頃までの間、キャバレー国際クラブを経営し、ダンサーや楽団を雇い、客から入場料を徴収してダンスをさせることを業としていた者であるが、同クラブの支配人Ｉは、前支配人らと共謀の上、同クラブの経営について、本帳簿のほかに、実際に徴収した毎月の入場料金の約三分の一を記載した税務帳簿を作成し、これに基づいて所轄税務署に対し入場税額につき虚偽の申告をし、同年二月分ないし九月分の入場税合計七四万余を逋脱し、同年一〇月分の入場税五万余円を逋脱しようとした。

原審（東京高裁）は、Ｉの行為は、当時の入場税法（後に昭和二三年法一一〇号で廃止）一六条（但し、昭和二二年法一四二号による改正前の条文）の入場税逋脱罪に該当するとして、被告人に対しては、同法一七条の三（但し、昭和二二年法一四二号による改正前の条文）の両罰規定を適用して罰金刑に処した。

これに対して、被告人は、被告人自身はＩの違法行為に関与していないのであるから、自己の意思に基づいて違法行為をしたのでなければ刑事上の責任は問われないという趣旨の憲法三九条からすると、入場税法一七条の三は憲法三九条に違反すると主張して、上告した。

●判　旨　「所論は、廃止前の入場税法一七条の三（但し昭和二二年法律第一四二号による改正前の条文）のいわゆる両罰規定は、憲法三九条に違反すると主張する。

しかし、同条は事業主たる、人の『代理人、使用人其ノ他ノ従業者』が入場税を逋脱しまたは逋脱せんとした行為に対し、事業主として右行為者らの選任、監督その他違反行為を防止するために必要な注意を尽さなかつた過失の存在を推定した規定と解すべく、したがつて事業主において右に関する注意を尽したことの証明がなされない限り、事業主もまた刑責を免れ得ないとする法意と解するを相当とする。それ故、両罰規定は故意過失もなき事業主をして他人の行為に対し刑責を負わしめたものであるとの前提に立脚して、これを憲法三九条違反であるとする所論は、その前提を欠くものであつて理由がない。

記録を調査するに、事業主たる被告人において、判示行為者らの判示違反行為につきこれを防止するために必要な注意を尽したことの主張立証の認められない本件において、被告人に所論両罰規定を適用した原判決は正当であるといわなければならない。」被告人の上告棄却。原審判決、罰金四〇〇万二九七五円。

［参照判例］

無過失責任説にたつ旧判例としては、大判昭和一六・一二・一八刑集二〇巻七〇九頁。大判昭和一七・七・二四刑集二一巻三一九頁。大判昭和一七・九・一六刑集二一巻四一七頁。大判昭和一八・三・二九刑集二二巻六一頁。過失推定説にたつ新判例としては、最判昭和三三・二・七刑集一二巻二号一一七頁。最判昭和三八・二・二六刑集一七巻一号一五頁。

18　法人事業主処罰の根拠

最判昭和四〇・三・二六
刑集一九巻二号八三頁

●事　実　被告人は貿易を業とする株式会社であるが、その従業者（平取締役等）が、法定の除外事由なく、非居住者のためにする居住者に対する支払いを受領し、あるいは居住者と非居住者間の債権発生の当事者となるなど、外為法二七条一項三号後段、三〇条三号に違反する行為をなした。

原審（東京高裁）は、右の行為に外為法七〇条八号、一一号（罰則）、七三条（両罰規定「法人の代表者又は法人若しくは人の代理人、使用人その他の従業者が、その法人又は人の業務又は財産に関し、前三条の違反行為をしたときは、行為者を罰する外、その法人又は人に対して各本条の罰金刑を科する」）を適用し、被告会社に罰金刑を言い渡した。

被告会社は、外為法七三条は、従業者の違反行為に対する事業主の過失を推定した規定で、事業主において従業者の選任監督につき過失がなかったことを立証すれば罪責を免れうる趣旨の規定であるとされているが、過失の推定自体責任主義に反し、かつ無過失の立証は事実上不可能であって、結局、事業主に無過失責任を問うに等しいから、この規定は憲法三一条に違反すると主張して、上告した。

●判　旨「事業主が人である場合の両罰規定については、その代理人、使用人その他の従業者の違反行為に対し、事業主に右行為者らの選任、監督その他違反行為を防止するために必要な注意を尽さなかつた過失の存在を推定したものであつて、事業主において右に関する注意を尽したことの証明がなされない限り、事業主もまた刑責を免れ得ないとする法意と解するを相当とすることは、すでに当裁判所屡次の判例（昭和二六年(れ)第一四五二号、同三二年一一月二七日大法廷判決、刑集一一巻一二号三一一三頁、昭和二八年(あ)第四三五六号、同三三年二月七日第二小法廷判決、刑集一二巻二号一一七頁、昭和三七年(あ)第二三四一号、同三八年二月二六日第三小法廷判決、刑集一七巻一号一五頁各参照）の説示するところであり、右法意は、本件のように事業主が法人（株式会社）で、行為者が、その代表者でない、従業者である場合にも、当然推及されるべきであるから、この点の論旨は、違憲の主張としての前提を欠き理由がない。」被告人の上告棄却。原審判決、罰金五〇万円。

〔参照判例〕
最判昭和三二・一一・二七刑集一一巻一二号三一一三頁、最判昭和三三・二・七刑集一二巻二号一一七頁、最判昭和三八・二・二六刑集一七巻一号一五頁、最決昭和五五・一一・七刑集三四巻六号三八一頁。

19　非事業主処罰の根拠

最決平成九・一〇・七
刑集五一巻九号七一六頁、判例時報一六二三号一五三頁、判例タイムズ九五八号一一六頁

●**事　実**　家庭の主婦である被告人が実父から相続した土地の売買を夫Aに依頼して売却し、この土地売却による譲渡所得の確定申告をすることについてもAに委託したところ、Aが内容虚偽の所得税確定申告書を税理士に作成・提出させて、被告人の所得税の一部をほ脱した。被告人は、Aの所得税法二三八条違反行為につき、同法二四四条一項の両罰規定に基づく刑責を問われた。第一審は、被告人に罰金二八〇〇万円を言い渡した。控訴審は、被告人からの控訴を棄却した。弁護人の上告趣意は、Aは、所得税法二四四条一項の両罰規定にいう「代理人」には該当せず、又、事業主の立場にない被告人には両罰規定上の刑責を問うべき注意義務の違反は認められないというものである。

●**決定要旨**　「右のような本件の事実関係の下では、Aは所得税法二四四条一項にいう『代理人』に当たり、被告人は、事業主でなくても、『代理人』であるAに対し選任、監督等において違反行為を防止するために必要な注意を尽くさなかった過失がないことの証明がされない限り、同人の行った本件所得税ほ脱の違反行為について、同法二四四条一項、二三八条に基づく刑責を負うものと解されるから、被告人に右の刑責を認めた原判決の判断は、正当である。」上告棄却。

第二章　行為論・構成要件論

第一節　犯罪の概念

1　実質的犯罪概念

20　詐欺罪の処罰根拠

名古屋高判昭和三〇・一二・一三
高裁刑裁特二巻二四号一二七六頁

●事　実　被告人は、約束手形を偽造・行使するなどしてA女を欺罔し、同人の抱芸妓Bと遊興した代金二五〇〇円の支払いを免れた。第一審は、被告人が支払を免れた遊興代金は売淫料である旨認定し、売淫契約は公序良俗に反する無効のものであって、被告人は財産上不法の利益を得たとはいい難いから、詐欺罪を構成しないとした（詐欺の点につき、無罪）。

●判　旨　「然しながら原審認定の契約が売淫を含み公序良俗に反し民法第九十条により無効のものであるとしても民事上契約が無効であるか否かということと刑事上の責任の有無とはその本質を異にするものであり何等関係を有するものでなく、詐欺罪の如く他人の財産権の侵害を本質とする犯罪が処罰されるのは単に被害者の財産権の保護のみにあるのではなく、斯る違法な手段による行為は社会秩序を乱す危険があるからである。そして社会秩序を乱す点においては売淫契約の際行われた欺罔手段でも通常の取引における場合と何等異るところがない。今本件につき検討するに、原判決は本件公訴事実中被告人が右（A）方を訪れ同家の抱芸妓を相手に二回に亘り無銭遊興をした事実を肯認しながら、右は……（B）と同衾宿泊した……（B）の花代即ち売淫料である旨認定しているけれども、前説明の如く売淫料も刑法第二百四十六条第二項の詐欺罪の対象となり得るから詐欺罪を構成しない旨判示した原判決は法律の適用に誤があり、その誤は判決に影響を及ぼすことが明らかであるから、右無銭遊興が全部売淫料であるか否かを判断する迄もなくこの点において原判決は失当であって破棄を免れない。」

破棄自判。

［参照判例］

同旨判例として、最判昭和二五・七・四刑集四巻七号一一六八頁（闇取引の当事者間にも一項詐欺罪が成立しうる）、反対判例として、札幌高判昭和二七・一一・二〇高刑集五巻一一号二〇一八頁（欺罔による売淫料の逸脱は二項詐欺罪を成立させない）参照。また、東京高判昭和三四・六・二九下級刑集一巻六号一三六六頁は、偽証罪につき、証人の真実義務違反性を強調している。

さらに零細な反法行為は、実質的に処罰に値しないとする後出［69］、実質犯・形式犯に関する後出［53］［54］参照。

2　形式的犯罪概念

21　過失犯の構成要件該当性・違法性・有責性

徳島地判昭和四八・一一・二八
刑裁月報五巻一一号一四七三頁、判例時報七二一号七頁、判例タイムズ三〇二号一二三頁（森永ドライミルク事件）

●事　実　森永乳業徳島工場では、昭和二八年頃から、ドライミルクの溶解度を良好にする安定剤として、「協和産業」から第二燐酸ソーダを買い入れ、これを原料に混入してドライミルクを生産していた。ところが、昭和三〇年四月から七月にかけて買い入れた第二燐酸ソーダは、同産業が従来納入していた製品とは別個の、「松野製薬」製造になる、いわゆる「松野製剤」であり、結晶が一見第二燐酸ソーダに似ており、納入品名も「第二燐酸ソーダ」と表示されてはいたものの、内容は、「松野製薬」がアルミナ製造の際にできた産業廃棄物を脱色・再結晶させたものであって、人体に有害な程度の砒素化合物を含有する粗悪有毒品であった。そのために、右「松野製剤」入りのドライミルクを飲用した乳児中、四九名が死亡し、七二五名が皮膚症状・呼吸器粘膜症状などの傷害を受けた。

検察官は、当時の徳島工場長Xと、製造課長Yとを業務上過失致死傷罪で起訴したが、（差戻前）第一審の徳島地裁は、両被告を無罪とした。その理由は、つぎのとおり。――当時、第二燐酸ソーダは、局方品または試薬品に限らず、工業用品であっても、人体に傷害を及ぼす程度の砒素を含有したものは存在せず、将来そのようなものがでまわることも予想されていなかったから、工場側には、第二燐酸ソーダの発注に際して、局方品、試薬品などを指定するなどの特別の注意義務はないのみならず、徳島工場では、当時二年間、九回にわたって同一商店から第二燐酸ソーダを購入しており、その際は正常な薬剤が納入されていて、本件の場合も、その際と会社表示・容量を異にする程度で、値段の差異、色・結晶状態の差異などは特になかったから、従来の正常な薬剤と同一のものが納入されているであろうとの信頼感が生じるのは当然である（徳島地判昭和四八・一〇・二五下級刑集五巻九・一〇号一四七三頁）。

これに対して、（差戻前）控訴審の高松高裁は、検察官の控訴を容れ、一審判決を破棄・差戻した。その理由は、つぎのとおり。―第二燐酸ソーダである限りは、人体に有害な程度の砒素を含有するものが業界にでまわるおそれはなかったが、成分も規格も明らかでない、しかも主として清缶剤として使用される第二燐酸ソーダを漫然注文すれば、厳密な意味では第二燐酸ソーダといえない類似の品物が納入されるおそれがないとはいえないから、つまり、右危険発生の予見可能性はあるから、抵抗力の弱い乳幼児に飲ませるドライミルクの原料に混入する第二燐酸ソーダの注文にあたっては、局方品・試薬品のように成分・規格の明らかなものを指定して注文する注意義務があり、そのような指定をせずに単に第二燐酸ソーダといって注文するのであれば、納入された品物について、厳密な化学検査をするべき義務がある（高松高判昭和四一・三・三一高刑集一九巻二号一三六頁）。

右破棄・差戻判決に対しては、被告人から上告が申立てられたが、最高裁はこれを棄却した（最判昭和四四・二・二七判例タイムズ二三二巻一六八頁）ため、事件は振出しに戻り、再び徳島地裁で審理が行なわれることになった。

●判　旨　本判決は、被告人Xにつき、Xは事務系出身の工場長であって、酪農関係者との折衝など外回りの仕事に奔走しており、工場内の職務権限、具体的業務内容に照らしてみても、製造面・技術面は被告人Yを信頼してこれに任せておいてよかったものであると認定し、X自身の直接的な注意義務違反も、また監督上の注意義務違反も、いずれもこれを認めることはできないとして無罪を言渡し、被告人Yにつき、Yは徳島工場の製造技術面の最高責任者として部下従業員を指導監督しており、なかんづく、第二燐酸ソーダについては自ら研究開発した安定剤であるだけに、その発注・使用時期・添加量などにつき全面的に責任を負うべき立場にあったと認定しながら、Y自身の直接的な過失責任は認定しえないとしつつも、監督上の責任はこれを免れえないとして、禁錮三年の実刑を言渡した。弁護人の「予見可能性」「結果回避義務」に関する主張に対し、つぎのように判示した。「過失犯が成立するには、第一に構成要件該当性（違法性）として、過失行為（落度ある行為）の存在、すなわち、客観的注意義務があるのに、その注意義務に違反した行為があること及び、過失行為と結果との間に因果関係があること、第二に非難可能性＝責任として、右の注意義務違反という過失行為によって発生した結果について、その行為者に非難を加えることの可能性（いわゆる主観的予見可能性及び主観的結果回避可能性）が存することが必要である。……従来は過失というと、すぐ結果予見義務違反の有無（かつ、それのみ）というふうに考え勝ちであったが、過失すなわち過失犯の構成要件としての過失（落度ある行為）行為は、何よりもまず被害発生をもたらした客観的な落度として把握されるべきである。落度があるというためには加害者が加害行為の時点において、……必要と認められる負担を果さなかったことが認められなければならないが、右負担の具体的内容を定めるのが、いわゆる結果回避義務であり、この結果回避義務を課することの前提として、結果予見の可能性が問題となるのである。しかし、この場合の予見可能性は、結果防止に向けられたなんらかの負担を課するのが合理的であるということを裏付ける程度のものであればよく、したがって、この場合の予見可能性は具体的な因果過程を見とおすことの可能性である必要はなく、何事かは特定できないが、ある種の危険が絶無であるとして無視するわけにはゆかないという程度の危惧感であれば足りる」。

そして、大要つぎのように展開した。——もっとも、具体的に結果発生の可能性が予見できるような場合は重い結果回避義務を負担させられ、一般的な危惧感があるにとどまるときは結果回避義務も軽いものにとどめるのが相当であるといい得る。

しかし、一方ではその危険が具体化したときに予想される実害の質的な重大性の程度が考慮されるべきであって、万一にも発生する被害が特に重大なものであるとき（例えば本件のごとき広範囲、多数人の砒素中毒事故）には、結果回避措置の負担は加重されざるを得ない。

本件においては、砒素を有害な程度に含有する第二燐酸ソーダの粗悪類似品（具体的には松野製剤）が粉乳に混入することが防止できれば中毒事故は回避できたはずである。

そこでこのような粗悪有毒品の粉入防止のためいかなる措置をとることが可能であったかを検討するに、まず成分規格が保証された局方品あるいは試薬又は特別注文品等の規格品を発注使用することであり、次に工業用薬品の場合には、その品が間違いなく第二燐酸ソーダであるかどうかを確かめるための化学的検査をすることである。

そこで、このような結果回避措置を命ずることが合理的であるかどうかを考察する。

当裁判所としては、結果発生を回避ならしめる措置は何であるかを考え、そのうえでどの程度の措置ならば当該行為者に命じても妥当であるかを特に絶対責任を課することにならないよう配慮して、論ずる前提としての予見可能性を考えるのである。

化学薬品については、商取引の常態として、局方品や試薬及びその成分規格が保証されたものでない限り、万が一にも未知の類似品の混入あるいは製造過程の過誤による粗悪品混入の可能性がないとはいい切れないところ、第二燐酸ソーダは、本来清缶剤などの原料として工業用に多く用いられ、食品用としての使用は極く少量で……薬品販売業界、食品製造業者間においても第二燐酸ソーダの非規格品については食品用としての無害性に不安感を抱き、食品に添加使用することに危惧感を持つものが多かったといい得る。

このように、薬品販売業者、食品製造業者にして右のような不安感、危惧感を持つというのであればそれが結果の予見可能性を意味し、したがってこの不安感を払拭するに足りる程度の回避措置を命ずることに合理性が認められる。——

「当裁判所のような考え方によると、従来のように予見可能性があるからといっても直ちに過失責任があるとの結論には結びつかず、客観的注意義務検討の段階で結果回避措置の合理的な枠付けを考え、許された危険、信頼の原則などを考慮し、その注意義務の負担を合理的な限度にとどめるための検討がなされるわけであるし、また個人的ないわゆる主観的予見可能性、主観的結果回避可能性についても非難可能性を論じる際に別途考慮されるわけであるから、絶対責任を課するものであるとの非難は当らない。

ただし、信頼の原則についてはそれが誰と誰との間の信頼関係についていわれるのかが問題とされるところであって、本件のような場合においても企業内の同僚相互間の信頼関係に基づく信頼の原則が適用される場合のあることは否定し得ないが、結果回避の責任を具体的にその行為により危険にさらされ被害をこうむる消費者に一部転嫁することは許されない」。

「以上のように本件においては有毒物混入の危惧感は取立てていうほど具体的ではなかったけれども、本件工場における粉乳の生産量、販売地域に照らすと、万が一にもそのような事態が発生した際には、広汎な地域にわたる多数の乳児に中毒等に罹病させることになり、その結果が甚大であることは容易に考えられるところであり、しかも本件工場はその製造にかかる粉乳の消毒者に対し保証者的立場にあるから前示結果回避措置を課することは十分合理的であり、かくて本件工場側は有毒物の混入を避けるためにまず規格品を発注使用すべき業務上の注意義務があり、これに違反して工業用第二燐酸ソーダを使用するときには、その使用前に容器ごとにそれが間違いなく第二燐酸ソーダであるかどうかを確認するため適切な化学的検査を実施すべき業務上の注意義務があるというべきである。

しかも、本件工場側において、第二燐酸ソーダを発注するに際して、規格品を納入するよう注文することも、もちろん可能であったし、また単に第二燐酸ソーダのみといって発注したため、非規格品が納入されてきた場合に、その薬剤が第二燐酸ソーダに間違いないかどうかを確認するための化学的検査を行なうことも可能であったのである」。――

本判決は、このように、予見可能性・結果回避可能性を前提としながら、本件結果回避義務を構成し、現実にYのとった行動は、製造課副主任Zなどに対して、漫然第二燐酸ソーダの発注をさせただけで、必要な化学的検査などはこれを実施させなかったのであるから、この点において、前記のごとく、結果回避義務違反すなわち注意義務違反ありといわざるをえない、と説示し、さらに、Yの責任については、その能力に照らして、「本件事故を回避するために前示製造課長としての客観的注意義務を尽くすことを期待し要求することは十分可能であり、個別的主観的観点からも、本件につき……刑法上の責任を問うことを妨げる事情は存在しない」とした。

〔参照判例〕後出〔107〕参照。

第二節　行為の意義

22　行為の存否

大阪地判昭和三七・七・二四
下級刑集四巻七・八号六九六頁

●事　実　被告人は、交通事後後ノイローゼ気味となり、さらに、以前罹患していた覚醒剤慢性中毒の後遺症としての妄想性曲解や妄想性被害念慮に捉われ心的混乱を招き、過度な心的緊張のため事態を正視することが困難な状態になっていたが、昭和三六年六月一六日、自宅で妻とともに就寝したものの不安、焦燥を伴う心的緊張のため熟睡できず、浅眠状態にあったところ同日午前四時三〇分頃色の黒い男が三人ほど突如室内に侵入し被告人を殺そうとして後側から首をしめつけてくる夢を見て極度の恐怖感に襲われるまま、右の男達から殺されるのを防ぐため先制的攻撃を加えるつもりで、後に振り向くと同時に右の男の首を両手で強くしめつけた。ところが、被告人が右の男と思っていたのは、実は側に寝ていた妻であったため同人を頚部扼圧による窒息のため死亡させた。なお、その際、被告人は、当時、外界の現存する事実を確実に認識したうえ、それに基づいて意識的、自覚的に行動したとはいえないのであって、被告人は自己の所為について意思支配の自由をもたず、また自己の行動を判断、理解してこれを抑制しうる意識状態にはなかったことが認められる。

●判　旨　「行為者のある外部的挙動がその者の行為と評価され得るのは、その挙動が行為者の意思によつて支配せられているからであつて、右の意思支配が存しない場合には行為も存しないと言うべきであり、ある行為が刑罰法規の構成要件に該当するか否かは、右法規によつて要求される規範に従つて行為者が自らの行動を統制し得る意思の働らき即ち規範意識の活動に基ずいてなされた行為を対象としてなされるべきであつて、行為者は自ら意識的自覚的になそうとする行動については、右の規範意識によつてこれを統制し得る可能性を有しているが、右の如き任意の意思に支配されていない非自覚的な行動については、その規範意識も活動の余地がなく、これを統制し得る機会も持たないのであるから、かかる行動を刑罰の対象とすることはできず、右の任意の意思に基く支配可能な行動のみが、刑罰法規の規定された構成要件該当性の有無についての判断の対象とされるべきであつて、右の任意の意思を欠く行動は、行為者についてその責任能力の有無を論ずるまでもなく、刑罰法規の対象たる行為そのものに該当しないと解すべきである。」無罪。

［参照判例］後出［94］。

第三節　構成要件の意義と機能

1　構成要件の意義

23　殺人罪の構成要件と傷害致死罪の構成要件

後出［153］

2　構成要件の機能

24・25　犯罪個別化機能――刑罰法規の明確性

前出［2］［3］

26　構成要件の違法推定機能

前出［21］

第四節　構成要件該当性――構成要件の要素と構成要件の実現

一　犯罪の主体　1　身分犯

27　強姦罪と身分のない者（女性）の加功

最決昭和四三・三・三〇
刑集一九巻二号一二五頁

●**事　実**　被告人（女性）は、かねて、被害者（女性）が、夫と情を通じているのを知り、手を切るよう申し向けていたが、両者の関係が復活したのを知るに及んで憤懣やる方なく、某日、同女が夫と密会しているに違いないと考え、浅草で飲酒中、嫉妬の余り、自己の眼前で男に同女を強姦させて恥辱を与え、日頃の恨みを晴らそうと考え、午後一一時頃、被害者を呼び出して詰問するなどした上、自ら被害者を押し倒し手を押さえつけて暴行を加え、反抗を抑圧して甲・乙に被害者を強姦させた。

●**決定要旨**「強姦罪は、その行為の主体が男性に限られるから、刑法六五条一項にいわゆる犯人の身分により構成すべき犯罪に該当するものであるが、身分のない者も、身分のある者の行為を利用することによつて、強姦罪の保護法益を侵害することができるから、身分のない者が、身分のある者と共謀して、その行為に加功すれば、同法六五条一項により、強姦罪の共同正犯が成立すると解すべきである。従って、原判決が、被告に三沢の原判示所為に対し、同法一七七条前段、六〇条、六五条一項を適用したことは、正当である。」上告棄却。

後出［176］

28　目的犯と不真正身分犯

［参照判例］

大判大正一四・一・二八刑集四巻一四頁（営利誘拐罪の「営利の目的」は身分に当たらない）、東京高判平成一〇・三・二五判例タイムズ九八四号二八七頁（大麻取締法二四条二項の「営利の目的」は身分に当たる）。さらに後出［50］。

29　刑法二一八条の「保護責任」（身分犯）の根拠
——作為と不作為の区別

東京高判昭和四五・五・一一
高刑集二三巻二号三八六頁

●**事　実**　被告人は、夜半、帰宅途上のA女を誘って自動車に同乗させ、同女が下車を求めたのにそのまま運転を継続し、身の危険を感じた同女がドアを開けて逃げだし、路上に転倒、瀕死の重傷を負ったにもかかわらず、一旦、同女の倒れている所に立戻り、その負傷状態等を確認しながら、付近の家から人がでてくるのをみて、ことの発覚をおそれ、同女を道路脇の畑内の窪みに移したまま逃走した。第一審は、刑法二一八条一項の成立を認め、被告人を懲役一年六月に処した。

●**控訴趣意**　Aの負傷は交通事故に起因したものではないから、道交法七二条の「救護義務」は生じない。仮りにこの義務が生じたとしても、刑法二一八条の「保護義務」には直結しない。刑法二一八条が、二一七条と違って「保護責任者」という身分を要件とし、判例が、場所的移転を伴わぬ不作為の遺棄にも同条の適用を認め、重刑を科しているのは、「生命、身体に対する危険」に根拠をおくのではなしに、「要保護者を保護すべき義務の違反行為に対する非難」に根拠をおくのである。すなわち、同条は、「不作為犯における作為義務とは異り、重い特殊な義務としての保護義務」を予定しているのである。にもかかわらず、原判決は、安易に「条理」と「救護義務」を根拠に「保護責任」を認めた。

また、被告人は、畑内に隠れたところまではAを遺棄する意思はなかった。仮りに「遺棄罪を認めるにしても単純なる不作為による遺棄にすぎない」。

●**判　旨**　東京高裁は、Aの負傷は交通事故によるものだとしたうえ、二一八条の保護責任の根拠は法令・契約・慣習・条理のいずれを問わないという前提のもとに、被告人は「いわゆる自己の先行行為に基き、刑法第二一八条第一項の保護責任を有するものというべく、このことは（被告人）が道路交通法第七二条第一項前段の救護義務を有すると否とを問わないと解すべきである」とし、さらに、原判決は、「いわゆる置去り（不作為）のみを認めたものか、移置（作為）をも認めたものか必ずしも明白ではない」が、畑中の窪みに移したのは専ら他人に発見されるのをおそれたためとも考えられるから、この段階でAを遺棄する犯意があったと認めることはできず、結局、原判決は、「遺棄罪の態様として不作為による置去りのみを認めたものと解するのが相当である」として、控訴棄却。

［参照判例］

後出［34］、さらに、大判大正一三・三・一四刑集三巻二八五頁（被告人の設置した「炭焼がま」によその少年が落ち込んで焼死したとしても、被告人に埋葬義務がない以上、これを放置しておくことは死体遺棄罪を構成するものではない）。

2　法人

30　両罰規定における法人の処罰

前出［18］

二　犯罪の客体

31　行為の客体と保護の客体

大判大正三・三・二三
刑録二〇輯三二六頁

●**事　実**　被告人は、Aが、その父B所有の貸金証書三〇通を盗みだし持参したものであることを知りながらAのためにこれを保管した。原判決は、盗品等保管罪を認めた。

●**上告論旨**　債権証書は債権自体ではない。債権は証書をまって成立するものではなく、別個の存在である。空しい一紙先として、法律生活上其物自体として価値のないものの授受を、贓物として取扱うことは許されない。

●**判　旨**「刑法第二百三十五條ニ所謂財物トハ財産権殊ニ所有権ノ目的トナルコトヲ得ヘキ物ヲ謂ヒ金銭的価値ヲ有スルヤ否ヤハ問フ所ニアラサルモノトス原判決ノ認ムル所ニ依レハ本件貸金証書ハ（A）ノ父（B）ノ所有ニ属スルモノナルヲ（A）カ盗ミ出セシモノニシテ窃盗ノ目的物タルコトヲ得ヘキハ勿論刑法第二百五十六條ニ所謂贓物ニ該当スルヤ言ヲ俟タサルヲ以テ……上告ノ理由ナシ」上告棄却。

32　法人に対してその法益に危害を加える旨を告知しても、脅迫罪は成立しない

大阪高判昭和六一・一二・一六
高刑集三九巻四号五九二頁

●**事　実**　被告人は、暴力団仲間と共謀のうえ、A社がB社に工事の下請をさせる予定であったのをC社に変更させようとして、A社大阪支店の応接室で、A社土木管理部長M・総務部次長Nに対し、C社に下請をさせなければただではすまない等の言動を弄し、もってMらの生命・身体およびA社の営業等にいかなる危害を加えるかもしれない旨気勢を示して脅迫した。第一審は、右のような事実認定のもとに、脅迫罪（暴力行為等処罰に関する法律一条）の成立を認めた。

●**判　旨**　脅迫罪の保護法益は、人の意思活動の平穏ないし意思決定の自由であるから、「脅迫罪は、自然人に対しその生命、身体、自由、名誉又は財産に危害を加えることを告知する場合に限って、その成立が認められ、法人に対しその法益に危害を加えることを告知しても、それによって法人に対するものとしての同罪が成立するものではなく、ただ、それら法人の法益に対する加害の告知が、ひいてはその代表者、代理人等として現にその告知を受けた自然人自身の生命、身体、自由、名誉又は財産に対する加害の告知に当たると評価され得る場合にのみ、その自然人に対する同罪の成立が肯定されるものと解される」としたうえで、原判決が、「同社の営業等」を掲げているのが、会社自体に対する脅迫罪を認める趣旨だとすれば、法令の解釈適用を誤ったことになるし、「（M）ら自身の法益に対する加害の告知に当たると評価され得ることを示す」趣旨だとしても、その趣旨を示すような事実を全く摘示していないのであるから、やはり法令の解釈適用を誤ったことになると説示し、原判決を破棄し、第一審裁判所にこれを差戻した。

33　住居侵入罪の行為の客体と法益

尼崎簡判昭和四三・二・二九
下級刑集一〇巻二号二一一頁

●事　実　被告人は、Aが出稼中であるのを奇貨とし、同人の妻Bと情交の目的で、二五回にわたりA家に侵入して八畳の間で情交し、もって故なく「人の住居」に侵入したというのが、公訴事実である。

●判　旨　「住居の立ち入りについて承諾をなしうる者は住居権者の夫であり、その住居権は一家の家長である夫が専有するものであるからその承諾を推測し得ない場合には承諾があっても効果がないものであり、自己の妻と姦通するために住居に立ち入ることを夫が認容する意思があるとは推測できないから姦通の目的で妻の承諾を得て住居に立ち入った行為は住居侵入罪を構成するとするのが従来の判例の態度である。

しかしながら、夫だけが住居権をもつということは男女の本質的平等を保障する日本国憲法の基本原理と矛盾するし、承諾の有無に住居侵入罪についての決定的意義を認め承諾の効果にかかずらうことは妥当でない。なるほど住居者の承諾を得て平穏に住居に立ち入る行為は侵入行為とはいえない。しかしその理由は住居侵入罪の保護法益が事実上の住居の平穏であるところから住居者の承諾があれば事実上の住居の平穏が害されないと考えられるからであって、その重点は被害者の承諾の有無ではなく事質上の住居の平穏である。

住居侵入罪の保護法益は『住居権』という法的な権利ではなく事実上の住居の平穏であるから夫の不在中に住居者である妻の承諾を得ておだやかにその住居に立ち入る行為は、たとい姦通の目的であったとしても住居侵入罪が保護しようとする事実上の住居の平穏を害する態様での立ち入りとはいえないから住居侵入罪は成立しないと解するのが相当である。」無罪。（確定。）

三　行為――構成要件実現行為　1　作為と不作為

34　作為の遺棄か不作為の遺棄か

最判昭和三四・七・二四
刑集一三巻八号一一六三頁

●事実および判旨　刑法二一八条にいう遺棄には単なる置去りをも包含すと解すべく、本件の如く、自動車の操縦者が過失に因り通行人に前示のような歩行不能の重傷を負わしめながら道路交通取締法、同法施行令に定むる救護その他必要な措置を講ずることなく、被害者を自動車に乗せて事故現場を離れ、折柄降雪中の薄暗い車道上まで運び、医者を呼んで来てやる旨申欺いて被害者を自動車から下ろし、同人を同所に放置したまま自動車の操縦を継続して同所を立去つたときは、正に『病者ヲ遺棄シタルトキ』に該当する」。上告棄却。

［参照判例］

前出［29］、後出［38］［39］［56］、さらに広島高松江支判昭三九・一・二〇高刑集一七巻一号四七頁（不作為の兇器準備集合）、東京地判昭和三九・六・二六判例タイムズ一六四号一五二頁（不作為による電車往来危険）。

35　作為の過失行為か不作為の過失行為か

最決平成四・一二・一七
刑集四六巻九号六九三頁

●**事　実**　被告人は、潜水指導者であったが、午後九時頃、風速四メートル前後の風の中、降雨のため視界が悪い海中において、指導補助者三名を指揮しながら、七名の受講者に対して、夜間潜水の講習指導を実施中、一団となって潜水を開始して一〇〇メートル余り前進した地点で、後方を確認しないまま再び移動を開始したところ、指導補助者二名を除いて受講者らを見失ってしまったため、移動開始地点に戻ったところ、取り残された指導補助者一名と受講者らは、海中のうねりのような流れにより沖の方に流された上、右指導補助者は海中ではぐれた場合には、海上に浮上して待機するようにとの注意を受けていたにもかかわらず、被告人を探し求めて沖に向かって数十メートル水中移動を行い、被害者の圧縮空気タンク内の空気残圧量が少なくなっているのを確認し、一旦海上に浮上したものの風波が強く、再び受講生らに水中移動を指示するだけにとどまったことにより、これに従った被害者が、水中移動中に空気を使い果たして恐慌状態に陥り、自ら適切な措置を採ることができないまま、溺死するに至った。

●**決定要旨**　「被告人が、夜間潜水の講習指導中、受講生らの動向に注意することなく不用意に移動して受講生らのそばから離れ、同人を見失うに至った行為は、それ自体が、指導者からの適切な指示、誘導がなければ事態に対応した措置を講ずることができないおそれがあった被害者をして、海中で空気を使い果たし、ひいては適切な措置を講ずることもできないままに、でき死させる結果を引き起こしかねない危険性を持つものであり、被告人を見失った後の指導補助者及び被害者に適切を欠く行動があったことは否定できないが、それは被告人の右行為から誘発されたものであって、被告人の行為と被害者の死亡との間の因果関係を肯定するに妨げないというべきである。」上告棄却。

2　真正不作為犯

36　多衆不解散罪の成立

大判大正四・一一・二
刑録二一輯一八三一頁

●事　実　多衆の農民が郡役所前に聚合して暴行を行なった。原判決は、刑法一〇六条の成立を認めた。弁護人は、刑法一〇六条が成立するためには、暴行・脅迫をなすため多衆聚合し、当該公務員より解散命令を三回以上受けても解散せず、進んで暴行・脅迫にでたことが必要であると主張した。

●判　旨　「刑法第百七条ノ罪ハ暴行脅迫ヲ為スノ目的ヲ以テ聚合セル多衆カ当該治安警察吏員ノ解散命令ヲ受クルコト三回以上ニ及ヒテ仍ホ解散セサルコトニ依リテ直ニ成立スヘキモノニシテ若シ多衆カ右解散命令ヲ受クルニ先チ暴行脅迫ヲ為シ又ハ解散命令ヲ受ケタル後進テ現ニ暴行脅迫ヲ為シタル場合ニ於テハ右第百七条ノ適用ヲ離レテ同第百六条ノ騒擾罪成立スヘキ関係アルニ止マリ右第百六条ノ罪ハ常ニ必ス第百七条ノ罪ヲ其前提要件トスルモノニアラス」上告棄却。

〔参照判例〕
東京高判昭和四五・一〇・二高刑集二三巻四号六四〇頁（不退去罪）。

3　故意犯の構成要件実現行為

37　被害者を自ら転落死するに至らしめた行為と殺人の実行行為

最決昭和五九・三・二七
刑集三八巻五号二〇六四頁

●事　実　被告人XおよびYは、午後一一時三〇分頃、飲み歩いている途中（第一現場）で、酩酊して歩行中のAに出会うや、数日前同所付近でAを含む数名の者と喧嘩し、同人らから一方的に殴打されたことがあったので、その仕返しとして、こもごもAの頭に頭突を加え、顔面を殴打し、その場に転倒したAを足蹴にするなどの暴行を加えた。人気のない場所でさらに暴行を続けようと被告人Xの運転する軽四輪自動車にAを押し込み発進したが、Aの言動から暴力団関係者ではないかとの危惧を抱き、暴力団関係者について詳しいZにその関係の有無を確認させようとZ方に立ち寄り、Zを呼び出してAが顔見知りでないことを確認したうえ、Zを同乗させて路上（第二現場）に至り、同所において、Aを車内から引き出し、YおよびXが頭突き、殴打、足蹴などの執拗な暴行を繰り返した。さらにXが付近にあった長さ約一メートルの丸太を拾い、その場に倒れていたAに殴りかかろうとしたところ、Zが「やめろよ。ここでやったらやばいよ。もっといい方法がある。海に沈めちゃおう」などと言いながら制止したので、Xもこれに従い、X・Y・Zは、倒れているAを前記自動車に乗せ、Zの案内でXが運転し、午前一時すぎ頃、荒川堤防工事現場（第三現場）に連行した。X・Y・Zは、前記暴行により抵抗する力を失っているAを自動車から連れ出して水門脇の荒川堤防高水敷（盛土して台地状になっている部分）の上に引き上げたが、Aを水中に転落させ、そのためAが死亡するのもやむを得ないと決意し、その旨意思を相通じて、Aを取り囲み、主としてXにおいて「この野郎」、「いつまでもふざけるんだ。ぶっちめるぞ」、「飛び込める根性あるか」などと脅しながらAを新左近川の護岸の際まで追いつめ、さらにXにおいて付近にあった長さ約一メートルのたる木を手にしてAに殴りかかろうとしたため、ついに逃げ場を失ったAをして新左近川の水中に転落せしめ、よって、その頃新左近川と荒川の合流付近の水中において、Aを溺死するに至らせて殺害した。

第一審（東京地裁）は、殺人罪の共同正犯を認めて、Xを懲役八年、Y、Zをそれぞれ懲役六年に処した。第二審（東京高裁）は、控訴趣意のうち、A殺害の未必の故意がなく共謀の事実もなかったという主張は理由がないとしたが、量刑不当の主張に対しては、一応これを認め、原判決を破棄し、Xを懲役七年、Y、Zをそれぞれ懲役五年に処した。これに対して、被告人X側から上告がなされた。上告趣意は、Xに殺意があるとしたのは事実誤認であり、その結果、傷害致死罪を適用すべき本件事案に殺人罪を適用する量刑は他の共犯者の量刑と比較し著しく均衡を失しているというものであった。

●決定要旨　最高裁は、上告趣意はいずれも刑訴法四〇五条の上告理由にあたらないとして上告を棄却し、次のような判断を示している。

「原判決及びその是認する第一審判決の認定によれば、被告人は、外二名と共に、厳寒の深夜、かなり酩酊しかつ被告人らから暴行を受けて衰弱していた被害者を、都内荒川の河口近くの堤防上に連行し、同所において同人を川に転落させて死亡させるのもやむを得ない旨意思を相通じ、上衣、ズボンを無理矢理脱がせたうえ、同人を取り囲み、『この野郎、いつまでふざけてるんだ、飛び込める根性あるか。』などと脅しながら護岸際まで追いつめ、さらにたる木で殴りかかる態度を示すなどして、遂には逃げ場を失った同人を護岸上から約三メートル下の川に転落するのやむなきに至らしめ、そのうえ長さ約三、四メートルのたる木で水面を突いたり叩いたりし、もって同人を溺死させたというのであるから、右被告人の所為は殺人罪にあたるとした原判決は相当である。」

38　不作為の殺人

東京地判昭和四〇・九・三〇
下級刑集七巻九号一八二八頁

●事　実　被告人は、昭和四〇年二月七日午前一〇時五〇分頃、普通乗用自動車を運転して、東京都港区赤坂見附方面から新宿区四谷見附方面に向かって時速約六〇キロメートルで進行し、通称紀の国坂のカーブにさしかかったが、一たんは約四六メートル前方を横断歩行中のAの姿を認めていたにもかかわらず、同人に接近した場合には、自己のハンドル操作によって危険を避けうるものと過信し、かつ、ハンドル操作に気を奪われてAの移動について注視を怠った過失、ならびに減速することなく自動車の進行を続けた過失により、自動車の前部右側ライト附近を同人の左下腿部に激突させて、同人を自動車のボンネット上面に跳ね上げたうえ路上に転倒せしめ、骨盤骨複雑骨折および頭蓋骨骨折等の傷害を負わせ、午前一一時頃、右傷害を負ったAを救護するため、もよりの病院へ搬送すべく、意識不明に陥っている同人を自己の手によって助手席に同乗させて同所を出発した。当時、右Aの容態は、直ちにもよりの病院に搬送・救護すれば、死の結果を防止することが十分に可能であり、かつ、被告人には、右Aを直ちにもよりの病院に搬送して救護し、その生存を維持すべき義務があるにもかかわらず、同人を搬送することによって、自分が犯人であることが発覚し、刑事責任を問われることをおそれるのあまり、右搬送の意図を放棄し、同人を都内の適当な場所に遺棄するなどして逃走しようと企てると同時に、右Aは、当時重態であって病院に搬送して即時救護の措置を加えなければ死亡するかもしれないことを十分予見しながら、それもやむをえないと決意し、約二九キロメートルの間、何らの救護措置もとらずに走行したため、走行中の同車内において、同人を出血および右傷害に基づく外傷性ショックにより死亡させ、午後二時頃、右Aの着ていた背広上衣の内ポケットから現金五万一、九〇〇円在中の財布一個を窃盗し、その犯行を隠蔽するため、右Aの死体を山林内に埋めてこれを遺棄したというものである。

●判　旨　本判決は、被告人が殺意はなかったと主張するので、その点、および、それと関連する被害者の容態と、その救護可能性について検討して、次のように述べている。

「証人池田亀夫（医師、慶応義塾大学医学部助教授）の供述によれば、被害者は事故直後に治療を受ければ一命をとりとめる蓋然性が極めて高かつた（最近の臨床例では、本件被害者程度の患者で治療の甲斐なく死亡したものが殆どない）」。また、被告人の公判廷における供述に照らせば、「被告人が直ちに被害者を病院に搬送すれば救護可能であると考えていたことは明らかである」。しかし、「被告人が被害者の容態をきわめて重いと考えていたこと」も明らかで、「被告人が被害者の死を未必的に予見していたことは明らかに認められる。そして、被告人が、右のような認識をしながら、あえて被害者を病院に搬送しようとせず、自動車の走行を続けた」その「行為により、被告人の被害者の死に対する認容の意思もまた充分に認められる」。「認容の意思が否定されるためには、自己の行為によって確実に結果を回避しうると考えた場合に限られるというべきであり、本件のごとく、被害者の生命を偶然に委ねる如きことは、結果を積極的に認容した場合と何ら異なるところがないと考えるのが相当」。懲役一二年。罰金三〇〇〇円。(確定。)

〔参照判例〕

前出〔29〕〔34〕、後出〔46〕〔132〕、さらに、東京地八王子支判昭和五七・一二・二二判例タイムズ四九四号一四二頁（従業員虐待等にひき続いた「不作為による殺人」）。

39　不作為の放火

最判昭和三三・九・九
刑集一二巻一三号二八八二頁

●事　実　被告人は、岐阜県中津川市所在の某電力会社営業所に勤務する集金係であった。昭和二九年一二月二〇日午後五時頃から、未整理帳簿類の整理記帳などのために事務室で残業し、途中、宿直員Aと酒をのみ、Aが就寝してから、さらに残業をつづけた。しかし、酒をのんだためと股火鉢をしていたため気分がわるくなってきたので、大量におこっている炭火の始末をしないまま、午前二時頃、工務室でうたたねをした。そのため、炭火の過熱から火鉢のすぐそばのボール箱入り原符に引火し、さらに机に燃え移った。午前三時四五分頃、うたたねからさめた被告人は、事務室にもどってきて、自分の不注意による出火の事実を目撃しておどろき、自分の失策の発覚をおそれるあまり、とっさに自分のショールダーバッグを肩にかけて営業所から立ち去った。このため、火勢は拡大し、営業所の建物を全焼したうえ近隣に燃えうつり、住宅・倉庫など七棟を全焼させ一棟を半焼させるに至った。

第一審は、被告人の行為を刑法一〇八条に問擬して懲役三年に処した。つぎのような理由による。自分の重大な過失にもとづく出火を残業職員として消火するのは、当然の義務である。しかも、自分で消火するにせよ、宿直員三名をおこして協力をもとめるにせよ、火勢などの関係から、まだ容易に消火することのできる状況にあった。それにもかかわらず、放置したなら火勢が拡大して営業所建物などを焼燬するにいたるであろうということを認識しながら結果の発生を認容して立ち去った。放火にあたるというわけである。原審判決も第一審判決の態度を支持して、消火義務に違背した不作為にもとづく焼燬につき放火罪の刑責をおわなければならないとした。上告理由は、つぎのようなものである。これまでの不作為による放火の判例をみると、その要件として、法律上の消火義務、消火可能性、既発の火力または危険を利用する意思を必要としている。なかでも、利用の意思は、法律上の責任を放火と同程度までたかめるための重要な要素としてはたらいてきた。本件では、延焼・焼燬の結果の認識はあっても、利用の意思は全くない。これまでの判例の趣旨に反する。

●判　旨　「被告人は自己の過失により右原符、木机等の物件が焼燬されつつあるのを現場において目撃しながら、その既発の火力により右建物が焼燬せられるべきことを認容する意思をもつてあえて被告人の義務である必要かつ容易な消火措置をとらない不作為により建物についての放火行為をなし、よつてこれを焼燬したものであるということができる。」上告棄却。

〔参照判例〕
大判大正七・一二・一八刑録二四輯一五五八頁、大判昭和一三・三・一一刑集一七巻二三七頁、最判平成三・一一・一四刑集四五巻八号二二一頁（不作為の失火）。

40　過失の予見可能性

最決平成元・三・一四
刑集四三巻三号二六二頁

●事　実　被告人は、午後一〇時過ぎ、東京都葛飾区宝町二丁目道路を四つ木橋方面からお花茶屋方面に向かって、軽四輪貨物自動車を運転したが、制限速度三〇キロメートルを遵守し、ハンドル・ブレーキ操作を的確になすべき業務上の注意義務を尽くさなければならなかったのにこれを怠り、漫然時速六五キロメートルの高速度で運行し、反対車線を対向して進行してきた車両を認め狼狽し、左に急転把した過失により、道路左側のガードレールに衝突しそうになったので、あわてて右に急転把した結果、自車の走行の自由を失わせ、蛇行して進行したあと左斜め前方に暴走させ、道路左側に設置してある信号機に自車左側後部荷台を激突させ、その衝撃により、後部荷台に同乗していた甲・乙を死亡するに至らしめ、さらに助手席に同乗していた丙に対し全治二週間の傷害を負わせた。

一・二審判決および本決定から認定された事実関係は、以上のようなものである。被告人が、何のために午後一〇時過ぎに運転したのか、荷物は登載されていたのか、甲・乙と被告人の関係はどうだったのかという点は不明なのである。

●決定要旨　被告人は、業務として普通貨物自動車（軽四輪）を運転中、制限速度を守り、ハンドル、ブレーキなどを的確に操作して進行すべき業務上の注意を怠り、最高速度が時速三〇キロメートルに指定されている道路を時速六五キロメートルの高速度で進行し対向してきた車両を認めて狼狽し、ハンドルを左に急転把した過失により、道路左側のガードレールに衝突しそうになり、あわてて右に急転把し、自車の走行の事由を失わせて暴走させ、道路左側に設置してある信号柱に自車左側後部荷台を激突させ、その衝撃により、後部荷台に同乗していた甲及び乙の両名を死亡するに至らせ、さらに助手席に同乗していた丙に対し全治約二週間の傷害を負わせたものであるが、被告人が自車の後部荷台に右両名が乗車している事実を認識していたとは認定できないというのである。しかし、被告人において、右のような無謀ともいうべき自動車運転をすれば人の死傷を伴ういかなる事故を惹起するかもしれないことは、当然認識しえたものというべきであるから、たとえ被告人が自車の後部荷台に前記両名が乗車している事実を認識していなかつたとしても、右両名に関する業務上過失致死罪の成立を妨げないと解すべきであり、これと同旨の原判断は正当である。」上告棄却。

［参照判例］後出［107］。

4　過失犯の構成要件実現行為

41　自動車運転助手と過失行為（注意義務違反）

仙台高判昭和三〇・六・二一
高裁刑裁特二巻一二号六一九頁

●事　実　被告人XおよびX′は、相被告人X″の運転するトラックの運転助手として同乗していたが、Aが同トラックの進行を妨げたことから口論が起り、Aはトラックの窓に手をかけたまま車と共に進行した。そのうちに、Aは右手をすべらしてしまった。Xは、Aの左手をつかまえてやり、かつ「危い」と叫んだ。しかし、X′は「かまうな、放つておけ、走れ走れ」といい、X″も漫然、大丈夫だと思ってそのまま停車せず進行を続けた。そのうちに、XはAの手を押えきれなくなり、ついに手を放した。とたんにAはトラック後輪に轢かれ、翌日、死亡した。

●判　旨「右の如き事実関係のもとで、自動車運転助手たる（X）（X′）の両名に過失責任を肯定し得るか何うかを考察すると、自動車運転助手は自動車の運転に際し運転者に協力して道路通行者その他の人の身体生命に対する危害の防止につとめるべき業務上の注意義務あることはもちろんで、人が自動車運転台の窓に手をかけてつかまつている場合、自動車がそのまま進行すれば、その人が振り放され、場合によってはその自動車に轢かれたりして死傷の結果を惹起すべき危険があることは見易い道理であるから、助手がそのことに気づいたならば運転者にこれをつげて停車又は徐行を促し、適宜の処置によってその人を自動車から離れさせた上進行せしめる如く措置する義務あることは明らかであるが、この場合右の危険を避けるには停車又は徐行を絶対の必要とするもので、しかも自動車を停車又は徐行せしめることは運転者の職責であって、助手は之をなし得ず、単に、運転者がそういう状況に気づかないでいる場合にこれを運転者に告げて右措置を促がすこと以上の職責を有するものではないと解すべきであるから、運転者が右状況を知っている場合においては助手において重ねて運転者にこれを告げて右措置を促がす注意義務があるものとはいい得ない。……原判決が（X″）に対して業務上過失致死を肯定したことは事実誤認でないが、（X）及び（X′）に対してこれを肯定したのは事実を誤認したか、注意義務に関する解釈を誤ったもので、その誤りが判決に影響を及ぼすことが明らかであるから、原判決中（X）及び（X′）に関する部分は破棄を免れない」。なお、本判決は、X・及びX′に関する部分を破棄自判し無罪を言渡しているが、その部分の判旨において、「かかる場合そのままの状態で進行すれば（A）を道路上に振落して傷害を負わしめる危険が十分あるから、自動車の運転者並びに助手としては一旦停車して運転台から同人を下車せしめて安全地帯に避譲せしめた上発車する等安全に運転するに必要な諸措置を講ずべき業務上の注意義務があったにも拘らず、（X）（X′）及び（X″）は右（A）の態度に不快を感じていた折柄、不注意にも右義務を怠った、という点はこれを肯定している。

［参照判例］

福岡高那覇支判昭和六一・二・六判例時報一一八四号一五八頁（実行行為の不存在か相当因果関係の欠如か）。

5　故意の内容

42　業務妨害罪における「虚偽の風説」の意義とその認識内容

東京地判昭和四九・四・二五
刑裁月報六巻四号四七五頁、判例タイムズ三一五号一六三頁、判例時報七四四号三七頁

●事　実　被告人Xは、A製薬会社が特許を得て製造販売しているニトロフラン誘導体豆腐用殺菌剤（AF-2）（商品名「トフロン」）が、国連の世界保健機構および食糧農業機構の合同委員会において定められた方法に従って行なわれた急性および慢性毒性試験によって、昭和四〇年七月五日厚生大臣から、人の健康をそこなうおそれのないものとして、食品添加物とし

て用いることができる化学的合成品に指定されており、真実人の健康をそこなうおそれのない食品添加物であるのに、

第一、1　昭和四三年七月二三日ころ、S書房から自己の著書「危険な食品」を出版するにあたり、その二〇一頁から二〇五頁、および二四七頁に、「豆腐屋が希望もしないのに、AF-2という毒性のある殺菌剤が許可されるようになった。」「このAF-2を特許をもって独占的に製造しているのは（A）製薬」「せめて、安くておいしくて栄養のある豆腐くらいは、毒を入れないようにしてもらいたいものである。」「たいへん有害な食品添加物である。」旨虚偽の事実を記載し、その著書約一六万八千部をそのころから昭和四四年一一月三〇日ころまでの間に全国書店などを通じて読者に販売頒布し、

2　昭和四四年五月一〇日、H社から自己の著書「改訂版恐るべき加工食品」を出版するにあたり、その四三頁から四五頁に、「豆腐に防腐剤」と題し、「その防腐剤がトーフロン（ニトロフラン誘導体）というたいへん毒性の強い、しかも日本だけしか許可されていない有害薬品であるから、困ったものである。」旨虚偽の事実を記載し、その著書約三一三五部をそのころO社を介して全国書店などを通じて読者に販売頒布し、もって、虚偽の風説を流布して右A製薬株式会社の業務を妨害し、

第二、昭和四四年五月一日午後零時ころ、N教育テレビにおいて、「（K）アフタヌーンショウ」に出演し、前記トフロンが食品添加物として有害であることを示すため、容量約二〇〇ccのガラス製様コップに金魚二匹および水半分くらいを入れたものに、トフロンを投入して金魚が即死することを実演しようとしたが、相当量のトフロンを投入してもそれだけでは金魚が即死しないことを知って、トフロンをアルコール約九〇ccで溶解したものを右コップ中に投入して実験を演じたうえ、「これはニトロフラン誘導体で豆腐に使われている防腐剤です。」などと説明し、その際右金魚二匹はもっぱらアルコールの作用により死亡したのにトフロンの毒性で死亡したものとして放映し、もって偽計を用いて右A製薬株式会社の業務を妨害したというのが公訴事実。

●判　旨　右の公訴事実に対して、東京地裁は、AF-2が、昭和一九年頃米国で開発されたニトロフラン誘導体系の化合物ニトロフラゾーンを、戦後わが国で特にA製薬を中心としてさらに研究・改良し、抗菌性がより強く毒性がよりすくない化合物として合成することに成功したものであり、関係各大学・研究所などの協力・テストを経て、A製薬により、食品添加物としての指定を受けるべく、厚生省に対して申請されたものであるところ、厚生大臣はこれを食品衛生調査会の諮問に付し、合計八回にわたる審議の結果、五種の試験を求めた附帯事項付で食品添加物として認めざるをえないという結論を得て、昭和四〇年七月五日、食品添加物として製造・販売を許可指定したのであるが、これに対しては、AF-2の有毒性を懸念する見解

や食品衛生調査会での審議に対する疑問など、種々の批判・疑問が展開されており、結局、『ＡＦ-２』について厚生大臣の定めた基準の範囲内で人の健康をそこなうおそれがあると断定するに足りるような資料は今までのところ見あたらないが、さりとて、今後そのような資料があらわれないとの保障もない」と判示しながら、被告人Ｘの前示所為は客観的には「虚偽の風説」を流布し、「偽計」を用いて人の業務を妨害したことになるといわざるをえないものの、故意の点はいずれもその立証ができないとして、無罪を言渡したのである。「虚偽の風説」とその故意の内容に関する判断がここで重要である。以下のように展開される。

〈「虚偽」の意義について〉「本件の場合、『虚偽の風説』についての従前の理解に従うならば、『ＡＦ-２』が完全に無害であるという証明は尽くされていないのであって、将来の研究いかんによっては、発がん性等が問題となる余地も予想されないわけではなく、仮にそうなったとすれば、……『ＡＦ-２』は有害であるとの被告人の記述自体は虚偽でないことになり、『疑わしきは被告人の利益に』という刑事裁判の原則上、『虚偽の風説』であると認めることはできず、無罪としなければならないことになろう。しかし、そうであるとするならば、本件の場合はさておき、仮に、競争関係にある企業の関係者が、自己の利益を考え、その当時としては根拠のないことを知りつつ他社の商品を誹謗するという事例においても、後にいわゆる科学論争に持ち込みさえすれば処罰を免れる余地があるということになるが、このような場合、後日になってその誹謗が結果的に、正当であったことが証明されたとしても、その誹謗者は処罰されるとするほうが、世人の正義感情にかなうところであろう。

そこで、それでは『虚偽の風説』をいかに解すべきかの検討に移ると、まず、『虚偽の風説』か否かの判断資料から、被告人が、当該行為をなした以後の研究結果等を排除しなければならないことは、以上の考察から自明のところであるし、また、右行為以前のものについても、被告人が知りえなかったかあるいは知らなかったのも無理はないと認められるものは、たとえば、外国での研究結果、企業秘密等のことを考えると、やはりこれを除外すべきであろう。そうだとすると、当該事項に関し、被告人が収集していた情報・資料および自己の研究ならびに収集すべきであったと認められる情報・資料等を判断資料として『虚偽の風説』か否かを決することになるが、それは結局、被告人が、当該事項を述べたについて、相当な資料・根拠を有していたか否かを、情報収集義務をも考慮に入れつつ判断するということになり、名誉毀損罪において、……事実が真実であることの証明がない場合でも、行為者がその事実を真実であると信じたことについて確実な資料・根拠に照らし相当の理由があるときは犯罪の故意がなく、名誉毀損の罪は成立しないものと解されている（最高裁判所第二小法廷判決（決定の誤り＝編者注記）昭和四六年一〇月二二日刑集二五巻七号八三八頁参照。）

のと、同様の判断過程をとることとなろう。

ただ、名誉毀損罪については、被告人側で事実の真実性の立証ができなかった場合に、犯罪の故意につき右の点が問題となるのに対し、業務妨害罪については、客観的な意味での事実の真実性の有無を度外視して、右の点を故意の問題に先立ち、客観的に『虚偽の風説』といえるか否かということで、問題とすることになるが、これは両罪の構成要件の相違からくる当然の帰結というべきであろう。また、『虚偽の風説』を右のように解することは『虚偽』という言葉の常識的解釈と離れすぎるのではないかとの反論も考えられなくはないが、この点偽証罪における『虚偽』についていわゆる主観説が判例・通説であることをも考え合わせると、さほど問題ではないと思われるのみならず、『虚偽の風説』にある『風説』を重視するならば、かえって文理にかなうといえるのではあるまいか。……

すなわち、以上の理由により、当裁判所は……『虚偽の風説』とは、行為者が確実な資料・根拠を有しないで述べた事実であると解し、故意の点は別論として、その資料・根拠の確実性は、被告人の主観によって決するのではなく、社会通念に照らし客観的に判定されるべきであるとするのが相当であると考える。」

〈虚偽の認識について〉「『虚偽の風説』を確実な根拠・資料に基づかない事実とした解釈に従うかぎり、故意の内容は、これに照応して、自己の言説が確実な根拠・資料に基づかないことの認識であると解するのが相当である。……

次に、それでは、自己の言説が確実な根拠・資料に基づかないことの認識（以下これを『根拠欠如認識』という。）の有無をどのような観点および基準で判定すべきかという点を検討してみよう。……行為者がどの程度の根拠・資料をもって一応、確実なものであると考えるかは、各人の経験、知識、性格等によってまちまちであろうと思われるところ、結局責任の問題であるから、各行為者ごとにこれらの点を参酌しつつ、その者が一応確実な根拠に基づくものと信じていたと認定できるか否かが問題とされねばならないことになる。そして、客観的には、確実な根拠があるとはいえないのに、軽率にも確実な根拠があると信じた結果、根拠欠如認識を持たない者もかなり多いのではないかと思われ、また『虚偽の風説』流布による業務妨害を処罰しなければならないのは、このように軽率に物事を信用する人間が多いからであると思われるが、これらの者については、過失の責任はともかくとして故意の責任まで負わせるのは相当でないであろう。したがって、行為者が自己の言説を客観的に真実であると強く信じ、それについて何らかの根拠・資料が存するときには、その根拠等がよほど不充分であり、あるいは非常識なものであって、それだけで行為者が確実な根拠に基づいているとの認識を持つなどとは明らかに考えられない場合以外は、故意責任を問うための根拠欠如認識があったと認定することは困難であると思われる。」

〈かような前提のもとで、本件被告人Xの所為につき検討が加えられる。〉

被告人の本件著書の「AF-2」に関する前示記載は、きわめて断定的・誇張的であって、「読者にとって相当ショッキングな記述となって」いるのに反し、その根拠は「貧弱であると思われる」のであって、「客観的にみるかぎり、本件各著書の『AF-2』についての記載……は、確実な資料・根拠に基づくものとは認めがたいから、前記の理由で『虚偽の風説』にあたるといわざるをえない」が、「厚生省の食品衛生行政のありかたに疑いを抱き、食品添加物は原則的に望ましくないとの意見を持つようになった」単なる食品評論家としての被告人の著書であることを考慮するならば、「被告人が、本件『AF-2』についての記載について、根拠欠如認識をもっていたとは認めることができず、この点については証明が十分でないといわざるをえない。」無罪。

43　猥褻罪における「猥褻性」の認識

最判昭和三二・三・一三
刑集一一巻三号九九七頁

●事　実　第一審の認定事実によれば、被告人Xは、出版業株式会社K書店の社長として出版販売等一切の業務を統轄しているものであるが、D・H・ロレンスの著作になる「チャタレー夫人の恋人」の翻訳出版を企図し、被告人X′にその翻訳を依頼しその日本訳を得たうえ、その内容に性的描写記述のあることを知悉しながら、これを上、下二巻に分冊して出版し、昭和二五年四月中旬頃より同年六月下旬までの間、前記会社本店等において、N出版販売株式会社等に対し、上巻約八万冊、下巻約七万冊を売り渡し、もって猥褻文書の販売をなした、というものである。

右事実につき、第一審判決は、本件訳書の性描写がいわゆる春本のそれとは異なることを認めた上で、しかし出版者Xが煽情的・刺激的な広告をし多量に販売した等（その他、読者層の構成、戦後の社会情勢をも勘案して）の環境下で販売された本訳書は「読者の性慾を刺戟し、性的に興奮せしめ、理性による性の制御を否定又は動揺するに至らしめるところのものとなり、ここに刑法第百七十五条に該当する所謂猥褻文書と認めらるるに至るのである」とし、被告人Xは有罪、しかし被告人X′は上述のような環境を利用する点での加功がなかったとして無罪とした。これに対して、検察官・弁護人双方から控訴がなされ、第二審判決は大審院以来の判例の「猥褻」の定義を踏襲しつつ、販売方法・広告方法等のいかんが猥褻文書であるか否かの判断に影響するとした原判決には同条の解釈の誤りがひいて事実誤認を来したものとし、また本罪の故意の成立には文書の猥褻性に関する価値判断についての認識まで必要としないとして、原判決を破棄、X、X′を共同正犯として有罪とした。これに対し、本件訳書の出版は「警世的意図」に出たもので、被告人等に犯意は成立しない等と主張した。

●判　旨　「刑法一七五条の罪における犯意の成立については問題となる記載の存在の認識とこれを頒布販売することの認識があれば足り、かかる記載のある文書が同条所定の猥褻性を具備するかどうかの認識まで必要としているものでない。かりに主観的には刑法一七五条の猥褻文書にあたらないものと信じてある文書を販売しても、それが客観的に猥褻性を有するならば、法律の錯誤として犯意を阻却しないものといわなければならない。猥褻性に関し完全な認識があつたか、未必の認識があつたにとどまつていたか、または全く認識がなかつたかは刑法三八条三項但書の情状の問題にすぎず、犯意の成立には関係がない。従つてこの趣旨を認める原判決は正当であり、論旨はこれを採ることを得ない。」上告棄却。

6　故意の種類

44　確定的故意と未必的故意

東京高判昭和四二・四・二一
東高時報一八巻四号一二〇頁

●事　実　被告人は、被害者甲女と、簡易旅館に隣合わせで居住していたが、某日午後六時過ぎ頃、自室前の廊下で、酩酊した上、甲女と口論になり、その反抗的態度に憤激し、自室茶箪笥の下から大工用のみ（全長二一・五センチ、刃体一二センチ、刃渡り九ミリ）を持ち出し、奥の共同便所の方に逃げ出した同女を追尾して後頭部を殴打し、更に便所に逃げ込んだ同女が一歳の子供を抱きかかえてうづくまっているのに対し、頸部、顔面、頭部等を一〇回以上突き刺し、同日午後一〇時頃、病院において、刺創による失血のため、同女を死亡させるに至った。

原判決は、殺人の「未必の故意」しか認めなかったが、弁護人は、殺意はまったくなかったと主張し、検察官は、「確定的故意」を認めるべきであるとして控訴した。なお、被告人は、普段は割合おとなしいが飲酒時には狂暴となる傾向があったことも認定されている。

●判　旨　そもそも確定的故意とは、結果の発生を確定的なものとして認識しながらこれを認容する場合であり、これに対し、未必の故意とは、結果の発生を可能なものとして認識しながらこれを認容する場合であると一般に解されるところ、両者同じく結果の発生に対する認識としながらも、その差異は認識の程度の差にあるというよりは、主たる意思方向の差にあるものと解するのが相当であり、すなわち、確定的故意においては、結果に表象は行為の主として指向するところであるのに対し、未必の故意においては、行為が主として指向するところは他に存し、結果の表象はただその行意を抑止する動機とはなりえなかつた場合と解すべきである。いま、これを本件被告人の犯意についてみるに、被告人の原判示所為の指向するところが、主として、被告人の弁解するような脅迫、または単なる暴行ないし傷害の結果に存し、被害者の死の結果は、単に可能な結果の一として認識しながらこれを認容したに過ぎないものとは到底認めることはできない。もとより、被告人が原判示のみを持ち出した当時から被告人に確定的故意があつたと認めるにはいささか疑わしい点がないわけではないが、その後直ちに被害者を追い、原判示共同便所に追いつめて直ちに兇行に及んでいる犯行の推移の状況に照せば、被告人は、被害者の逃走をあくまで被告人の意に従わない反抗的態度と解し、前記被告人の性格性行から、これを徹底的に慴伏せんとして、当初の意図はともかく、前記確定的な犯意をもつて攻撃を重ねるに至つたものと推認するのが相当である。してみれば、原判決が、被告人の殺人の犯意を認定しながらも、これを未必の故意と認定したのは、証拠の評価を誤り、ひいて事実を誤認したものといわざるをえない。

ところで、未必の故意にせよ、確定的故意にせよ、責任条件としてはひとしく犯意あるものとして同一であり、また、一概に未必の故意というも種々の段層を内包し、それ故に確定的故意との限界は認定上も極めて微妙なものがあるところから、この点に関する事実の誤認が、果して、一般に、判決に影響あるものとすべきかは種々論議の存するところではあろうが、前記の如く、両者は認識の分量の差に非ずしてむしろ行為の質的な差であるところから、行為ないしその責任の評価に影響するところが大きく、刑上重要な要素の一となるのが一般であり、とくに本件の如く、これを無期懲役に処すべきか、有期懲役に処すべきか、隔絶した刑量の量刑問題を具体的に論旨として内包する事案においては、これを判決に影響を及ぼすことの明らかな事実誤認とするのが相当であり、検察の論旨は理由がある。」

破棄自判。

［参照判例］

大阪高判平成八・七・二四判例時報一五八四号一五〇頁（殺人の確定的故意を認め、懲役一六年に処した原判決を破棄し、懲役一八年を宣告）。

45 誣告罪における申告事実の「虚偽」性の認識は確定的でなくてよい

最判昭和二八・一・二三
刑集七巻一号四六頁

●事　実　被告人は、寺の住職で、調停委員等として活躍していたものであるが、名古屋地検の検事Aが、Bから饗応を受けたという話しをきき、検察の粛正を計らんがため、右饗応の事実の真偽を十分に調査せず、したがって、右事実の存在につき十分な確信なく、幾分の疑念を残しながら、同地検検事正に対し、「検事Aは他の検事と共に脱税の容疑で取調を受けていたBから酒食その他の饗応を受け、もって瀆職の行為をなしたものである」という趣旨の虚偽の告発をしてAを誣告したというのである。

第一審は誣告罪の成立を認め、原判決もこれを支持した（懲役一年。三年間執行猶予）。

弁護人は、被告人に確定的故意がないから誣告罪は成立しないと主張した。

●判　旨　「誣告罪が成立するためには、その主観的要件として申告者がその申告した事実につき、その虚偽たることを確定的に認識していたことを必要とするものではなく、未必的な認識があれば足りるものと解するを相当とするばかりでなく、第一審判決が証拠により確定し、原判決が是認した事実に徴すれば被告人の本件告発は極めて軽々になされたものであって、到底その適法性を認めることができない以上、被告人は誣告罪の刑責を免れることができない。」上告棄却。

46 殺人罪・傷害罪の未必の故意

福岡高判昭和四五・五・一六
判例時報六二一号一〇六頁

●事　実　被告人は、A診療所に自動車運転者兼雑役夫として勤務していた者であるが、看護婦Bと結婚の約束をしたため同診療所長Cに昇給を再三申し入れたところ、昇給の口約束を得た。そこで、被告人は、相当の昇給を期待していたところ、翌月の給料日に給料がわずか一、〇〇〇円しか増加していなかったためいたく憤激した。そして、そのうっ憤をはらすため、Cおよび入院中の患者三十数名が現に住居に使用している同診療所（木造瓦葺二階建、建坪一、五四四平方メートル）に放火することを決意し、同日午後八時二〇分頃、近くの石油店からガソリン一八リットル入り二罐を取り寄せた。同診療所二階の病室には手足の不自由な入院患者三十数名がおり、とくにH、Iの両名は老齢で歩行が困難であり、Hは視力もほとんどない状態であったため、このまま放火すれば入院患者の中から死傷者が出ることが予想された。そこで、被告人は、病室を廻り、患者に「今夜は月がよいから外に出なさい。外が涼しいから外に出なさい」などといって戸外に出そうとした。しかし、患者のほとんどは外に出る様子はなかった。そこで、被告人は、Bら看護婦を戸外に追い出したものの、患者らが外に出たかは確認しないまま、ガソリン二罐を診療所一階にまいて点火し、同診療所を全焼させた。その際被告人は、痕跡が残る程の火傷を負いながら患者を救出しようとしたが、逃げ遅れたHを焼死させ、Iを火傷により死亡させたほか、患者八名に傷害を負わせた。

●**判　旨**　第一審は、被告人には殺人、傷害の故意は認められないとして、この部分については犯罪の成立を否定したが、福岡高裁はつぎのように判示して故意を認めた。

「右事実によつてみれば、被告人にはその意図するような方法で放火すれば、身体の不自由な患者らの間に死傷者が出るかも知れないことの認識のあつたことは明らかであり、とくに重症患者で放火地点の真上の病室にいたHおよびIについてはそのおそれが強いことの認識もあつたものと認められる。しかして被告人は犯行前患者らを戸外に避難させようという努力を試みてはいるものの、患者らが被告人の意図を察知せず戸外に出ようとしなかったにもかかわらず、多量のガソリンをまいて点火するという危険性の高い方法で放火しているのであるから、被告人は死傷の結果の発生を認容したものであつて、被告人には殺人および傷害の未必の犯意があつたものといわざるを得ない。被告人が患者らに死傷の結果の発生することを避けたいという気持のあつたことは……明らかであるが、放火によつて死傷の結果が不可避的に発生することが予見され、右結果の発生を防止すべき特別の措置を確実に講じないままに放火したとすれば、右死傷の結果につき責任を負うべきは当然である。原判決が被告人に殺人、傷害の犯意がないとして同罪の成立を否定したのは事実を誤認するものであ」る。破棄自判。懲役一三年。

［参照判例］

広島高判昭和三六・八・二五高刑集一四巻五号三三三頁（暴行の未必的故意肯定）、最判昭和二三・三・一六刑集二巻三号二二七頁（盗品等有償取得の未必的故意肯定）、最判昭和五八・二・二四判例時報一〇七〇号五頁（盗品等保管の未必的故意否定）。もっとも、「表象」で足り、「希望」はいらないとする大判大正一一・五・六刑集一巻二五五頁がある。

47 ウェーバーの概括的故意

大判大正一二・四・三〇
刑集二巻五号三七八頁

●事　実　被告人は、就寝中の被害者Aの頚部を縄ひもで絞扼したところ、間もなくAが動かなくなったので、死亡したものと思い、犯行の発覚を防ぐ目的で縄ひもを解かないまま同人を背負い、十数丁離れた海岸砂上に運び放置して帰宅したが、Aは砂末を吸収し、絞扼と砂末吸収とによって死亡した。原審は、殺人罪の成立を認め、被告人を懲役一二年に処した。

●上告趣意　第一の行為では死亡しなかつたのに死亡したものと誤信し、第二の行為にでたために死亡したのであるから、殺人未遂と過失致死の併合罪とするべきである。

このような場合に、概括的故意を認めようとする立場もあるが、第二の行為のときには「殺人の認識」がないから、これを肯定することはできない。また、第一の行為と第二の行為とを包括して一個の行為とする立場もあるが、両者は別個の行為と考えるべきである。

●判　旨　「被告ノ殺害ノ目的ヲ以テ為シタル行為ノ後被告カAヲ既ニ死セルモノト思惟シテ犯行発覚ヲ防ク目的ヲ以テ海岸ニ運ヒ去リ砂上ニ放置シタル行為アリタルモノニシテ此ノ行為ナキニ於テハ砂末吸引ヲ惹起スルコトナキハ勿論ナレトモ本来前示ノ如キ殺人ノ目的ヲ以テ為シタル行為ナキニ於テハ犯行発覚ヲ防ク目的ヲ以テスル砂上ノ放置行為モ亦発生セサリシコトハ勿論ニシテ之ヲ社会生活上ノ普通観念ニ照シ被告ノ殺害ノ目的ヲ以テ為シタル行為トAノ死トノ間ニ原因結果ノ関係アルコトヲ認ムルヲ正当トスヘク被告ノ誤認ニ因リ死体遺棄ノ目的ニ出テタル行為ハ毫モ前記ノ因果関係ヲ遮断スルモノニ非サルヲ以テ被告人ノ行為ハ…殺人罪ヲ構成スルモノト謂フヘク此ノ場合ニハ殺人未遂罪ト過失致死罪ノ併存ヲ認ムヘキモノニ非ス」上告棄却。

［参照判例］
東京高判昭和三一・二・一六高裁刑裁特四巻九号二一二頁（強盗殺人罪）、大阪高判昭和四四・五・二〇刑裁月報一巻五号四六二頁（傷害致死罪）。

48 ヘルマンの概括的故意

最決平成二・二・九
判例タイムズ七二二号二三四頁、
判例時報一三四一号一五七頁

●事　実　被告人Xは、カルフォルニア州出身のミューズィシャンで、台北市内のナイトクラブでドラマーをやっていたが、常連客X_1などから「化粧品」を日本に運ぶように頼まれ、いうことをきかなければ、ガールフレンドに危害が及ぶなど脅かされたため、やむなくその申し出を承認し、台湾から航空機に搭乗し、途中、機内で、X_1から、保税コーナーで受け取ったショルダーバックを持ってトイレについてくるよう命じられ、バックの中のベストをシャツの下に着用するよう指示され、その指示に従わなければ何をされるかわからない状態なので、やむなくこれに従い、トイレ内でX_1の指示通りにしたうえ成田空港に到着し、ベストを着用したまま税関旅具検査場を通過した後、都内のホテルに宿泊し、かねて紹介されていたX_2と称する人物に協力して、運んできた内容物の詰め替えの手伝いなどをしたというのである。ベストの内容物は、ビニール袋に包まれた「覚せい剤」の結晶約三〇〇〇グラムだったため、Xは、覚せい剤取締法違反（四一条一項、四一条の二第一項一号）・関税法違反（一一一条一項）の罪に問われることになったが、東京地裁は、被告人には「輸入」し「所持」した「覚せい剤」につき、それが「覚せい剤」であることの認識がなかったという弁護人の主張に対して、つぎのように説示してその主張を排斥し、覚せい剤輸入罪・所持罪と無許可輸入罪の成立を認め、被告人を懲役七年に処した。「Xは台北を出発する以前において、既に、X_1から依頼されて日本に運ぶ品物は、日本には輸入することのできない物で、これを首尾よく密輸することにより莫大な利益をあげられるようなものであるとの認識を十分に有していたものと認めるのが相当であり、さらに、実際に飛行機のトイレの中で本件覚せい剤が隠匿してあるベスト（私製腹巻）を着用した段階では、Xは、ベストの中に入っている内容物を現に目で見ていないというものの、外部から触った手触りが粉末状の物を平に固く詰めたものと感じたというのであるから、過去にコカイン等の薬物を使用した経験を有するXとしては、その形状や感触等から、少なくとも、それが、日本に持ち込むことを禁止されている違法な薬物である、との認識まで持ったものと認めざるを得ないのである。そして、Xが対象物に関する右の程度の認識の下に、現実に覚せい剤の隠匿されているベスト（私製腹巻）を着用して本邦に上陸し、覚せい剤を輸入した以上、右薬物が覚せい剤取締法二条にいう覚せい剤に当たるとの明確な認識がなかったとしても、Xにおいて覚せい剤取締法違反（覚せい剤輸入）罪の故意の成立に欠けるところはないものというべきである。

東京高裁は、次のように説示して、控訴を放棄した。「Xは、ビニール袋から出された本件対象物そのものを直接目にして、はじめて『クリスタル』を思い浮かべたというのではなく、既にそれ以前の飛行機内で本件対象物が収納されたベストを身体に着用した時点から、『クリスタル』を含む違法有害な薬物を概括的に認識予見していたものと推認される」ばかりでなく、被告人の経歴等からしても、「被告人が本件に対象物に対して概括的に認識予見していた違法有害な薬物の中から覚せい剤が除外されていたような事実はなんら認められない」ことからして、「遅くとも、被告人が飛行機内でベストを着用する段階では、本件物を覚せい剤であると特定して認識していたとまで認め難いものの、本件物が覚せい剤を含む叙上の身体に有害な違法薬物類であることを概括的なものとして認識予見しつつ、本邦への運搬行為に出たことが認められる。」

●**決定要旨**　被告人の上告に対して、最高裁は、次のように説示してこれを棄却した。「原判決の認定によれば、Xは、本件物件が密輸入して所持した際、覚せい剤を含む身体に有害で違法な薬物類であるとの認識があったというのであるから、覚せい剤かもしれないし、その他の身体に有害で違法な薬物かもしれないとの認識はあったことに帰することになる。そうすると、覚せい剤輸入罪、同所持罪の故意に欠けるところはないから、これと同旨と解される原判決の判断は、正当である。」

49　条件つき故意

最決昭和五六・一二・二一
刑集三五巻九号九一一頁

●**事　実**　被告人X（暴力団幹部）は、配下のX′などとの間で、かねて抗争関係にあった暴力団組員Aに対し、ことと次第によっては同人を殺害することもやむをえないという謀議をなし、X′に拳銃を交付したが、現場に赴いたX′は、結局、Aを殺害してしまった。第一審は、Xに殺人の故意を認め、殺人の共謀共同正犯の成立を認めた。原審も、共謀時における「条件つき故意」は、刑法における故意として欠けるところはないとした。

●**上告趣意**　共謀共同正犯においては、先に確定的な意思がなければ、「各自の意思を実行に移す」ことを内容とする謀議は考えられない。「条件つき故意」をもって、故意として欠けるところはないというのは判例違反である。

●**決定要旨**　「謀議された計画の内容においては被害者の殺害を一定の事態の発生にかからせていたとしても、そのような殺害計画を遂行しようとする被告人の意思そのものは確定的であったのであり、被告人は被害者の殺害の結果を認容していたのであるから、被告人の故意の成立に欠けるところはないというべきである。」上告棄却。

［参照判例］
最判昭和五九・三・六刑集三八巻五号一九六一頁。

7　目的犯における「目的」の意義

50　爆発物取締罰則一条・三条の「目的」

東京高判昭和五九・六・一三
高刑集三七巻三号三八三頁

●事　実　被告人らは、クリスマスツリーに偽装したダイナマイト爆弾等を、都内の警察派出所数個所に取掛けてこれらを使用した。

第一審は、爆発物取締罰則一条違反罪、殺人未遂罪（爆弾が爆発して、警察官一名が瀕死の重傷を負い、通行人数名も受傷した）等の成立を認めたが、弁護人は、同罰則所定の「目的」ありといえるためには、積極的意図および加害結果発生の確定的認識が必要であると主張した。

●判　旨　「同罰則一条及び三条は、『治安ヲ妨ケ又ハ人ノ身体財産ヲ害セントスル目的』……を主観的構成要件要素とするいわゆる目的犯の規定であるとともに、このような目的に添う具体的な加害結果……の発生を要件としない、いわゆる危険犯の規定でもあって、その立論趣旨は、同罰則一条及び三条所定の各所為が、それ自体としては必ずしも常に危険なものであるとはいえない反面、行為者の心情が、前記のような加害結果発生に向けられている場合には、危険性が極めて大であることを重視し、このような心情を伴わない単なる火薬類の不法所持や不法消費あるいは激発物破壊等の場合と区別し、自己の所為についての故意のほか、右のような『加害目的』がある場合には、具体的な加害結果発生の有無にかかわらず特に重く処罰することとして、このような所為を厳に禁圧しようとするにあるものと考えられる。

このような立法趣旨に照らし、右『加害目的』があるというためには、行為者において『加害結果』発生の可能性を単に認識するだけでなく、その心情として、『加害結果』の発生を『意図』することが必要であり、その発生を希求し、意欲する場合はもちろんのこと、これをよしとして認容し、あるいは少なくともやむをえないものとして受容する場合も、右の『意図』することにあたると解するのが相当である。

もっとも、このような『加害の意図』は、唯一、排他的である必要はなく、……したがって、『加害目的』があるといえるためには、常に『加害結果』発生に向けられた積極的な意図が必要である、とすることはできない。

また、『加害結果』発生の確実性については認識は、未来の事象に関する因果の系列の予見の問題であって、常に不確定要素を含むから、所論のように結果発生が確定的であることの認識を要件とするときは、厳密にいえば、そのような要件の充足はむしろ一般的にもありえないことに帰するであろう」。控訴棄却。

［参照判例］

爆発物取締罰則の「目的」につき、さらに、東京高判昭和六一・一二・一五高刑集三九巻四号五一一頁、その上告審としての最決平成三・二・一刑集四五巻二号一頁。営利誘拐罪の「営利目的」につき、最判昭和三七・一一・二一刑集一六巻一一号一五七〇頁。背任罪の「目的」につき、最決昭和六三・一一・二一刑集四二巻九号一二五一頁。

8 過失の種類

51 業務上過失と重過失

最決昭和六〇・一〇・二一
刑集三九巻六号三六二頁

●事実および決定要旨 刑法一一七条の二前段にいう『業務』とは、職務として火気の安全に配慮すべき社会生活上の地位をいうと解するのが相当であり（最高裁昭和三〇年（あ）第四一二四号三三年七月二五日第二小法廷判決・刑集一二巻一二号二七四六頁参照）、同法二一一条前段にいう『業務』には、人の生命・身体の危険を防止することを義務内容とする業務も含まれると解すべきであるところ、原判決の確定した事実によると、被告人は、ウレタンフォームの加工販売業を営む会社の工場部門の責任者として、易燃物であるウレタンフォームを管理するうえで当然に伴う火災防止の職務に従事していたというのであるから、被告人が第一審判決の認定する経過で火を失し、死者を伴う火災を発生させた場合には、業務上失火罪及び業務上過失致死罪に該当するものと解するのが相当である。

裁判官谷口正孝の補足意見は次のとおりである。

一 本件被告人の所為を、刑法一一七条の二前段の業務上失火罪及び同法二一一条前段の業務上過失致死罪として処断する場合、右両法条にいう業務の意味については、自ら異なるところがあり、法廷意見に示すように、前者については、『職務として火気の安全に配慮すべき社会生活上の地位をいう』ものと解し、後者については、『人の生命・身体の危険を防止することを義務内容とする業務も含まれる』と解することについては、私としてもいささかも異論はない。両法条とも業務の概念を用いているが、前者が単純失火罪の加重類型として、そして、後者が単純過失致死傷罪のそれとして、それぞれ業務を持つ刑の加重事由としたゆえんのものは、両法条の予定する保護法益との関係においてその侵害行為が単純過失による場合に比べて特に過失の程度が重いとされたからであり、その重い過失により両法条の予想する保護法益を侵害したとして業務者を考えたからである。すなわち、特定の業務に従事する者については、当該保護法益侵害の危険を回避するについて特に重い注意義務（実務上業務上の注意義務という）が課せられるのであり、その重い注意義務に違反したが故に刑が加重されるという構造になるわけである。そうだとすると、両法条について同じく業務の概念が用いられているとしても、その解釈においては、業務の文言から離れることなく、当該保護法益侵害の危険を回避するについて特に重い注意義務を課せられている業務者とはいかなる地位にある者をいうのかということを確定する作業が必要である。もちろん、その作業を進めるについては永い間の判例の集積がある。法廷意見は、これらの判例を検討し考慮を重ねたうえ、刑法一一七条の二前段と同法二一一条前段にいう業務の意義について、それぞれそこで示されているような解釈を示したわけである。

二　ところで、現行刑法典には、明治四〇年の制定当初から昭和一六年の改正まで三四年間の長きにわたつて、過失致死傷罪については、その加重類型としての業務上過失致死傷罪の規定が存したが、重過失致死傷罪の規定はなく、失火罪については、昭和一六年の刑法改正で漸くその加重類型としての業務上過失及び重過失の場合が刑法一一七条の二として追加され、やがて昭和二二年の刑法改正による過失致死傷罪についてその加重類型としての重過失致死傷罪に関する規定を同法二一一条後段に追加し、昭和四三年の改正によりその刑を重くし、現在にいたっているのである。われわれは、刑法二一一条及び同法一一七条の二の規定にいう業務の意義についての解釈を示した数多くの判例を引きついでいるわけであるが、これらの判例を理解するについては、やはり刑法典の変遷を頭に入れてかからなければならない。過失致死傷罪についてその加重類型としての業務上過失致死傷罪における業務の意義として判例の示すところは、右の如く同じ加重類型としての重過失致死傷罪に当たるとしか認められない事案について、刑の加重を導くためだけの理由として業務の意義を極めて広く解した事例も見られるのである（例えば、加持祈とうによる致死について業務上過失致死罪の成立を認めた大審院判決昭和一〇年三月二五日刑集一四巻三三九頁を見よ）。

もともと、刑法上の業務について、『人が継続してある事務を行うについて有する社会生活上の地位であって自ら選択したものをいう』（最高裁昭和二六年六月七日第一小法廷判決・刑集五巻七号一二三六頁、大審院判決大正八年一一月一三日刑録二五輯一〇八一頁参照）と解した場合、その業務を冠せることにより刑法二一一条前段の業務上過失致死罪、あるいは同法一一七条の二前段の業務上失火罪について単純過失致死罪あるいは単純失火罪に比べて刑の加重類型とする理由を直ちに導きうるものとは考えられない。むしろ、このような業務を理由とする加重類型の存することは、学説がつとに指摘しているように、裁判所をして『余りにも喜ばしくない形式に堕せしめ、また実質上理由なき区別に没頭せしめた』という批判を免れない。刑法一一七条の二前段の業務上失火罪の業務性を確定するについて裁判所がどれだけ重い解釈の作業を重ねてきたかを考えてみるべきである。そして、それだけの労力も単純失火罪についての加重類型としての右一一七条の二後段の重過失、単純過失致死傷罪についての加重類型としての同二一一条後段の重過失の規定が整備される以前のことであれば、それはそれなり評価されてよかつたであろう。しかし、右重過失の各加重類型が整備された現在、右各規定前段の業務概念の意味を解釈する作業は、法律が存するが故にということだけで、裁判所に実益のない努力を強いているもののように思われる。そして、本件についての法廷意見に示すところは、まさに、本件被告人については、原判示の人の死の結果及び原判示建造物焼燬の結果の発生することは容易に予見しえたところであり、従つて客観的にみてそれらの結果の発生は容易の回避しえたということ（原判決はその点を詳細に説明している）を強いて業務に結びつけて説明しただけのことであり、刑法一一七条の二後段、同二一一条後段の重過失の加重類型に該当する事案として解決しえたはずのものである。

私は、右刑法の各規定前段に存置されている業務上失火、業務上過失致死傷罪の加重類型は、重過失による加重類型が整備されている現在既にその存在意義を失つたものと考えるが、未だ右業務上過失の加重類型が明文として存在し、しかもわれわれとして過去の判例の集積を引きつぐ以上、右各規定にいう業務の意義については、法廷意見に示すとおりに解釈し、業務上の過失と重過失とを同趣旨に帰する規定として扱う方法を選ばざるをえないであろう。——上告棄却。

［参照判例］

最判昭和三三・四・一八刑集一二巻六号一〇九〇頁、東京高判昭和六二・一〇・六判例タイムズ六六五号二三一頁。

四　結果　1　結果犯（抽象的危険犯）における「結果」

52　艦船の破壊の意義

最決昭和五五・一二・九
刑集三四巻七号五一三頁

●**事　実**　被告人は、漁船の漁撈長であるが、NとIから、N所有の漁船甲を故意に坐礁させ破壊するなどして船体を放棄し、海難事故を装い、同船にかけた漁船普通損害保険の保険金を騙取する計画を打ち明けられ、同船の処分を要請された。被告人は、自分が実行役となることを拒んだが、かねて漁船の「沈め屋」として噂が高く、当時漁船中の漁撈長であったKに処分役となるよう説得し、承諾させたほか、同船の乗組員の救助役を漁船乙の漁撈長Tに依頼し、これを承諾させた。

昭和五〇年二月一〇日午前五時頃、Kは漁船甲を時速四ノットの速度で、千島列島ウルップ島穴崎海岸の砂利原にほぼ正面から突入して船底部の約三分の一を乗り上げさせ、次いで機関室の海水取入れパイプのバルブを開放して機関室内に大量の海水を流入させ、同日正午頃、機関始動用の圧縮空気を全部放出し同船の船行を不能にした。他方、Tは同海岸が岩礁や浅瀬の多い危険な区域であるため長時間にわたり魚探を使って停船、微速をくり返しつつ、ようやく漁船乙を甲に接舷させて乗組員全員を移乗させた。

以上の事実に対し、一、二審判決とも被告人にN、I等との共謀による艦船破壊罪の成立を認めた。被告人は上告したが、上告趣意において事実誤認、量刑不当のほか、機能効用の一時的喪失はあるが物質的損壊に至らない本件所為は「既遂ではなく未遂である」と主張した。

●決定要旨　「人の現存する本件漁船の船底部約三分の一を厳寒の千島列島ウルップ島海岸の砂利原に乗り上げさせて坐礁させたうえ、同船機関室内の海水取入れパイプのバルブを開放して同室内に約一九・四トンの海水を取り入れ、自力離礁を不可能ならしめて、同船の航行能力を失わせた等、本件の事実関係のもとにおいては、船体自体に破損が生じていなくても、本件所為は刑法一二六条二項にいう艦船の『破壊』にあたると認めるのが相当である。」上告棄却。

本決定は全員一致の意見によるが、団藤、谷口両裁判官の補足意見がある。——

団藤意見は、艦船覆没罪の既遂には覆没・破壊の結果発生時において艦船に人が現在することを要するとし、本件では圧縮空気放出の時点における人の現在性の証明はないが、圧縮空気放出の事実を除外しても、本件の事実関係のもとにおいては既遂の成立を妨げないとする。次に、同罪は公共危険罪であり、現在する人の生命・身体に対する危険の発生を伴うことを構成要件として予想しており、通常形態の覆没・破壊は当然にかような危険が伴うものと法はみているが、自力離礁の不可能な坐礁はただちに破壊とはいえず、それが艦船に現在する人の生命・身体に対する危険の発生を伴う場合にはじめて破壊にあたる。本件はこの要件を充たすので、既遂が成立するとする。

谷口意見は、抽象的危険犯を危険が擬制されているとして形式的にとらえると、法所定の行為があればただちに処罰されて、法益侵害の危険のない場合にまで犯罪の成立を認めることになってしまうから、行為当時の具体的事情を考えて法益侵害の危険の発生が一般的に認められる行為がなされた場合に限り、危険が具体化されることを問わずに処罰理由が備わったものと考えるべきであり、本件の場合、行為当時の具体的事情を考えて多数人の生命・身体に対する危険の発生が一般的に認められる艦船の航行能力の全部または一部の喪失行為があった場合に、はじめて法にいう破壊に当たるといえるが、本件所為は危険に満ちた厳冬の北洋海域におけるものであることなど、行為当時の事情を考えて評価すれば、まさに艦船破壊罪に当たるとする。

2 形式犯

53 国税犯則取締法二二条の煽動罪は形式犯

東京高判昭和二八・七・二七
高刑集六巻八号一〇二八頁

●事　実　被告人は、再軍備のための強制徴収絶対反対という趣旨のアジビラを不特定の国税納付義務者に閲読させるべく喫茶店内のテーブルの下に置いた。
第一審は、納税義務者が閲読理解したと認める証拠がないとして無罪。

●判　旨　「この煽動罪たるや所謂形式犯に属するものであって、右に所謂煽動行為のありたることによって直ちに成立し、必ずしも相手方において、その結果を惹起したことを要しないのは勿論、煽動となる意思表示は、社会通念に照らし、相手方に対して認識又は了解され得る程度及び方法においてなされるを以って足り、相手方において現実に認識されることを必要としないと解すべきである」として、破棄自判。懲役六月。

［参照判例］
この判決は、最判昭和二九・五・二〇刑集八巻五号六九二頁によって是認された。同趣者の判例として、名古屋高判昭和三一・二・一三高裁刑裁特三巻八号三五三頁がある。
また、麻薬取締法の不法所持罪につき、東京高判昭和二六・一一・二六高刑集四巻一三号一九三三頁は、「おとり」捜査によって「抽象的危険は客観的には取除かれている」という理由で無罪を言渡した原判決を破壊し、麻薬所持には「常に一般的に危険が附随する」という論理により、「麻尊の不法所持罪の構成要件としては麻薬であることを知りながら、法定の除外事由なく……これを所持することによって充足されるものと解すべきである。……本罪の成否を判断するに当っては（原判決がいうような）危険の有無を考慮に入れる必要は毫も存しない」として有罪を言渡した。

3 抽象的危険犯と具体的危険犯

54 破防法四〇条の煽動罪は、具体的危険犯ではなく、実質的に理解された抽象的危険犯である

東京高判昭和六二・三・一六
判例時報一二三二号四三頁（沖縄デー破防法事件）

●事　実　被告人らは、安保条約に反対し、昭和四四年四月一七日から二四日までの間、数回にわたり都内の集会で、「首

都制圧」・「首相官邸占拠」を呼び、学生・労働者等に対して騒擾罪の煽動をした。第一審は、破防法四〇条の煽動罪の成立を認めたが、弁護人は、同条は憲法一九条・二一条一項・三一条に違反すると主張した。

●判　旨　「破防法……の保護法益は、……『公共の安全』と解され、……内乱罪の保護法益……よりもなお前段階においてしかも広範囲に保護されるべきものとされた独立の法益である。このような国家利益に対する……危殆化の状態を刑罰によって守ろうとすることは、……或る程度やむを得ないこととせざるを得ない。それ故、かかる性格の『公共の安全』を保護法益とする破防法……を内乱罪のごく初期局面の本来は当然不可罰であるべき行為、したがって思想そのものを対象としていると理解するのは決して適切とはいい難い」――憲法一九条違反でない。

「表現犯罪について要求される保護法益に対する『危険性』はどのようなものであるべきか……表現犯罪にあってこれを単純に抽象的危険犯と解するのは適当でないと思われる。けだし、法益に対し擬制された危険があるというだけで、その実、何らの脅威をも与えない表現行為は公共の福祉に反するということが困難……と考えるべきだからである。しかし、さればといって具体的危険犯と解しなければならぬ必要性はない。……表現行為がなされた当時の具体的事情のもとで、一般的ないし定型的危険（具体的危険までに至らないその前段階の危険）を感じさせるような場合には、その行為は公共の福祉に反する性質のものということができ、優に可罰性をもち得ると考えられるからである（事案をやや異にするが、最高裁昭和五八年六月二三日第一小法廷制決・刑集三七巻五号五五頁法廷意見及び団藤・谷口両裁判官の各補足意見参照）」としたうえで、破防法四〇条の煽動罪は、具体的危険犯ではなく、実質的に理解される抽象的危険の発生を必要とする抽象的危険犯であるが、このような意味での抽象的危険を予定する「構成要件に一応当てはまる場合でも、『せん動』の内容」により「抽象的危険すら存在しないと考えられる」場合には、犯罪は成立しないというべきであり、「このことは、『せん動』罪の成否の認定上、およそ一般的に公共の安全に対し危険を生ずるものではないとの反証を許すことを意味する」――したがって、表現の自由を害することにはならず、憲法二一条に違反しないと判示。また、構成要件明確性の原則にも反しない（憲法三一条違反もない）という。控訴棄却。

55　結果回避が不可能ならば因果関係はない

大判昭和四・四・一一
法律新聞三〇〇六号一五頁

●事　実　仙台機関庫詰機関手であった被告人は昭和三年五月一二日、仙台駅発上野行東北本線急行列車を運転し、同日午前八時一八分岩沼駅を通過し、次いで、一時間約四〇マイルの速度で進行を継続していた。通称、京踏切を通過した後、たまたま、踏切上に佇立していた当時三歳になるHを轢過し、それによって同児を即死せしめた。第二審仙台地裁は、業務上過失致死として有罪の判決を下したが、被告人は上告を申し立てた。

●判　旨　「被告人ハ、当時前方ヲ注視シ居タルモ京踏切上何物ヲモ認メザリシガ故ニ、其ノ侭進行ヲ継続シタル旨主張スレドモ、右列車ガ岩沼駅ヨリ進行シ来リ、京踏切ヲ通過スル頃、Hガ京踏切線路上ニ在リタル事実ハ……明白ニシテ……而シテ……該機関車ノ機関手席ヨリ前方ヲ注視スレバ、京踏切ヲ距ル北方九十九間一尺ノ距離（同調書付図リ点）ニ於テ、該踏切ニ何物カ障害物ノ存在スルコトヲ知リ、更ニ進行シテ、該踏切ヲ距ル北方六十間四尺ノ地点（同上付図ヌ点）ニ達スレバ、該踏切線路内ニ小児ノ人影ヲ認識シ得ル……コトハ……明白ナルガ故ニ、以上ノ事実ヲ綜合スレバ、被告人ハ、岩沼駅ヲ通過シテ京踏切ニ差掛ル際、前方注視ノ義務ヲ怠リシ為、Hガ該踏切線上ニ在リタルヲ現認セザリシモノト認定スルヲ相当トス。」

「仍テ、Hノ轢死ハ、被告人ノ前方注視懈怠ノ結果ナリヤ否ヲ案ズルニ……該踏切ヲ距ル北方六十間四尺（原審検証調書ヌ点）ニ達スレバ、小児ノ存在ヲ認識シ得ルガ故ニ、若被告人ニ於テ前方注視ノ義務ヲ怠ラザリシトセバ、右ヌ点ニ達シタル際、Hガ該踏切上ニ在リタルヲ認識シ得ベガリシコト明白ナリトス。然レドモ其ノ際、被告人ガ直ニ警笛ヲ吹鳴シ、非常制動ノ措置ヲ執リタリトスルモ……時速四十哩、而モ本件列車ノ如ク機関車ニハ空気制動機、客車ニハ真空制動機ヲ有スルモノ……ニ在リテハ……右踏切ニ達スルモ仍ホ停車セズ。且非常制動ヲ為シ、踏切マデ六十間四尺ヲ進行スルニ要スル時間ハ僅ニ九秒九三ナル……旨……及……Hノ如キ生後一年九月ノ嬰児……ニ在リテハ、右列車ノ警笛を聴キ、其ノ進行シ来ルヲ見レバ、必ズ右九秒九三ノ時間内ニ該踏切ヨリ自ラ逃避シ得タルモノト推断シ難キガ故ニ、結局何人カHヲ該踏切ヨリ脱出セシメザル限リ、未ダ以テHヲシテ危害ヲ免レシムルコト能ハザリシモノト推認サルベカラズ。然ルニ当時Hノ危難ヲ救ハントシテ最先ニM……之ヲ認メ得ルモ……列車ノ京踏切ニ達スルヨリ大凡二秒前、Mガ同踏切ニ達スル状況ニ在ルモ……右ノ如キ瞬時ノ間ニ果シテ良クHヲ軌道内ヨリ避難セシメ得ベキカ、之ヲ肯認スルコト至難トス。然ラバ、右ヌ点ニ於テ警笛ト共ニ非常制動ヲ為スモ仍ホHノ危害ヲ未前ニ防止シ得タリト為スニ足ラザルガ故ニ、其ノ措置ニ出デザリシコトモ亦、H轢死ノ原因ト為スニ由ナシ。」「果シテ然ラバ、他ニ被告人ガ業務上必要ナル注意ヲ怠リタルニ因リ、Hヲ轢傷シ、因テ死ニ致シタルコトヲ認メ得ベキ証拠ナキガ故ニ、本件公訴事実ハ、犯罪ノ証明ナキモノト認メザルベカラズ。」破棄。無罪。

〔参照判例〕
東京高判昭和三三・七・一九高裁刑裁特五巻八号三三七頁、東京高判昭和四七・一二・一九刑裁月報四四巻一二号一九四〇頁。

56　不作為の因果関係

最決平成元・一二・一五
刑集四三巻一三号八七九頁

●事　実　被告人は、暴力団員であったが、某日午後一一時ころ、覚せい剤と交換に少女A（一三歳）と性交渉をもとうとして、仲間の協力をえるなどしてAを伴いホテルに赴き、同女に覚せい剤を注射したところ、同女は一一時すぎころから頭痛や吐き気等の症状を訴えはじめ、翌日午前零時半ころには錯乱状態に陥り、部屋の中を動きまわるなどの動作にでたうえ、午前一時半ころには独力で起居動作をなしえないほどの重篤状態に陥った。

被告人は、Aの生命の危険を感じたが、覚せい剤使用の発覚をおそれるあまり、救急車の要請等の措置をとらないことと決し、二時一五分ころ、Aをそのままにしてホテルを立ち去った。Aは、覚せい剤の使用による急性心不全で死亡した。死亡推定時刻は、遅くとも、同日午前四時ころであることが判明した。

被告人は、保護責任者遺棄致死罪（刑二一九条）で起訴されたが、第一審は、遺棄の行為と死亡の結果との間に因果関係を認めることはできないとして、保護責任者遺棄罪（刑二一八条）の成立のみを肯定した。「不作為による遺棄行為によってAを死に至らせた場合は、被告人の遺棄行為がなければAは確実に死ななかったこと、すなわち、被告人の遺棄行為と同女の死亡との間の因果関係が証明されなければ、同女の死亡の結果について被告人に刑事責任を問うことはできないと解すべきところ、……Aは被告人の退室後二時間程度しか生存していなかったことがうかがわれるうえ、……（死体の位置等の状態からして［＝編者注記］）、同女は被告人らが立ち去った後すぐに死亡したのではないかとの疑いを払拭することができず、さらに、（甲）鑑定及び（乙）鑑定も、同女が適切な救急措置を受けておれば救命された可能性を否定することができないとはするものの、現実にどの時点で医師の診療・治療を受けておれば確実に救命することができたかについては、……一〇〇パーセントであったということができない」というのが、その理由である。

これに対して、控訴審は、鑑定によれば、午前零時半ころであれば「十中八、九救命は可能」であり、午前一時半ころ以降でも、「救命できた可能性はかなり高い」ということになるのであり、「遅くとも同女が錯乱状態に陥ったと認められる同日午前零時半ころの時点において、直ちに医療機関に連絡して、同女に救急医療の措置を受けさせておれば、救命することが十分可能であったというべきである」という理由により、被告人の不作為とAの死亡との間に因果関係を認めることができると判示し、第一審判決を破棄して保護責任者遺棄致死罪の成立を認めた（札幌高判平成元・一・二六高刑集四二巻一頁）。

●**決定要旨**　第三小法廷は、決定で上告を棄却した。その理由は次のとおりである。「被害者の女性が被告人らによって注射された覚せい剤により錯乱状態に陥った午後零時半ころの時点において、直ちに被告人が救急医療を要請していれば、同女が年若く（当時一三年）、生命力が旺盛で、特段の疾病がなかったことなどから、十中八九同女の救命が可能であったというのである。そうすると、同女の救命は合理的な疑いを越える程度に確実であったと認められるから、被告人がこのような措置をとることなく漫然同女をホテルに放置した行為と午前二時一五分ころから午前四時ころまでの間に同女が同室で覚せい剤による急性心不全のため死亡した結果との間には、刑法上の因果関係があると認めるのが相当である。」

［参照判例］前出［35］。

2　相当因果関係

57　殺人行為につき、相当因果関係が否定された事例

東京控訴院昭和八・二・二八
法律新聞三五四五号五頁

●**事　実**　被告人は、政治的・思想的根拠から、当時の浜口雄幸内閣総理大臣を暗殺しようと決意し、昭和五年一一月一四日、東京駅乗車ホームで、浜口首相を待受けていたところ、午前八時五五分頃、同首相が岡山県での陸軍特別大演習陪観のため東京駅を出発しようとして、被告人の前方約七尺の地点に達した際、所携の拳銃をもって同首相の上腹部を狙って一発射撃したため弾丸は同首相下腹部に命中し腹壁を貫き腹腔内において空腸五ヶ所を貫通して損傷を与えたけれども、殺害の目的は達成することができなかった。
しかし、浜口首相は、昭和六年八月二六日、左上腹部放射状菌病に因って死亡した。
東京控訴院は、殺人未遂しか認めなかったが、死刑を宣告した。

なお、第一審判決（東京地判昭和七年四月二二日法律新聞三四一二号九頁）は、殺人既遂を認め、死刑を宣告していた。

ちなみに、第一審判決によると、浜口首相は、自宅で死去したとされている。

●判　旨　「検事は浜口雄幸は昭和六年八月二十六日に死亡したるが其の死因は左上腹部放射線状菌病にして同病は同人が昭和五年十一月十四日東京驛頭に於て被告人（X）の為に加えられたる空腸損傷の為腸内より漏出せる放線状菌が脾臓附近膜面に付着して發生せるに因りて起れるものなるにより本件は殺人既遂を以て論ずべきものなりと主張するに付按ずるに抑一定の行為と一定の結果との間に刑法上の因果関係ありと云はんが為には該行為より該結果の發生することが日常經驗上一般的なることを要するものにして該結果の發生が全く偶然なる事情の介入に因る稀有の事例に属し常態にあらざるときは刑法上因果関係なきものと解するを相當とす然り而して浜口雄幸が昭和六年八月二十六日放線状菌病性左側横隔膜下膿瘍並に之に繼發せる隣接諸臓器の罹患に因り死亡したることは明らかなれども右死亡の直接原因を為せる病竈の形成に働きたる放線状菌が被告人の加えたる銃創に因る空腸穿孔を通じて腸内より腹腔内に漏出したるものにして斯くの如きは日常經驗上一般的なりと認むべき證據なく却って鑑定人清野謙次、同緒方知三郎の作成に係る各鑑定書に依れば斯る感染例は極めて稀有の事例なることを認め得べきを以て結局被告人の判示所為と浜口雄幸の死亡との間には刑法上の因果関係を認め得ざるに歸す。」破棄自判。

58　他人の異常な行為が介入したときは相当因果関係がない

最決昭和四二・一〇・二四
刑集二一巻八号一一一六頁

●事　実　被告人は、在日米空軍兵士であるが、運転免許を停止されていたにもかかわらず、普通乗用自動車（シボレー五五年型セダン）を運転して甲州街道を走行中、過失によって、被害者が運転していた自転車に自車を衝突させて被害者をはね飛ばし、同人は、被告人の運転する自動車の屋根にはね上げられ、意識を喪失するにいたった。しかし被告人は被害者を屋上に乗せていることに気づかず、そのまま自動車の運転をつづけ疾走するうち、前記衝突地点から四キロ余をへだてた地点で、右自動車に同乗していた同僚の兵士M（当時少年）がこれに気づき、時速約一〇キロで走っている右自動車の屋上から被害者の身体をさかさまに引きずり降ろし、アスファルト舗装道路上に転落させた。被害者は、収容された病院で約八時間後に死亡したが、その致命傷は頭部の打撲に基づく脳クモ膜下出血および脳実質内出血であり、右頭部の打撲が最初の被告人の車との衝突の際生じたものか、道路上に転落させられた際生じたものか鑑定によっても確定することができなかった。

被告人は、無免許運転および救護義務違反とあわせて、業務上過失致死罪として起訴された。弁護人は一審以来、被害者の死の結果と、被告人の業務上過失との間の因果関係を争ったが、一審は因果関係ありと判断し、被告人を懲役一年に処し、二審も、前述したような事実関係を前提としたうえで、「被告人の自動車の衝突による叙上の如き衝撃が被害者の死を招来することあるべきは経験則上当然予想し得られるところであるから、同乗者Mの行為の介入により死の結果の発生が助長されたからといって、被告人は被害者致死の責を免るべき限りではない」として、一審を是認した。

上告趣意は、被害者の致命傷たる頭部の打撲は同僚Mの前記行為により道路に激突したために生じたものであって、被告人の過失行為との間には因果関係はないと主張した。

●決定要旨 「しかし、右のように同乗者が進行中の自動車の屋根の上から被害者をさかさまに引きずり降ろし、アスファルト舗装道路上に転落させるというがごときことは、経験上、普通、予想しえられるところではなく、ことに、本件においては、被害者の死因となった頭部の傷害が最初の被告人の自動車との衝突の際に生じたものか、同乗者が被害者を自動車の屋根から引きずり降ろし路上に転落させた際に生じたものか確定しがたいというのであって、このような場合に被告人の前記過失行為から被害者の前記死の結果の発生することが、われわれの経験則上当然予想しえられるところであるとは到底いえない。したがって、原判決が右のような判断のもとに被告人の業務上過失致死の罪責を肯定したのは、刑法上の因果関係の判断をあやまつた結果、法令の適用をあやまつたものというべきである。」

しかし結局、被告人は救護義務違反の刑によって処断されていること、業務上過失致死と同傷害の法定刑は同一であり、被告人の刑責が業務上過失傷害にとどまるとしても、本件犯行の態様等から見て、量刑は不当とはみとめられないから、右法令違反はいまだ原判決を破棄しなければいちじるしく正義に反するものとはいえないとして上告を棄却した。

〔参照判例〕

最判昭和二八・一二・二二刑集七巻一三号二六〇八頁。

59 強盗致死罪と相当因果関係

最判昭和四六・六・一七
刑集二五巻四号五六七頁

●事　実　被告人は、自分のかつての家主の妻（当時六三歳）から支払済賃料の返還請求などをして金銭を得ようとしたが、口論となり、強いてでも同女に金銭を出させようと決意し、支払いを要求しながら左手で同女の胸倉をつかみ、大声をあげる同女の口を右手でふさぎ、同女が後方に倒れるや、上から両手でその頸部や口を押えつけ、さらに、夏掛布団をその顔にかぶせてその上から口附近を押えつけて、同女を死に至らしめ、預金通帳及び現金を強取した。

一審において、被害者の死について鑑定が行われ、同女の「心臓および循環系統に相当に高度の変化が認められ、……死因は、病死に属する心臓死か外因によつて誘発された心臓死であると推定する」旨の鑑定結果が得られた。一審裁判所は、これをふまえて、死因を「被告人の暴行によつて誘発された急性心臓死」と認定し、被害者が高齢で高血圧の持病があり病弱なことは被告人も知っていたこと、これに対して前記のような暴行を加えれば心臓死等死の結果を見るに至る場合のあることは通常予想できることを根拠として、暴行と死亡との間の因果関係を認め、強盗致死罪として処断した。

これに対して双方から控訴があったが、原審は、相当因果関係説の折衷説に立って、暴行と死亡との因果関係を否定し、強盗罪として処断した。その理由は、被告人の暴行がそれほど強度のものでなかったこと、被害者の高血圧症は軽快していたこと、これに対して、被害者の重篤な心臓疾患はかかりつけの医師も知らなかったことにある。また原審は、被告人に結果が予見可能でなければ結果的加重犯として処断できない、とも述べている。

●判　旨　「致死の原因たる暴行は、必らずしもそれが死亡の唯一の原因または直接の原因であることを要するものではなく、たまたま被害者の身体に高度の病変があったため、これとあいまつて死亡の結果を生じた場合であつても、右暴行による致死の罪の成立を妨げないと解すべきことは……当裁判所判例（……）の示すところであるから、たとい、原判示のように、被告人の本件暴行が、被害者の重篤な心臓疾患という特殊の事情さえなかつたならば致死の結果を生じなかつたであろうと認められ、しかも、被告人が行為当時その特殊事情のあることを知らず、また、致死の結果を予見することもできなかつたものとしても、その暴行がその特殊事情とあいまつて致死の結果を生ぜしめたものと認められる以上、その暴行と致死の結果との間に因果関係を認める余地があるといわなければならない。」破棄、差戻し。

［参照判例］

東京高判昭和四五・三・二六高刑集二三巻一号二三九頁（本判決の原審判決）、最決昭和五九・七・六刑集三八巻八号二七九三頁（暴行に耐えかねて池に落ち込み、岩石に頭を打ちつけて死亡したとしても、暴行と死亡との間には因果関係がある）。

なお、前出［57］。

第五節　構成要件阻却事由

一　事実の欠缺　不能犯との関連につき、後出［134］以下参照。

二　被害者の承諾　被害者の承諾と違法阻却の関係については、後出［93］参照。

1　被害者の承諾と構成要件

60　住居権者・看守者の承諾があれば、住居・建造物侵入罪の構成要件該当性を阻却する

東京地判昭和四四・九・一
刑裁月報一巻九号八六五頁

●事　実　被告人は、アナーキストの一人であるが、某と共謀のうえ、アジビラや発煙筒を所持して皇居の一般参加会場に侵入した。

●判　旨「被告人および弁護人は『参賀の日である一月二日には、参加会場である皇居長和殿東庭およびそれへの通路は、午前九時から午後三時三〇分までの間、ひろく一般国民に解放され、誰でも入ることができ、その際氏名を告げることも、記帳することも必要はなかった。したがって、被告人が同所に入ったことは、誰でも事由に出入させているデパートにすり万引の目的で入つても建造物侵入とならないと同様に、刑法一三〇条前段にいう侵入にはあたらない。』旨主張する。

ところで、住居侵入罪は、住居権者の意思に反して違法にその住居に侵入することによつて成立し、もし住居権者、看守者の承諾（現実的承諾のみならず、推定的承諾を含む）があれば、同罪の構成要件該当を阻却し、その犯罪は成立しない。……

被告人が（某）と共に、判示認定のように、新宮殿造営批判の一手段として、一般参賀の会場において、違法に無許可で発煙筒を燃焼発煙させ、同時にビラをまく目的（もつとも、ビラは現場に遺留されたのみ）から、一般参賀者にまぎれて、ビラと共に発煙筒を携帯して皇居正門から同会場に立ち入る行為は、被告人らが、一般参賀者と共に一定の日時、順路に従い、係員の誘導整理に服して参加会場に立ち入つたとしても、当日被告人らの目的、態様による立ち入りを禁ずる旨の掲示がなされていなくても、もとより管理者の承諾の範囲をこえ、その意思に反したその場所の平穏を害する違法な立ち入り行為であると解するのが相当である。

したがつて、被告人らの本件立ち入り行為は、刑法一三〇条前段にいう『故なく侵入した』場合に該当するものといわなくてはならない。

被告人および弁護人は、前述のように、この点について、『本件立ち入り行為も、デパートにすり・万引の目的で立ち入つても建造物侵入罪が成立しないのと同様に考えることができ、

なんら罪とならない。』旨主張する。

しかしながら、デパートの場合は、皇居の場合と異なり、常時営業時間中は誰でも出入りできる場所として、一般的にひろく公開されているのである。そして施設の性質上、デパート内に万引・すりを目的とする者がひそかに客にまぎれこむことはあり得ることとして受忍せざるを得ないと解すならば、必ずしもこれを一般的、包括的承諾の範囲をこえたものといえないと解する余地があり、また一般顧客に全面的に解放されている以上、住居の平穏を害する態様の立ち入りでない限り、社会的相当性の範囲内にあるという見解も考えられるのである。

ところが、被告人の本件立ち入り部分は、『人の看守する邸宅』にあたり、常時は一般の出入りを禁じられている場所である。ただ一般参賀当日は、前認定どおり、時間を限定し、一般の人々が参賀の目的のため一定の順路によつて参入、退出することが許され、係員がその誘導整理にあたるのである。したがつて、一般参加の趣旨に反し、違法目的のもとに発煙筒を携帯して立ち入ることは、管理者の一般的、包括的承諾の範囲内にあると解する余地は全くないといわなくてはならない。この意味において、皇居の場合は、一般参賀の日時に、一般参賀の趣旨のもとに、限定的に公開されていると解するのが相当なのである。

このように、すり・万引の目的のためデパート内に立ち入る行為と本件立ち入り行為とは、その場所、行為の態様等において、事情を異にするものであつて、両者の建造物侵入罪の成否は、それぞれ別個に考察しなければならない。したがつて、すり・万引の目的のためにデパート内に立ち入る行為が建造物侵入罪にあたるか否かは暫らくおき、その場合が無罪だから本件立ち入り行為も無罪であると類推、即断することは許されない。その点に関する被告人および弁護人の主張は採用できない。

また、弁護人は、『管理者の参賀の目的以外の不法な目的を有するものの入門を許さないという管理者の意思は、明示的に告知されなかつた。それは管理のかくれた意思にすぎない。このかくれた意思によつて、住居侵入罪の構成要件を充足するという考え方は、罪刑法定主義を否定することでもあり、危険な考え方でとうてい許されない。』旨主張する。

当裁判所は、判示のように、被告人らが違法な目的をもつて発煙筒を携帯して参賀会場に立ち入つた行為が、刑法一三〇条前段にいう『故なく侵入した』という構成要件を充足するものと解する。そして管理者において、一般参賀の日、何人たるを問わず、本件のような目的、態様の立ち入りを許さない趣旨につき、被告人らが宮内庁当局からその旨の明示的な告知を受けているわけではないが、しかしこのようなことは、事柄の性質上、一般の人々にとつて、明示的告知の有無にかかわらず、当然了解し得るところというべきである。したがつて、被告人の本件立ち入り行為をもつて刑法一三〇条前段に該当する違法な行為であると判断することが、罪刑法定主義に反するとはとうてい解しがたく、管理者のかくれた意思による処罰として許されない危険な考え方であるという批判も失当といわなくてはならない。

この点に関する弁護人の主張も採用しがたい。

なお、上述の被告人の本件立ち入り行為が、現在の時点における日本の社会生活の中において、歴史的に形成された社会倫理的秩序のわく内に止まり、そうした秩序によつて是認、許容されるべき社会的相当性の範囲内の行為でもあるとも解しがたく、また可罰的違法性がないとも解されない。」有罪、懲役四月。確定。

［参照判例］

最判昭和五八・四・八刑集三七巻三号二一五頁。さらに前出［33］。

2 推定的承諾

61 建造物管理者の黙示の同意ないしは推定的同意の意義

東京高判昭和二七・四・二四
高刑集五巻五号六六六頁

●事　実　被告人両名は、共謀のうえ、「警官のみなさん」と題するアジビラを撒布する目的で警察署内にたち入った。原審は、被告人両名をそれぞれ懲役六月に処した。

●判　旨　「本件においては要するに被告人両名が人の看守する建造物である国家地方警察栃木地区警察署及び栃木市警察署共用の庁舎内に『故なく侵入』したものであるかどうかが問題の焦点なのである。そして、被告人両名が右庁舎内に立ち入つたことは争のないところであるから、右の立ち入りがまず刑法第百三十条にいわゆる『侵入』に該当するかどうかを考えてみるのに『侵入』とは、この場合右の建造物を看守する者の意に反して建造物内に立ち入ることをいうのである。従つて、被告人両名の立ち入り行為が『侵入』でないというためには、看守者がこれに明示もしくは黙示の同意を与えたか、又はその立ち入りにつき看守者の推定的同意が認められることを必要とするといわなければならない。ところで、原審証人片岡十四男の供述によると、同人が被告人両名の後を追つて行つてみた時にはすでに被告人石川は庁舎南側入口より入つた宿直室前廊下に立つており、被告人佐山はさらに同庁舎内東奥の方にいたことが認められるのであつて、かくのごとく被告人両名が庁舎内に立ち入るにつき最初になんぴとの明示の承諾をも得なかつたことは原審において取り調べた諸般の証拠上明らかであり、被告人らもまた別にこれを否定しないのである。ただ、原審の検証調書の記載によつても、右庁舎の前記入口は別にこれを閉鎖してなく、開放的な状態にあることが認められる。そして、右建造物は警察署として使用されているものであるから、その公共性からいつて、正当な用務のために来た者に対しては予め一般的にその立入につき黙示の承諾が与えられているものと解しなければならない。従つて、たとえば犯罪の発生したことを告げに来た者とか、警察署から出頭を求められたものが無断でその入口から庁舎内に入つたとしても、ここにいう『侵入』とはいえないのである。しかしながら被告人両名が、前記のように右入口から庁舎内に立ち入つたのは、論旨にもいうとおり日本共産党下都賀地区委員会名義の宣伝ビラを警察官等に配布するためであつたこと明らかであり、かかる目的で立ち入ることはもとより公共の機関たる警察署を市民が利用するために立ち入る場合と同一視することはできず、建造物看守者の事前における黙示の承諾の範囲を超えるものであること明白であるから、これをもつて黙示の同意の下に立ち入つたとすることもできない。次に、推定的同意というのは、もし建造物看守者がそこに現在したと仮想した場合その立ち入りに同意したであろうと考えられることをいうのであるが、本件建造物の看守者である警察署長が被告人両名の立ち入りに同意したであろうとは到底考えられないこと原判決の説示するとおりであるから、この点においても本件立ち入りの行為が看守者の意に反したものでないとはいえないのである。すなわち、以上考え来ったところからすると、所論片岡巡査部長が同庁舎に来る前にすでに被告人両名は前記庁舎内に『侵入』していたものである。そして、その立ち入りがよしんば平穏公然になされたものであつたとしても、いやしくも看守者の意に反してなされる限り『侵入』たるを妨げるものではない。なお論旨は、被告人らの立ち入りの動機、目的になんらの不法性がないから、『故なく』侵入したものではないと主張する趣旨をも含むと解せられるが、『故なく』とはいうまでもなく正当の理由のないことをいうのであつて、正当の理由のある侵入とは、たとえば法令により捜索等のため看守者の意に反して立ち入る場合のごときをいうのであり、看守者の意に反してまで建造物に立ち入ることを正当視するためにはきわめて強い理由の存在することを必要とするのである。従つて、たとえ被告人両名の立ち入りの動機が不法なものとはいえないにしても、この程度をもつてしては、それだけから看守者の意に反しても前記庁舎内に立ち入つてよいとはいえぬこと多言を用いるまでもない。目的の合法性は決して手段までをも合法化しはしないのである。」控訴棄却。

3 文書偽造罪における名義人の承諾

62 他人の承諾を得て、その者の氏名を交通事件原票の氏名欄に記載した場合と私文書偽造罪の成否

最決昭和五六・四・八
刑集三五巻三号五七頁

●事　実　原判決の認定によれば、被告人は、酒気帯び運転者で運転免許停止処分を受けていたが、共同経営者の甲から、免許がなければ不便だろうから自分の名前を使ってもよい旨の承諾をあらかじめ得て車を運転中、警察官に免許証の提示を求められたので、「家に忘れてきた」と申し向け、交通事件原票末尾に「甲」と署名し、免許証不携帯の反則金を支払っただけでその場を切り抜けた。

●決定要旨　「交通事件原票中の供述書は、その文書の性質上、作成名義人以外の者がこれを作成することは法令上許されないものであつて、右供述書を他人の名義で作成した場合は、あらかじめその他人の承諾を得ていたとしても、私文書偽造罪が成立すると解すべきであるから、これと同趣旨の原審判断は相当である。」上告棄却。

三　構成要件該当事実の錯誤　1　客体の錯誤

63 被害者の誤認と殺人罪の故意

後出［182］

［参照判例］
大判大正一二・四・二七刑集二巻三七〇頁（窃盗罪における客体の錯誤）。

64 客体の法的意味に関する錯誤と刑法三八条二項

最決昭和五四・三・二七
刑集三三巻二号一四〇頁

●事　実　被告人は、A・Bと共謀して営利の目的をもって覚せい剤を本邦に輸入しようと企て、タイ国において購入した麻薬であるジアセチルモルヒネの塩類である粉末約九〇グラムを覚せい剤と誤認して携帯し、㈠羽田空港に到着して本邦内にこれを持ち込み、もって右麻薬を輸入した。㈡その際、被告人は、空港内における通関手続として旅具検査を受けるにあたり、右麻薬を所持していたにもかかわらず、その事実を秘匿して虚

偽の申告をし、もって税関長の許可を受けずに右麻薬を輸入した。

第一審判決は、右の事実につき(一)の所為は刑法六〇条、麻薬取締法六四条二項・一項・一二条一項に、(二)の所為は刑法六〇条、関税法一一一条一項にそれぞれ該当するが、被告人は犯情の軽い覚せい剤を輸入する意思で右の所為をおこなったのであるから、刑法三八条二項・一〇条により、同法六〇条、覚せい剤取締法四一条二項・一項一号・一三条の罪の刑で処断されるとした。

麻薬を覚せい剤と誤認していたにもかかわらず麻薬取締法違反の罪の成立を認めるのは法令の適用の誤りであるとして被告人側から控訴がなされた。控訴審判決は、麻薬を覚せい剤と誤信した錯誤は麻薬取締法違反の罪の故意を阻却せず、行為者に対する刑は刑法三八条二項により軽い覚せい剤取締法違反の罪の刑によるとして、控訴を棄却した。被告人側から控訴理由と同旨の理由で上告がなされた。

●**決定要旨**　「(一)　麻薬と覚せい剤とは、ともにその濫用による保健衛生上の危害を防止する必要上、麻薬取締法及び覚せい剤取締法による取締の対象とされているのであるところ、これらの取締は、実定法上は前記二つの取締法によつて各別に行われているのであるが、両法は、その取締の目的において同一であり、かつ、取締の方式が極めて近似していて、輸入、輸出、製造、譲渡、譲受、所持等同じ態様の行為を犯罪としているうえ、それらが取締の対象とする麻薬と覚せい剤とは、ともに、その濫用によつてこれに対する精神的ないし身体的依存（いわゆる慢性中毒）の状態を形成し、個人及び社会に対し重大な害悪をもたらすおそれのある薬物であつて、外観上も類似したものが多いことなどにかんがみると、麻薬と覚せい剤との間には、実質的には同一の法律による規制に服しているとみうるような類似性があるというべきである。

本件において、被告人は、営利の目的で、麻薬であるジアセチルモルヒネの塩類である粉末を覚せい剤と誤認して輸入したというのであるから、覚せい剤取締法四一条二項、一項一号、一三条の覚せい剤輸入罪を犯す意思で、麻薬取締法六四条二項、一項、一二条一項の麻薬輸入罪にあたる事実を実現したことになるが、両罪は、その目的物が覚せい剤か麻薬かの差異があるだけで、その余の犯罪構成要件要素は同一であり、その法定刑も全く同一であるところ、前記のような麻薬と覚せい剤との類似性にかんがみると、この場合、両罪の構成要件は実質的に全く重なり合つているものとみるのが相当であるから、麻薬を覚せい剤と誤認した錯誤は、生じた結果である麻薬輸入の罪についての故意を阻却するものではないと解すべきである。してみると、被告人の前記一(一)の所為については、麻薬取締法六四条二項、一項、一二条一項の麻薬輸入罪が成立し、これに対する刑も当然に同罪のそれによるものというべきである。〔要旨第一〕

㈡　次に、被告人の前記一㈠の所為についてみるに、第一審判決は、被告人は、税関長の許可を受けないで覚せい剤を輸入する意思（関税法一一一条一項の罪を犯す意思）で、関税定率法二一条一項一号所定の輸入禁制品である麻薬を輸入した（関税法一〇九条一項の罪にあたる事実を実現した）との事実を認め、これに対し関税法一一一条一項のみを適用している。そこで、右法令適用の当否につき案ずるに、関税法は、貨物の輸入に際し一般に通関手続の履行を義務づけているのであるが、右義務を履行しないで貨物を輸入した行為のうち、その貨物が関税定率法二一条一項所定の輸入禁制品である場合には関税法一〇九条一項によつて、その余の一般輸入貨物である場合には同法一一一条一項によつて処罰することとし、前者の場合には、その貨物が関税法上の輸入禁制品であるところから、特に後者に比し重い刑をもつてのぞんでいるものであるところ、密輸入にかかる貨物が覚せい剤か麻薬かによつて関税法上その罰則の適用を異にするのは、覚せい剤が輸入制限物件（関税法一一八条三項）であるのに対し麻薬が輸入禁制品とされているというだけでの理由によるものに過ぎないことにかんがみると、覚せい剤を無許可で輸入する罪と輸入禁制品である麻薬を輸入する罪とは、ともに通関手続を履行しないでした類似する貨物の密輸入行為を処罰の対象とする限度において、その犯罪構成要件は重なり合つているものと解するのが相当である。本件において、被告人は、覚せい剤を無許可で輸入する罪を犯す意思であつたというのであるから、輸入にかかる貨物が輸入禁制品たる麻薬であるという重い罪となるべき事実の認識がなく、輸入禁制品である麻薬を輸入する罪の故意を欠くものとして同罪の成立は認められないが、両罪の構成要件が重なり合う限度で軽い覚せい剤を無許可で輸入する罪の故意が成立し同罪が成立するものと解すべきである。〔要旨第二〕　上告棄却。

〔参照判例〕

大判明治四三・四・二八刑録一六輯七六〇頁（被害者の戯言による嘱託を信じてこれを殺害しようとして遂げなかったときは、嘱託殺人未遂罪。刑法三八条二項・二〇二条・二〇三条に則り処断）。

2　方法の錯誤

65　超法定的符合説

最判昭和五三・七・二八
刑集三二巻五号一〇六八頁

●**事　実**　Xは警察官から拳銃を奪取することを企て、某日夕刻新宿駅西口附近において、警ら中の巡査Aの背後から手製装薬銃（建設工事用びょう打銃を改造したもの）を用いてびょう一本を発射してその右側胸部を貫通させAに加療約五週間の傷害を与えたが、そのびょうはさらにAの前方を通行していた銀行員Bの背部に命中し入院加療約二ヵ月間のXはその場から逃走し、拳銃奪取の目的を遂げなかった。

第一審は、XのAに対する未必的殺意を否定し、傷害の故意のみを認めたが、AB双方に対して強盗傷人罪が成立し両罪は観念的競合になるとした。Bに対しても強盗傷人罪が成立するという理由は次のようなものであった。強盗の直接の相手方以外の第三者に致傷の結果を生ぜしめた場合であっても、それが強盗の手段たる暴行・脅迫から直接に発生し、かつそれについて過失が認められる場合には強盗致傷罪が成立する。しかも、XにAに対する傷害の故意がある以上、その結果が甲に予見可能である限りにおいて、そのまったく予期していなかったBに対する傷害結果についてもXの故意を肯定しうるのであるから、仮に第三者に対する暴行の故意がなければ同罪は成立しないという解釈をとったとしても、Bに対する強盗致傷罪の成立を認めることができる。控訴審は、強盗行為に直接付随して発生した第三者に対する死傷結果も、それに対して行為者に過失があるときには刑法二四〇条に該当する、行為者の予期しなかった結果の発生であっても、その過失が肯定しうる以上、方法の錯誤に関する法定的符号説により故意を肯定しうるとして、右判断を是認したが、事実誤認を主張する検察官の控訴を受け入れ、Aに対する未必的殺意を肯定し、ABに対する強盗殺人未遂罪の成立を認めた（一・二審判決は高刑集三〇巻一号一五〇頁以下に登載）。

弁護人の上告旨意は、強盗殺人未遂罪は強盗が人を殺そうとしてこれを遂げなかった場合に成立する故意犯であるというのが最高裁の判例であるのに、原判決は、B傷害の結果に対してXの過失を肯定しうるにすぎないことを認めつつも、故意犯である強盗殺人未遂罪がこれに対して成立するとしたのは、刑法二四〇条後段・二四三条の解釈を誤った結果右判例と相反する判断をしたのである、というものである。

●判　旨　「よって検討するに、刑法二四〇条後段、二四三条に定める強盗殺人未遂の罪は強盗犯人が強盗の機会に人を殺害しようとして遂げなかつた場合に成立するものであることは、当裁判所の判例とするところであり……、これによれば、（B）に対する傷害の結果について強盗殺人未遂罪が成立するとするには被告人に殺意があることを要することは、所論指摘のとおりである。

しかしながら、犯罪の故意があるとするには、罪となるべき事実の認識を必要とするものであるが、犯人が認識した罪となるべき事実と現実に発生した事実とが必ずしも具体的に一致することを要するものではなく、両者が法定の範囲内において一致することをもつて足りるものと解すべきである……から、人を殺す意思のもとに殺害行為に出た以上、犯人の認識しなかった人に対してその結果が発生した場合にも、右の結果について殺人の故意があるものというべきである。」

「被告人が人を殺害する意思のもとに手製装薬銃を発射して殺害行為に出た結果、被告人の意図した巡査（A）に右側胸部貫通銃創を負わせたが殺害するに至らなかつたのであるから、同巡査に対する殺人未遂罪が成立し、同時に、被告人の予期しなかつた通行人（B）に対し腹部貫通銃創の結果が発生し、かつ、右殺害行為と（B）の傷害の結果との間に因果関係が認められるから、同人に対する殺人未遂罪もまた成立し（大審院昭和八年（れ）第八三一号同年八月三〇日判決・刑集一二巻一六号一四四五頁参照）、しかも、被告人の右殺人未遂の所為は同巡査に対する強盗の手段として行われたものであるから、強盗との結合犯として、被告人の（A）に対する所為についてはもちろんのこと、（B）に対する所為についても強盗殺人未遂罪が成立するというべきである。したがつて、原判決が右各所為につき刑法二四〇条後段、二四三条を適用した点に誤りはない。」

「原判決は、（B）に対する傷害の結果について強盗殺人未遂罪が成立することの説明として、（A）につき殺害の未必的故意を認め、同人に対する強盗殺人未遂罪が成立するから（B）に対する傷害の結果についても強盗殺人未遂罪が成立するというにとどまり、十分な理由を示していないうらみがあるが、その判文に照らせば、結局、（B）に対する傷害の結果について前述の趣旨における殺意の成立を認めているのであつて、強盗殺人未遂罪の成立について過失で足りるとの判断を示したものとはみられない。」上告棄却。

［参照判例］

反対趣旨の判例として、広島地呉支判昭和四五・一一・一七刑裁月報二巻一一号一二三八頁がある。なお、大判昭和八・八・三〇刑集一二巻一四四五頁（被害者に切りつけ、同時に抱かれていた幼児をも殺害するに至つたときは、二個の殺人罪）と大判大正五・八・一一刑録二二輯一三一三頁（被害者に切りつけ、同寝していた妻に傷害を与えた場合、それが過失によるものであるときは、殺人未遂ではなしに、過失傷害罪）の相違をも参照。

3　因果関係の錯誤

66　ウェーバーの概括的故意との関連につき

前出［47］

四　過失犯の構成要件不該当事由

67　信頼の原則

最判昭和四一・六・一四
刑集二〇巻五号四四九頁

●事　実　被告人は、駅務手として勤務し、事件発生の当夜、乗客係をも命せられて旅客の誘導、案内、整理、乗降の危険防止などの業務に従事していたところ、昭和三六年五月一一日午前〇時三三分、駅に到着した四両編成の電車の後部第三第四両を相当して乗客の降乗整理に従事中、第四両目中央部座席に、酔客が居眠りしていたので、その肩を三回位たたいて起こした。酔客は、目を覚まし、ちょっとふらふらしながら中央ドアーからプラットホームに出ていった。

被告人は、これをそのまま見送ったのみで、酔客が三両目と四両目の間隙から路線敷地上に転落し、ホームに這いあがろうとして上半身をホームに乗り出していたことに気づかず、駅務係を介して車掌にたいし客扱い終了、異状なしの合図をなし、車掌をして戸閉操作をなさしめたうえ、運転手をして電車を発進せしめた。発車後、駅務係と車掌は、酔客がホームに這いあがろうとしているのを発見し、急停車の合図を送ったが、間に合わなかった。よって被告人は、酔客を四両目の右側下部とホームの間で圧轢死させたものである、というのである。

●判　旨　「被告人の注意義務に関する原判断の当否につき考えるに、原判示の職責を有する乗客係がその業務に従事するに当つて、旅客のなかに酩酊者を認めたときは、その挙措態度等に周到な注意を払い、車両との接触、線路敷への転落などの危険を防止する義務を負うことは勿論である。しかし、他面鉄道を利用する一般公衆も鉄道交通の社会的効用と危険性にかんがみ、みずからその危険を防止するよう心掛けるのが当然であつて、飲酒者といえども、その例外ではない。それ故、乗客係が酔客を下車させる場合においても、その者の酩酊の程度や歩行の姿勢、態度その他外部からたやすく観察できる徴表に照らし電車との接触、線路敷への転落などの危険を惹起するものと認められるような特段の状況があるときは格別、さもないときは、一応その者が安全維持のために必要な行動をとるものと信頼して客扱いをすれば足りるものと解するのが相当である。また、右係員が客扱いを終了し、その旨の合図を車掌に送るに当つても、線路敷などに転落者があることを推測させるような異常な状況が認められない限り、このような特殊な事態の発生をつねに想定して、ホームから一見して見えにくい車両の連結部附近の線路敷まで逐一点検すべき注意義務があるとまで考えるのは相当でない。これを本件についてみるに、……本件被害者は、座席に眠つていて酒の匂いをさせていたが、被告人から肩を三回叩かれて目を覚まし、一寸ふらふらしながらもみずからホームに出て行つたというのであり、右の程度では線路敷への転落などの危険性または転落などの事実を推測させるような特段の状況があつたものと断ずることはできない。しからば、被告人が原判示のように、〔酔客〕を起こし、下車させただけで、同人の下車後の動向を注視することなく、他の乗客の整理に移り、さらにこれを終えた後にも、とくに線路敷などを点検することなく客扱い終了の合図をしたとしても、前記の如き事情の下では、本件事故の結果について、被告人に対し業務上の過失を認めることは酷に失するものといわねばならない。そして、原判決の指摘するように、本件電車が入庫車であり、かつ深夜てあつてその客扱いには、混雑時に比し時間的余裕があつたとしても、このことは、右の判断を左右するに足りるほどの事由とは認められない。」破棄。無罪。

〔参照判例〕

最判昭和四二・一〇・一三刑集二一巻八号一〇九七頁、最決昭和四五・七・二八判例時報六〇五号九七頁、最決昭和四五・一一・一七刑集二四巻一二号一六二二頁、最判昭和四六・六・二五刑集二五巻四号六五五頁。

第三章　違法性

第一節　違法性の実質

1　主観的違法要素

68　主観的違法要素と強制わいせつ罪の成否

最判昭和四五・一・二九
刑集二四巻一号一頁

●事　実　被告人は、内妻がA女の手引により東京方面に逃げたものと信じ、これを詰問すべく自室に同女を呼び出し、同所で約二時間にわたり同女を脅迫したうえ、同女が許しを請うのに対し同女の裸体写真を撮ってその仕返しをしようと考え、「五分間裸で立っておれ。」と申し向け、畏怖している同女をして裸体にさせて、これを写真撮影した。

●判　旨　「刑法一七六条前段のいわゆる強制わいせつ罪が成立するためには、その行為が犯人の性欲を刺戟興奮させまたは満足させるという性的意図のもとに行なわれることを要し、婦女を脅迫し裸にして撮影する行為であっても、これが専らその婦女に報復し、または、これを侮辱し、虐待する目的に出たときは、強要罪その他の罪を構成するのは格別、強制わいせつの罪は成立しないものというべきである。」破棄差戻。（原審、強制わいせつ罪成立。）

2　可罰的違法性

69　零細な反法行為と犯罪の成否

大判明治四三・一〇・一一
刑録一六輯一六二〇頁（一厘事件）

●事　実　被告人は、煙草耕作人として耕作した葉煙草を政府に納入しなければならないにもかかわらず、その七分（原審認定、価格一厘相当）を手刻として消費した。

●判　旨　「抑モ刑罰法ハ共同生活ノ條件ヲ規定シタル法規ニシテ國家ノ秩序ヲ維持スルヲ以テ唯一ノ目的トス果シテ然ラハ之ヲ解釋スルニ當リテモ亦主トシテ其國ニ於テ發現セル共同生活上ノ觀念ヲ照準トスヘク單ニ物理學上ノ觀念ノミニ依ルコトヲ得ス而シテ零細ナル反法行為ハ犯人ニ危険性アリト認ムヘキ特殊ノ情況ノ下ニ決行セラレタルモノニアラサル限リ共同生活上ノ觀念ニ於テ刑罰ノ制裁ノ下ニ法律ノ保護ヲ要求スヘキ法益ノ侵害ト認メサル以上ハ之ニ臨ムニ刑罰法ヲ以テシ刑罰ノ制裁ヲ加フルノ必要ナク立法ノ趣旨モ亦此點ニ存スルモノト謂ハ

サルヲ得ス」破棄自判。（無罪。）

［参照判例］

最決昭和六一・六・二四刑集四〇巻四号二九二頁（発信側通話料金の計算が不可能になるマジックホンと称する電気機器を加入電話回線に取り付ける行為は、たとえただ一回通話を試みただけで同機器を取り外した等の事情があったとしても、その違法性が否定されるものではない。有線電気通信妨害罪、偽計業務妨害罪成立）。

70 可罰的違法性の理論の適用範囲

最大判昭和四八・四・二五
刑集二七巻三号四一八頁（国労久留米駅事件）

●事　実　国鉄労組地方本部幹部であった被告人X_1、X_2、X_3は、年度末手当要求闘争に参加した際に、信号所勤務員三名を説得してその職務を放棄させ、勤務時間内の職場集会に参加させる目的等をもって、係員以外立入り禁止の右信号所に侵入した。

●判　旨　「勤労者の組織的集団行動としての争議行為に際して行なわれた犯罪構成要件該当行為について刑法上の違法性阻却事由の有無を判断するにあたつては、その行為が争議行為に際して行なわれたものであるという事実をも含めて、当該行為の具体的状況その他諸般の事情を考慮に入れ、それが法秩序全体の見地から許容されるべきものであるか否かを判定しなければならないのである。

これを本件について見るに、信号所は、いうまでもなく、列車の正常かつ安全な運行を確保するうえで極めて重要な施設であるところ……被告人X_1は、……かかる重要施設である……信号所の勤務員三名をして、寸時もおろそかにできないその勤務を放棄させ、勤務時間内の職場集会に参加させる意図をもつて、あえて同駅長の禁止に反して同信号所に侵入したものであり、また、被告人X_2および同X_3は、労働組合員ら多数が同信号所を占拠し、同所に対する……駅長の管理を事実上排除した際に、これに加わり、それぞれ同所に侵入したものであつて、このような被告人ら三名の各侵入行為は、いずれも刑法上違法性を欠くものでないことが明らかである」。破棄差戻。（原審、無罪。）

［参照判例］

最大判昭和五二・五・四刑集三一巻三号一八二頁（後掲［89］・名古屋中郵事件判決判旨※印部分）。

第二節　違法阻却事由

1　正当防衛

71　急迫不正の侵害

最決昭和五七・五・二六
刑集三六巻五号六〇九頁

●**事　実**　日放労長崎分会長であった被告人は、配転命令撤回、懲戒処分理由の明示を求め、長崎放送局長に団体交渉の申入れをしたが、これを拒否されたので、他の組合員二〇数名とともに放送局の会議室の仕切りガラスを叩き割り、長机、ドアを壊し、会議室に侵入した。

●**決定要旨**　「本件のように、使用者側が団体交渉の申入れに応じないという単なる不作為が存するにすぎない場合には、いまだ刑法三六条一項にいう『急迫不正の侵害』があるということはできないと解するのが相当であって、同局長に団体交渉適格があると否とを問わず、本件被告人の行為を正当防衛行為にあたるとみる余地はない。」上告棄却。（有罪。）

［参照判例］

侵害の継続性について、最判平成九・六・一六刑集五一巻五号四三五頁（アパート二階で被害者Aから突然鉄パイプで殴打されてもみあいとなり、一旦は鉄パイプを取り上げて相手方を殴打したが、さらにもみあいの末に、鉄パイプを取り戻され、再び殴りかかろうとして二階手すりに上半身を乗り出してしまったAを階下のコンクリート路上に転落させた事案について、Aは「被告人に対し執ような攻撃に及び、その挙げ句に勢い余って手すりの外側に上半身を乗り出してしまったものであり、しかも、その姿勢でなおも鉄パイプを握り続けていたことに照らすと、同人の被告人に対する加害の意欲は、おう盛かつ強固であり、被告人がその片足を持ち上げて同人を地上に転落させる行為に及んだ当時も存続していた」と認められ、また、「被告人の右行為がなければ、間もなく体勢を立て直した上、被告人に追い付き、再度の攻撃に及ぶことが可能であったものと認められる」から、「急迫不正の侵害は、被告人が右行為に及んだ当時もなお継続していたといわなければならない」とした（過剰防衛）。）

さらに、大阪高判平成九・八・二九判例タイムズ九八三号二八三頁（被害者に突然背後から包丁で背中を刺されたので、とっさに包丁を奪い取り、その胸部・頭部等を数回にわたり突き刺して失血死させた事案について、侵害の継続性を認めた。）

72　侵害の急迫性

最決昭和五二・七・二一
刑集三一巻四号七四七頁

●**事　実**　政治集団A派に属する被告人等は、B派の襲撃を受けてこれを撃退したが、再び襲撃してくることは必至と考え、これにそなえバリケードを築いたところ、B派が再び来襲し攻撃を受けたので、鉄パイプを投げたり、投げ込まれた鉄棒で突き返すなどして応戦した。

●**決定要旨**　「刑法三六条が正当防衛について侵害の急迫性を要件としているのは、予期された侵害を避けるべき義務を課する趣旨ではないから、当然又はほとんど確実に侵害が予期されたとしても、そのことからただちに侵害の急迫性が失われるわけではない」。しかし、「同条が侵害の急迫性を要件としている趣旨から考えて、単に予期された侵害を避けなかったというにとどまらず、その機会を利用し積極的に相手に対して加害行為をする意思で侵害に臨んだときは、もはや侵害の急迫性の要件を満たさないものと解するのが相当である。」「相手の攻撃を当然に予想しながら、単なる防衛の意図ではなく、積極的攻撃、闘争、加害の意図をもって臨んだ」場合には、「侵害の急迫性の要件を充たさない」。上告棄却。（有罪。）

73　防衛意思の要否

最判昭和四六・一一・一六
刑集二五巻八号九九六頁

●**事　実**　被告人は、口論をした同宿者Aに謝り、仲直りをしようとして旅館に戻ったところ、さらにからまれた末、いきなり手拳で顔面を数回殴られたので逆上し、鴨居に隠しておいた小刀で同人を突刺し死亡させた。

●**判　旨**　「刑法三六条の防衛行為は、防衛の意思をもつてなされることが必要であるが、相手の加害行為に対し憤激または逆上して反撃を加えたからといつて、ただちに防衛の意思を欠くものと解すべきではない。これを本件についてみると、前記説示のとおり、被告人は旅館に戻つてくるやAから一方的に手拳で顔面を殴打され、加療一〇日間を要する傷害を負わされたうえ、更に本件広間西側に追いつめられて殴打されようとしたのに対し、くり小刀をもつて同人の左胸部を突き刺したものである（この小刀は、以前被告人が自室の壁に穴を開けてのぞき見する目的で買い、右広間西側障子の鴨居の上にかくしておいたもので、被告人は、たまたまその下に追いつめられ、この小刀のことを思い出し、とつさに手に取つたもののようである。）ことが記録上うかがわれることから、そうであるとすれば、かねてから被告人がAに対し憎悪の念をもち攻撃を受けたのに乗じ積極的な加害行為に出たなどの特別な事情が認められないかぎり、被告人の反撃行為は防衛の意思をもつてなされたものと認めるのが相当である。」破棄差戻。（原審、正当防衛否定。一審、過剰防衛。）

［参照判例］

大判昭和一一・一二・七刑集一五巻一五六一頁（A女が立ち向ってきて、突然胸倉をつかんだことに憤激し、同女を海中に突き落し、傷害を与えた行為は、防衛の意思に出たものとは認められない）。

74　防衛意思と攻撃意思との併存

最判昭和五〇・一一・二八
刑集二九巻一〇号九八三頁

●事　実　被告人は、A等が無抵抗の友人Bに対し顔面、腹部等を殴る、蹴るの暴行を執拗に加えたので、Bを救助するため約一三〇メートル離れた自宅から散弾銃を持出し、現場に戻った。しかし、そこにはA、Bとも見当たらなかった。その捜索中、Aが「殺してやる」などといって追いかけてきたので、「近寄るな」などと呼びながら逃げたが、追いつかれそうになったので、約二・五メートル接近したAに向け一発発砲し重傷を負わせた。

これに対して、原判決は、被告人が銃を発射する直前にAから「殺してやる。」といわれて追いかけられた局面に限ると、右行為は防衛行為のようにみえるが、被告人が銃を持ち出して発砲するまでを全体的に考察し、当時の客観的状況を併せ考えると、それは権利を防衛するためにしたものとは到底認められないとし、その根拠として、㈠被告人は、Aからの酒肴の強要を受けたり、帰りの車の中でいやがらせをされたりしたうえ、友人のBが前記M方付近で一方的に乱暴をされたため、これを目撃した時点において、憤激するとともに、Bを助け出そうとして、Aらに対し対抗的攻撃の意思を生じたものであり、Aに追いかけられた時点において、同人の攻撃に対する防禦を目的として急に反撃の意思を生じたものではないと認めること、㈡右M方付近は人家の密集したところであり、時刻もさほど遅くはなかったから、被告人は、Bに対するAらの行動を見て、大声で騒いだり、近隣の家に飛び込んで救助を求めたり、警察に急報するなど、他に手段、方法をとることができたのであり、とりわけ、帰宅の際は警察に連絡することも容易であったのに、これらの措置に出ることなく銃を自宅から持ち出していること、㈢被告人が自宅へ駆け戻った直後、Bは独力でAらの手から逃れて近隣のC方へ逃げ込んでおり、被告人が銃を携行してM方付近へきたときには、事態は平静になっていたにもかかわらず、被告人は、Aの妻の腕をつかんで引っ張るなどの暴行を加えたあげく、その叫び声を聞いて駆けつけ、素手で立ち向ってきたAに対し、銃を発射していること、㈣ 被告人は、殺傷力の極めて強い四連発散弾銃を、散弾四発を装てんしたうえ、予備散弾をも所持し、かつ、安定装置をはずして携行していることを挙げている。

●判　旨　「急迫不正の侵害に対し自己又は他人の権利を防衛するためにした行為と認められる限り、その行為は、同時に侵害者に対する攻撃的な意思に出たものであつても、正当防衛のためにした行為にあたると判断するのが、相当である。すなわち、防衛に名を借りて侵害者に対し積極的に攻撃を加える行為は、防衛の意思を欠く結果、正当防衛のための行為と認めることはできないが、防衛の意思と攻撃の意思とが併存している場合の行為は、防衛の意思を欠くものではないので、これを正当防衛のための行為と評価することができるからである。」破棄差戻。（原審、正当防衛否定。一審、過剰防衛。）

[参照判例]

最判昭和六〇・九・一二刑集三九巻六号二七五頁（相手方から一方的にかなり激しい暴行を加えられているうち、憎悪と怒りから調理場にあった包丁を持ち出し、「表に出てこい」などといいながら、出入口へ向ったところ、相手方から物を投げられ、「逃げる気か」といって、肩をつかまれるなどしたため、更に暴行を加えられることをおそれ、機先を制して攻撃しようというつもりで振り向きざまに、手にした包丁で相手方の右胸部を一突きし、死亡させた場合、「表に出てこい」などの言辞があったとしても、専ら攻撃の意思に出たものとはいえず、防衛の意思を欠くことにはならない）。

75　防衛行為の相当性

最判昭和四四・一二・四
刑集二三巻一二号一五七三頁

●事　実　被告人は自己の勤務する運送店の事務所の入口付近で、貨物自動車の買戻しの交渉のため訪ねて来たAと押し問答を続けているうち、同人が突然被告人の左手の中指および薬指をつかんで逆にねじあげたので、痛さのあまりこれをふりほどこうとして右手で同人の胸の辺を一回強く突き飛ばし、同人を仰向けに倒してその後頭部をたまたま付近に駐車していた同人の自動車の車体（後部バンパー）に打ちつけさせ、よつて同人に対し治療四五日間を要する頭部打撲症の傷害を負わせた。

●判　旨　「刑法三六条一項にいう『已ムコトヲ得サルニ出テタル行為』とは、急迫不正の侵害に対する反撃行為が、自己または他人の権利を防衛する手段として必要最小限度のものであること、すなわち反撃行為が侵害に対する防衛手段として相当性を有するものであることを意味するのであつて、反撃行為が右の限度を超えず、したがつて侵害に対する防衛手段として相当性を有する以上、その反撃行為により生じた結果がたまたま侵害されようとした法益より大であつても、その反撃行為が正当防衛行為でなくなるものではないと解すべきである。本件で被告人が右Aの侵害に対し自己の身体を防衛するためとった行動は、痛さのあまりこれをふりほどこうとして、素手でAの胸の辺を一回強く突いただけであり、被告人のこの動作によつて、被告人の指をつかんでいた手をふりほどかれたAが仰向けに倒れたところに、たまたま運悪く自動車の車体があつたため、Aは思いがけぬ判示傷害を蒙つたというのである。してみれば、被告人の右行為が正当防衛行為にあたるか否かは被告人の右行為がAの侵害に対する防衛手段として前示限度を超えたか否かを審究すべきであるのに、たまたま生じた右傷害の結果にとらわれ、たやすく被告人の本件行為をもつて、そのよつて生じた傷害の結果の大きさにかんがみ防衛の程度を超えたいわゆる過剰防衛であるとした原判決は、法令の解釈適用をあやまったものである。破棄差戻。（原審、有罪、過剰防衛。）」

［参照判例］

最判平成元・一一・一三刑集四三巻一〇号八二三頁（年齢も若く体力にも優れた相手方が「お前、殴られたいのか。」といって手拳を前に突き出し、足を蹴り上げる動作をしながら近づいてきたので、同人からの危害を免れるために、包丁を手に取ったうえ腰のあたりに構え、「切られたいんか」などと脅迫した行為は、同人からの危害を避けるための防衛的な行動に終始していたものである以上、防衛手段としての相当性の範囲を超えたものとはいえない）。

76　喧嘩と正当防衛

最判昭和三二・一・二二
刑集一一巻一号三一頁

●**事　実**　被告人は、対立する一派のAが自派のBに刺身庖丁で切りかかったため、これを制止しようとしたところ、Aが蹴り倒す等の暴行を加えてきたので、たまたまそこにあった裁縫用の鋏をもってAの臀部を突刺し、なおも刺身庖丁を持って追いかけてくるAが転んだので、Aから右庖丁を奪い、両手を広げて襲いかかろうとするAの胸部を突刺し即死させた。

●**判　旨**　「所論引用の大法廷の判例の趣旨とするところは、いわゆる喧嘩は、闘争者双方が攻撃及び防禦を繰り返す一団の連続的闘争行為であるから、闘争のある瞬間においては、闘争者の一方がもつぱら防禦に終始し、正当防衛を行う観を呈することがあつても、闘争の全般からみては、刑法三六条の正当防衛の観念を容れる余地がない場合があるというのであるから、法律判断として、まず喧嘩闘争はこれを全般的に観察することを要し、闘争行為中の瞬間的な部分の攻防の態様によつて事を判断してはならないということと、喧嘩闘争においてもなお正当防衛が成立する場合があり得るという両面を含むものと解することができる。」

「以上によってみるときは、原審はAと被告人との間に判示のある特定の段階において喧嘩闘争が成立したものと認定し、喧嘩闘争あるがゆえに正当防衛の観念を容るる余地がないと判断したことが認められるから、その結果として正当防衛はもとより、従ってまた過剰防衛の観念もまた全く成立すべくもないとしてこのことに触れなかったものと認められるのである。このような原審判断は、喧嘩闘争と正当防衛との関係について、ひつきよう喧嘩闘争を認めるにつき一場面をのみ見て闘争の全般を観察しなかつたか、または喧嘩闘争には、常に全く正当防衛の観念を容れる余地はないとの前提にたつたか、いずれにしても結局前記判例の趣旨に反するというそしりを免れないのである。」破棄差戻。(原審、有罪。)

［参照判例］

大判昭和七・一・二五刑集一一巻一頁(喧嘩の際の闘争者双方の行為については、正当防衛の観念を容れる余地はない)。

最判昭和二三・六・二二刑集二巻七号六九四頁(互いに暴行し合う所謂喧嘩は、闘争者双方が攻撃及び防禦を繰り返す一団の連続的闘争行為であるから、闘争の或る瞬間においては闘争者の一方がもつぱら防禦に終始し正当防衛を行うの観を呈することがあつても、闘争の全般から見てその行為が法律秩序に反するものである限り刑法第三十六条の正当防衛の観念を容れる余地がない)。

2　緊急避難

77　現在の危難

最判昭和三五・二・四
刑集一四巻一号六一頁

●**事　実**　被告人X_1は山形県某部落の道路委員、被告人X_2は同部落の相談員であるが、同部落の渓流に架けられた村所有の吊橋が腐朽し、車馬の通行が危険になったので、村当局に対し再三架替えを要求したが、実現の見込がないため、人工によって吊橋を落下させ、表面は雪害によって落橋したように装って災害補償金の交付を受ければ、橋の架替えも容易であろうと考え、他の数名と共謀のうえ、ダイナマイト一五本を使用して右橋を爆破、川中に落下させ、往来を妨害した。

●**判　旨**　「原審は、本件吊橋を利用する者は夏から秋にかけて一日平均約二、三十人、冬から春にかけても一日平均二、三人を数える有様であつたところ、右吊橋は腐朽甚しく、両三度に亘る補強にも拘らず通行の都度激しく動揺し、いつ落下するかも知れないような極めて危険な状態を呈していたとの事実を認定し、その動揺により通行者の生命、身体等に対し直接切迫した危険を及ぼしていたもの、すなわち通行者は刑法三七条一項にいわゆる『現在の危難』に直面していたと判断しているのである。しかし、記録によれば、右吊橋は二〇〇貫ないし三〇〇貫の荷馬車が通る場合には極めて危険であつたが、人の通行には差支えなく(略)、しかも右の荷馬車も、村当局の重量制限を犯して時に通行する者があつた程度であつたことが窺えるのであって、果してしからば、本件吊橋の動揺による危険は、少くとも本件犯行当時たる昭和二八年二月二一日頃の冬期においては原審の認定する程に切迫したものではなかったのではないかと考えられる。更に、また原審は、被告人等の本件所為は右危険を防止するためやむことを得ざるに出でた行為であつて、ただその程度を超えたものであると判断するのであるが、仮に本件吊橋が原審認定のように切迫した危険な状態にあつたとしても、その危険を防止するためには、通行制限の強化その他適当な手段、方法を講ずる余地のないことはなく、本件におけるようにダイナマイトを使用してこれを爆破しなければ右危険を防止しえないものであつたとは到底認められない。しからば被告人等の本件所為については、緊急避難を認める余地なく、従つてまた過剰避難も成立しえないものといわなければならない。」破棄差戻。(原審、過剰避難。)

[参照判例]

大判昭和八・一一・三〇後掲 [80] (豪雨のため稲苗が枯死するに至るおそれある場合は、現在の危難があるといえる)。

最判昭和二八・一二・二五後掲 [79] (列車乗務員がトンネルを通過する際、トンネル内の熱気に上昇・有毒ガス発生などにより、窒息・呼吸困難・火傷等を生じる危険が常時存在していた場合は、現在の危難があるといえる)。

78 自招危難

大判大正一三・一二・一二
刑集三巻八六七頁

●事 実 被告人は、自動車を運転中、前方に同一方向を歩く通行人がおり、その他対向してくる荷車および自動車があるため直進できず、進路方向右前方に転じ荷車横をすりぬけようとした。しかし、被告人は、荷車背後が見えないにもかかわらず、一時停車、徐行せずに、漫然時速約八マイル（一三キロメートル）ですりぬけようとしたところ、荷車背後から道路を横断しようとしていた少年Aを発見、これを避けようとして急拠進路を転じたところ、さらにその祖母Bがいたため、これに自動車を衝突させ死亡するに至らせた。

●判 旨 「刑法第三十七条ニ於テ緊急避難トシテ刑罰ノ責任ヲ科セサル行為ヲ規定シタルハ公平正義ノ観念ニ立脚シ他人ノ正当ナル利益ヲ侵害シテ尚自己ノ利益ヲ保ツコトヲ得セシメントスルニ在レハ同條ハ其ノ危難ハ行爲者カ其ノ有責行為ニ因

リ自ラ招キタルモノニシテ社会ノ通念ニ照シ已ムヲ得サルモノトシテ其ノ避難行為ヲ是認スル能ハサル場合ニ之ヲ適用スルコトヲ得サルモノト解スヘキニ依リ原判決ノ判断ハ正当ナルノミナラス上告論旨第一、二點ニ對シ説明シタル如ク被告人カBト出会シ避譲ノ処置ヲ執ラサリシ事実ヲ過失ト認メタル趣旨ナルコトヲ看取シ得ラルルヲ以テ他ニ避クヘキ方法アルニ拘ラスBト衝突シタルモノニ係リ已ムヲ得スシテ衝突シタルモノニ非サルニ依リ論旨ハ理由ナシ」上告棄却。（有罪。）

［参照判例］

名古屋高金沢支判昭和三二・一〇・二九高裁特四巻二一号五五八頁（踏切を通過できると速断して、左右安全確認・一時停車せずに自車を踏切中央まで侵入させたところ、電車の進行を認めたため電車との衝突をさけようとして、踏切の遮断棒を破損して踏切外に出た際、遮断棒が踏切で待機していた者の顔面を強打し、傷害を与えた場合、「自己の不注意に因り、自己及び他人の生命、身体に対する危難を招き、これを回避するため執った行動に因って、測らずも（同人の）身体を傷害したものであって」、緊急避難には当らない）。

79 避難行為の補充性

最判昭和二八・一二・二五
刑集七巻一三号二六七一頁

●事　実　国鉄の機関士、機関助手であった被告人等は、列車乗務員が狩勝隧道通過の際、隧道内における熱気の上昇有毒ガスの発生等による身体生命に対する現在の危難を避けるため、争議行為として、牽引車輛の三割減車を行なってきたが、昭和二三年政令第二〇一号の公布実施により、従来通り三割減車の争議行為を続行すれば同政令違反として検挙、処罰されることになったため、争議手段として全面的に職場を放棄した。

●判　旨　「上告趣意は、その前段において、原判決が被告人等の本件公訴事実第一の㈠のいわゆる一律三割減車行為につき緊急避難の法理を適用して無罪の言渡をしたが、その理由の説示にあたり、被告人等の本件所為当時における抽象的危険の存在を示すに止まり、各列車の狩勝隧道通過の際における具体的な危険の現存せることを認定していないのみならず、緊急避難の一要件である本件三割減車行為が已むことを得ずしてなしたものであるか否かを具体的に認定していないから理由不備又は理由そごの違法があると主張するのである。しかし、原判決の認定した事実及び証拠によれば、原判決は、被告人等が判示狩勝隧道通過にあたり牽引車輛の減車を行わなければ、隧道内における熱気の上昇有毒ガスの発生等により窒息呼吸困難火傷等を生じ生命身体に被害を受ける危険が常時存在していたのであって、その危険の程度は、気象条件、機関車の状況、石炭の良否等の如何により必ずしも常に同一ではないが、新得駅においては狩勝隧道附近の気象状態を適確に観察することができない事情もあつて、従つて、各列車通過毎に一々厳格な減車率を決定することはできないが、大体において三割という減車率は乗務員の経験等に照し必ずしも非科学的であるとは断言できないとし、結局三割減車の各行為はいずれも隧道通過毎における現在の危難を避くるため已むことを得ないものである旨を認定判示した趣旨と解せられるから、原判決には所論のような理由不備又は理由そごの違法はない。」

しかし、「被告人が判示狩勝隧道通過の際、判示の如き現在の危難を避けるためには、昭和二三年政令第二〇一号施行後においても従来通り必要なる減車行為を続行すれば足るものであつて更に進んで全面的に職場を抛棄するが如きことは少くとも判示危難を避くる為め已むことを得ざるに出でたる行為としての程度を超えたるものであることは極めて明白である。」破棄差戻。（原審、緊急避難。）

［参照判例］

最判昭和三五・二・四（前出［77］）。

80　法益権衡の原則

大判昭和八・一一・三〇
刑集一二巻二一六〇頁

●**事　実**　田植後一〇日ないし一二日の稲苗が、異常の降雨に因る湛水のため、剣先を没しようとしており、湛水の継続による著しい不作又は稲苗枯死の危難があったので、耕作者が其の湛水を排除する必要上他人所有の水田潅漑用の板堰を破壊した。

●**判　旨**　「板堰ノ損壊ニ因ル損害トシテハ其ノ板堰ノ價額四十圓ノ外ニハ殆ト擧示スルニ足ルモノナシ之ニ反シ右湛水ノ難ニ罹レル被告人等ノ耕地ハ右検證調書ノ記載ニ依リ被告人三市七段餘、被告人哲二五段、被告人徳一十一段八畝被告人愼策十段、被告人孫一四段九畝餘ニシテ同一ノ運命ニアル同大字ノ被告人以外ノ者ノ耕地ヲ數フレハ尚二十三段ヲ加フヘク若シ本件板堰ヲ除去スルコトナカリセハ此水田ニ於ケル稲作ニ生スヘカリシ損害ノ程度板堰損壊ニ因レル叙上損害ニ比シテ重大ナルコト極メテ明白ナリ……被告人等カ本件公訴ニ依ル板堰ヲ損壊シタルハ豪雨湛水ニ因リ水田稲作ニ對スル著シキ浸害ヲ避クル爲已ムヲ得サルニ出テタルモノニシテ其ノ行爲ヨリ生シタル害ハ自己ノ被害ノ程度ヲ超エサリシモノナルコトヲ認ムルニ足リ……本件ニ於ケルカ如キ事情ノ下ニ在リテハ財産ニ對スル現在ノ危難アリトシ之ニ對スル避難行爲ヲ認ムルハ法ノ精神ニ背戻スルモノニ非ス」破棄。（無罪。）

［参照判例］

大判昭和一二・一一・一六判例体系（第二期版）刑法2一二四五頁（体重一三貫、価格一五〇円相当の番犬が、体重五貫、六〇〇円相当の猟犬を咬み伏せたため、やむなく銃創を負わせて危難を避けた場合は、その避けようとした害の程度を超えないものといえる）。

3　過剰防衛・過剰避難

81　過剰防衛

最判昭和五九・一・三〇
刑集三八巻一号一八五頁

●事　実　被告人はAと共に徳島市内の造船所工員に住み込み熔接工として働いていたが、仕事上のことなどで反目し合い、その間柄は険悪化しつつあったところ、昭和五〇年五月二四日夜、寮近くの酒店で両名の間で口論となり、被告人は、Aに顔面を殴打されて前歯を折られるなどし、そのため一旦帰寮したものの憤まんが収まらず、Aに非を認めさせようとして同人の帰るのを待っていたが、そのうち帰寮したAの怒鳴る声がしたので、木刀を携えズボンの後ポケットに理髪用鋏を入れて寮二階ホールに赴き、Aと相対して同人を難詰するに至った。しかし、声を聞きつけて来たBが仲裁に入り、同人に木刀を捨てて話合いをするよう説得されたことから、被告人は、その言に従い、手にした木刀を同ホール壁際に置かれた下駄箱の裏側に投げ入れ、寮前庭に通じる階段を先に立って下り始めたところ、Aは、いきなり右下駄箱を倒して被告人の捨てた木刀を取り上げ、それを手にして追いかけ、寮前庭で被告人に右木刀で殴りかかったため、被告人は、頭、足首等を殴打され、当初は逃げ回っていたものの、そのうち鋏を取り出し、Aの木刀が折れてその攻撃力が弱まったにもかかわらず、Aに対し刺突行為に及び、同人に胸腔内や心臓に達する刺創等を負わせ、間もなく同人を死亡させた。

●判　旨　「原判決及び第一審判決の認定する事実関係並びに原審及び第一審で取り調べた証拠により判断すると、Aの木刀による攻撃は、凶器の種類、形状及び攻撃態様等からして、被告人の生命、身体に対する侵害の危険を有するものであったと認められ、それに対し、被告人は、前記のとおり当初は逃げ回りあるいは鋏を振り回して威嚇する行為に出たが、それでもなお攻撃を止めないAに対し鋏でその胸部等を突き刺すに至ったものであって、その経過、状況からすれば、被告人が右刺突行為に及んだのは、自己の生命、身体を防衛する意思に出たものと認めるのが相当である。しかしながら、被告人は、Ａの攻撃力が木刀の折損等により相当弱まったにもかかわらず、なお反撃行為を継続してついにＡを殺害するに至ったものと認められるから、被告人のＡに対する刺突行為は、全体として防衛のためにやむをえない程度を超えたものといわざるをえない。」破棄自判。（過剰防衛。）

［参照判例］

最判昭和三四・二・五刑集一三巻一号一頁（相手の侵害態勢が崩れ去った後も、なお追撃行為を続け、相手方を殺傷したときは、全体として過剰防衛に当る）。

最判昭和四四・一二・四（前出［75］）。最判平成元・一一・一三（前出［71］参照判例）。最決平成四・六・五刑集四六巻四号二四五頁（後出［165］）。共同正犯が成立する場合における過剰防衛の成否）。

82　主観的に過剰の事実を認識していなかったとする主張と過剰防衛

最判昭和二四・四・五
刑集三巻四号四二一頁

●**事　実**　七四歳の老父が棒をもって打ちかかってきたのに対し、斧を棒様のものと思ってこれを用い、同人の頭部を数回殴打し、その場に昏倒させ、死亡するに致らせた。

●**判　旨**　「斧はただの木の棒とは比べものにならない重量の有るものだからいくら昂奮して居たからといってもこれを手に持って殴打する為め振り上げればそれ相応の重量は手に感じる筈である、当時七四歳（……）の老父（……）が棒を持って打ってかかって来たのに対し斧だけの重量のある棒様のもので頭部を原審認定の様に乱打した事実はたとえ斧とは気付かなかったとしてもこれを以て過剰防衛と認めることは違法とはいえない。」上告棄却。（原審、過剰防衛。）

［参照判例］

大阪地判平成三・四・二四判例タイムズ七六三号二八四頁（被告人がＡからいきなり被告者から胸ぐらをつかまれて締め上げられ、飲食店内カウンターに押さえつけられたため、体を支えるべくカウンターに左手を突いたところ、たまたま包丁に触れ、これを棒状の物と誤信し、被害者の手を振り払おうとして、これで被害者の右肩付近を一回殴打し傷害を負わせた行為は、「それ自体は、刺身包丁で一回殴打し、加療約三一日間を要する傷害を負わせたというものであり、Ａの被告人に対する攻撃が素手によるものであることを考慮すれば、相当性の範囲を超えたものと評価されてもやむえないものである。しかし、前記のとおり、被告人には反撃の手段が棒のような物という認識しかなかったのであり、本件のように、防衛行為の手段について客観的事実と行為者の認識との間に食い違いがある場合には、行為者の認識を基準として防衛行為の相当性を判断すべきである。そうすると、被告人が認識したような棒のような物でＡの右肩付近を一回殴打する行為は、被告人の胸ぐらを両手で締めつけるＡの攻撃に対する反撃として、社会通念上相当な範囲にあると評価することができる。」正当防衛成立)。

83　過剰避難

前出［79］

84　盗犯防止法一条一項の正当防衛

最決平成六・六・三〇
刑集四八巻四号二一頁

●**事　実**　少年Xは、被害者Aを含む中学生七名から強盗目的で昼間とはいえ人通りの少ない場所に連行され一方的に暴行を受けたが、暴行が数分間に及んだため、やむなく所携の護身用ナイフを取り出し、今にも素手で殴りかかろうとしていた被害者に対しやられる前に刺してやれと思い、その者が死亡しても構わないという認識のもとに、その左胸部を突き刺し、失血死させた。

●**決定要旨**　「同条項の正当防衛が成立するについては、当該行為が形式的に規定上の要件を満たすだけでなく、現在の危険を排除する手段として相当性を有するものであることが必要である。そして、ここにいう相当性とは、同条項が刑法三六条一項と異なり、防衛の目的を生命、身体、貞操に対する危険の排除に限定し、また、現在の危険を排除するための殺傷を法一条一項各号に規定する場合にされたものに限定するとともに、それが『已ムコトヲ得サルニ出テタル行為』であることを要件としていないことにかんがみると、刑法三六条一項における侵害に対する防衛手段としての相当性よりも緩やかなものを意味すると解するのが相当である。」

本件少年の行為は、「強盗に着手した相手方の暴行が、メリケンサック以外の凶器等を用いておらず、申立人の生命まで危険を及ぼすようなものではなかったのに、ナイフを示して威嚇することもなく、いきなり被害者の左胸部をナイフで突き刺し死亡させたものであり、申立人一人に対し相手方の数が七名と多く、本件現場が昼間とはいえ人通りが少ない場所であることなどの事情を考慮しても、申立人の本件行為は身体に対する現在の危険を排除する手段としては、過剰なものであって、前記の相当性を欠くものであるといわざるを得ない。」上告棄却。

（中等少年院送致。）

［参照判例］

大阪高判昭和五〇・五・一五高刑集二八巻三号二四九頁（「すなわち盗犯防止法においては一定の条件の下に『已ムコトヲ得サルニ出テタル』ことの要件を除き刑法における正当防衛の範囲を拡大したもの

と解するのが相当である。しかるに合理的理由なくしてこれを刑法の規定する正当防衛の具体的適用の例示であると解釈し、盗犯防止法一条一項の防衛行為が『已ムコトヲ得サルニ出テタル』ことないしは相当性の範囲を逸脱しないことを要するとすることはひっきょう法律の明示しない要件を付加して刑罰の範囲を拡大するに帰し、罪刑法定主義にも反することになる。もっとも盗犯防止法一条一項による不処罰は、性質上違法性阻却の一場合であり、行為に実質的な違法性がないことを不処罰の根拠とするものと考えられるから、行為が右規定に形式的に該当しても、違法性の本質から考えて実質的に違法性を欠くとはいえないような行為、すなわち具体的事情の下でこれを処罰しないことがかえつて著しく国民の法的感情ないし社会通念に反し是認できないような行為に対してまでその適用を認めるのは相当ではない。」)

盗犯等防止一条二項「現在ノ危険アルニ非ズト雖モ」の法意に関する最決昭和四二・五・二六刑集二一巻四号七一〇頁（「盗犯等の防止及処分に関する法律一条二項は、同条一項各号の場合において、自己または他人の生命、身体または貞操に対する現在の危険がないのに、恐怖、驚愕、興奮または狼狽により、その危険があるものと誤信して、これを排除するため現場で犯人を殺傷した場合に適用される規定であって、行為者にそのような誤信のない場合には適用がない」。行為「当時相当興奮していたことは認められるが、自己または他人の生命、身体または貞操に対する現在の危険があると誤信していた事実は認められない」場合は、これに当らない）。

4　法令行為

85　現行犯逮捕のための実力行使と刑法三五条

最判昭和五〇・四・三
刑集二九巻四号一三二頁

●**事　実**　漁船A丸の船員である被告人は、某日午前零時四〇分頃、某付近海上において、あわびの密漁船と認めて追跡し捕捉しようとしていた漁船B丸と接触した際、自船の船上からB丸を操舵中のCの手足を竹竿で叩き突くなどし、同人に対し全治約一週間を要する右足背部刺創の傷害を負わせた。

●**判　旨**　「現行犯逮捕をしようとする場合において、現行犯人から抵抗を受けたときは、逮捕をしようとする者は、警察官であると私人であるとをとわず、その際の状況からみて社会通念上逮捕のために必要かつ相当であると認められる限度内の実力を行使することが許され、たとえその実力の行使が刑罰法令に触れることがあるとしても、刑法三五条により罰せられないものと解すべきである。……被告人は、Cらを現行犯逮捕しようとし、同人らから抵抗を受けたため、これを排除しようとして前期の行為に及んだことが明らかであり、かつ、右の行為は、社会通念上逮捕をするために必要かつ相当な限度内にとどまるものと認められるから、被告人の行為は、刑法三五条により罰せられないものというべきである。」破棄自判。（無罪。）

［参照判例］

東京高判昭和五五・一〇・七刑裁月報一二巻一〇号一一〇一頁（住居に不法侵入した者を現行犯逮捕したが、以前の窃盗被害を追求し、その弁償をさせようなどと考え、ガウンのひもでこれを縛り、後手に両手錠をかけて、夜間約八時間監禁した行為は、「その目的、動機及び態様等に照らして」、「『正当行為』ないし『社会的相当行為』として違法性を阻却される余地のない」ものと認められる）。

86　教員の懲戒行為と刑法三五条

東京高判昭和五六・四・一
判例タイムズ四四二号一六三頁

●事　実　中学校教員である被告人は、生徒の発言とずっこけの動作に対し、言葉で注意を与えながら、同人の前額部付近を平手で一回押すようにたたいたほか、右手の拳を軽く握り、手の甲を上にし、もしくは小指側を下にして自分の肩あたりまで水平に上げ、そのまま拳を振り下ろして同人の頭部をこつこつと数回たたいた。

●判　旨　「いやしくも有形力の行使と見られる外形をもつた行為は学校教育上の懲戒行為としては一切許容されないとすることは、本来学校教育法の予想するところではないといわなければならない。……裁判所が教師の生徒に対する有形力の行使が懲戒権の行使として相当と認められる範囲内のものであるかどうかを判断するにあたつては、教育基本法、学校教育法その他の関係諸法令にうかがわれる基本的な教育原理と教育指針を念頭に置き、更に生徒の年齢、性別、性格、成育過程、身体的状況、非行等の内容、懲戒の趣旨、有形力行使の態様・程度、教育的効果、身体的侵害の大小・結果等を総合して、社会通念に則り、結局は各事例ごとに相当性の有無を具体的・個別的に判定するほかはないものといわざるをえない。……本件の具体的状況のもとでは被告人が許された裁量権の限界を著しく逸脱したものとは到底いえないので、結局、被告人の本件行為は、前述のように、外形的にはAの身体に対する有形力の行使ではあるけれども、学校教育法一一条、同法施行規則一三条により教師に認められた正当な懲戒権の行使として許容された限度内の行為と解するのが相当である。」破棄自判。（無罪。）

［参照判例］

大阪高判昭和三〇・五・一六高刑集八巻四号五四五頁（生徒の頭部の右手拳による一回殴打または右平手による一回殴打について、「殴打のような暴行行為は、たとえ教育上必要があるとする懲戒行為としてでも」、違法性を阻却しない）。

金沢地判昭和六二・八・二六判例時報一二六一号一四一頁（往復び

んたを手加減することなく四回加えた行為は、生徒に反省を促す意図のもとになされたものであり、教育上の指導措置としてなされたものであっても、学校教育法一一条にいう「体罰にあたると解されるから、これが違法な行為であることは明白である。」)。

旭川地判昭和三二・七・二七判例時報一二五号二八頁（教師が教室から逃げだした中学生を追跡し、連行に応じない同人を抱き起したり、手を引張ったりした行為は、暴行罪としての違法性を欠く）。

なお、学習塾教師の懲戒行為に関するものとして、福岡高判昭和五一・五・二六高刑集二九巻二号二八四頁（学習塾教師が居眠りや宿題を忘れたこと等をとがめ、塾生Aに対し竹刀でその頭部を五回位叩き、Bに対し膝で同人の右顎等を五回位蹴り、竹刀でその腕等を一〇回位突き、頭等を数回殴打し、Cに対しタオル掛用金具で同人の頭部を三回位叩き、手拳で同人の顔面を数回殴打し、更に足をかけて畳の上に倒したうえ同人の左脇腹を三回位足蹴にし、同人の腹部等を十数回足蹴にし、竹刀でその腕等を一〇回位殴打し、ドライバーや錐で軽く何回も突き、手拳で同人の顔面を四回位殴打し、錐やはさみで頭等を六〇回位軽く叩き、はさみで頭髪の一部を切り取った行為は、それが懲戒のための行動としても、明らかに「懲戒の方法及び程度として許される範囲を逸脱しているものというべきであ」り、「暴行の手段態様はもちろん被害も軽微とはいえないことに徴しても、その違法性をもつて微弱なものと断ずることは到底できない。そうしてみれば、被告人の本件所為を以て正当な行為ということはできず、また可罰的違法性を欠くものということもできない。」)

5　正当業務行為

87　取材活動の限界

最決昭和五三・五・三一
刑集三二巻三号四五七頁（外務省機密漏洩事件）

●**事　実**　外務省担当の新聞記者である被告人は、同省職員A女と肉体関係をもった後、沖縄関係の秘密文書を見せてくれと懇願し、一応その承諾を得たうえ、さらに同女との関係を継続して心理的影響を与え、秘密書類を持ち出させた。

●**決定要旨**　「報道機関の国政に関する取材行為は、国家秘密の探知という点で公務員の守秘義務と対立拮抗するものであり、時としては誘導・唆誘的性質を伴うものであるから、報道機関が取材の目的で公務員に対し秘密を漏洩するようにそそのかしたからといつて、そのことだけで、直ちに当該行為の違法性が推定されるものと解するのは相当ではなく、報道機関が公務員に対し根気強く執拗に説得ないし要請を続けることは、それが真に報道の目的からでたものであり、その手段・方法が法秩序全体の精神に照らし相当なものとして社会通念上是認されるものである限りは、実質的に違法性を欠き正当な業務行為というべきである。しかしながら、報道機関といえども、取材に関し他人の権利・自由を不当に侵害することのできる特権を有するものでないことはいうまでもなく、取材の手段・方法が贈賄、脅迫、強要等の一般の刑罰法令に触れる行為を伴う場合は勿論、その手段・方法が一般の刑罰法令に触れないものであつても、取材対象者としての人格を著しく蹂躪する等法秩序全体の精神に照らし社会観念上是認することのできない態様のものである場合にも、正当な取材活動の範囲を逸脱し違法性を帯びるものといわなければならない。……被告人の一連の行為を通じてみるに、被告人は、当初から秘密文書を入手するための手段として利用する意図で右Aと肉体関係を持ち、同女が右関係のため被告人の依頼を拒み難い心理状態に陥つたことに乗じて秘密文書を持ち出させたが、同女を利用する必要がなくなるや、同女との右関係を消滅させてその後は同女を顧みなくなつたものであつて、取材対象者であるAの個人としての人格の尊厳を著しく蹂躪したものといわざるをえず、このような被告人の取材行為は、その手段・方法において法秩序全体の精神に照らし社会観念上、到底是認することのできない不相当なものである」。上告棄却。(有罪。)

88 性転換手術と刑法三五条

東京高判昭和四五・一一・一一
高刑集二三巻四号七五九頁

●事　実　産婦人科医である被告人は、性転向症者から性転換手術の依頼を受け、その一段階として睾丸全摘出手術を行った。

●判　旨　「被告人は、産婦人科専門医師に過ぎず、本件手術当時においては、いわゆる性転向症者に対する治療行為、特に本件のような手術の必要性(医学的適応性)及び方法の医学的承認(医術的正当性)について、深い学識、考慮及び経験があつたとは認めがたい上、……本件手術前被手術者等に対し、自ら及び精神科医等に協力を求めて、精神医学乃至心理学的な検査、一定期間の観察及び問診等による家族関係、生活史等の調査、確認をすることもなく、又正規の診療録の作成及び被手術者等の同意書の徴収をもしておらず、又性転向症者に対する性転換手術を医療行為として肯定しない医学上の諸見解があることが認められ、これ等の事実とその他被告人の捜査官に対する供述調書等諸般の関係証拠とを総合考察すると、……被告人に被手術者等に対する性転向症治療の目的があり、被手術者等に真に本件手術を右治療のため行う必要があつて、且本件手術が右治療の方法として医学上一般に承認されているといいうるかについては、甚だ疑問の存するところであり、未だ本件手術を正当な医療行為と断定するに足らない。」控訴棄却。（原審、有罪。）

［参照判例］

東京高判昭和五六・一二・二五刑裁月報一三巻一二号八二八頁（医師、歯科医師、診療放射線技師または診療エックス線技師の免許を有しない柔道整復師が人体にエックス線照射をする行為は、それが「柔道整復師の施術治療を有効に行うためにも有益であり、かつ必要性の高いものであるとしても、……柔道整復師の業務の正当な範囲に属するものとはいえないことは明らかであり、また、法秩序全体の精神に照らして是認され、あるいは一般に社会通念上正当なものであるともいえない」）。

89　公労法違反の争議行為と労組法一条二項の適用関係

最大判昭和五二・五・四
刑集三一巻三号一八二頁（名古屋中郵事件）

●事　実　全逓労組役員である被告人らは、昭和三三年春闘に際し、同組合員中央闘争本部の指令に基づいて企画された時間内職場大会への参加を名古屋中央郵便局の多数の組合員に対して呼びかけ、職場を放棄させ、約一時間にわたり、約二万九千通の郵便物の取扱いをさせなかった。

●判　旨　「本件における争点は、既に述べたとおり、公労法一七条一項に違反して行われた争議行為が郵便法七九条一項その他罰則の構成要件にあたる場合に、なおも労組法一条二項の適用があると解すべきかどうか、ということである。この問題は、ある行為が右の罰則に定める構成要件を充たし、かつ、特段の違法性阻却事由が存在しない限りは違法性があると認められるような場合に、それが争議行為として行われたときは、そのことの故に右にいう特段の違法性阻却事由があると認めるべきかどうか、という解釈上の問題にほかならないのであるが、これに対して、ただ、公労法一七条一項による争議行為の禁止が憲法二八条に違反しないこと及びその行為がこの禁止に違反して行われたものであることのみを根拠として、直ちに違法性の阻却を否定する結論に導くのは相当ではなく、さらに、広く憲法及び法律の趣旨にかえりみて、解釈上、違法性の阻却を肯定する余地があるかどうかを考察したうえで結論を下すことが必要である。」

「初めに、憲法二八条の趣旨からこの問題を考えてみると、既に説示した理由によって、公労法一七条一項による争議行為はもはや同法上による権利として保障されるものではないと解する以上、民事法又は、刑事法が、正当性を有しない争議行為であると評価して、これに一定の不利益を課することとしても、その不利益が不合理なものでない限り同法上に低触することはない、というべきである。……

次に刑事法上の効果についてみると、右の民事法上の効果と区別して、刑事法上に限り公労法一七条一項違反の争議行為を正当なものと評価して当然に労組法一条二項の適用を認めるべき特段の憲法上の根拠は、見出しがたい。かりに、争議行為が憲法二八条によって保障される権利の行使又は正当な行為であることの故に、これに対し刑罰を科することが許されず、労組法一条二項による違法性阻却を認めるほかないものとすれば、これに対して民事責任を負うことも罰則として許されないはずであって、そのような争議行為の理解は、公労法一七条一項が憲法二八条に違反しないとしたところにそぐわないものというべきである。……憲法二八条の趣旨からいって当然に労組法一条二項の適用を認めるべきであるとする見解は、これを支持することができない。」

「さらに、法律の趣旨に即して検討すると、まず、公労法三条一項に労組法一条二項の適用を除外する旨の積極的な明文の定めがないことを根拠として、公労法一七条一項に違反する争議行為についてもなお労組法一条二項の適用があるとみてその刑事上の違法性阻却を肯定するのが公労法の趣旨に沿う解釈であるとする考えがある。しかしながら、同法三条一項が、『公共企業体全体の職員に関する労働関係については、この法律の定めるところにより、この法律に定のないものについては、労働組合法（昭和二十四年法律第百七十四号）（第五条第二項第八号、第七条第一号但書、第八条及び第十八条から第三十二条までの規定を除く。）の定めるところによる。』と規定し、労組法の規定を適用する場合を公労法に定めない場合に限定しているところからみると、右の職員に関する労働関係のうち、団体交渉等については、公労法に定めない場合にあたるので、労組法一条二項が適用されて、その正当なものは違法性が阻却されるけれども、争議行為については、公労法一七条一項にいっさいの行為を禁止する定めがあって、これに違反することが明らかであるので、労組法一条二項を適用する余地はないと解される。これを言い換えると、公労法は明文をもって労組法一条二項の適用を除外しているわけではないが、それは、公労法一七条一項違反の争議行為を刑事法上正当なものと認める意味をもつものではないのである。さらに、もともと労組法一条二項が、刑法三五条の規定は労働組合の団体交渉その他の行為であって労組法一条一項に掲げる目的を達成するためにした正当なものについて適用があるとしているのは、東京中郵事件判決も説くように、右の行為が憲法二八条の保障する権利の行使であることからくる当然の結論を注意的に規定したものと解すべきであるから、前述のように憲法二八条に違反しないとされる公労法一七条一項によっていっさい禁止されている争議行為に対しては、特別の事情のない限り、労組法一条二項の適用を認めえないのがむしろ当然であって、同条項の適用を除外する旨の明文の規定がないことにことさらな意味付けをするのでは、相当でない。」

「次は、東京中郵事件判決において示された解釈のように、公労法が制定されるまでの経過を考慮するときは同法一七条一項違反の争議行為についても労組法一条二項の適用があると解すべきものとする見方についてである。……………

……………同法には禁止違反の争議行為に対する刑事制裁の規定が欠けているが、その故をもって、その争議行為についても原則として刑事法上の違法性阻却を認めるのが同法の趣旨であると解することは、合理的でない。……………公労法一七条一項違反の争議行為に対し前者の意味での刑事制裁の規定がないことは、その違反を理由としては刑罰を科さないことを意味するにとどまるのであって、郵便法七九条一項などの後者の罰則に該当する争議行為にしても刑事法上の違法性阻却を認める趣旨であると解することは、合理性を欠き、他に特段の事情のない限り、許されないものである。」

「また、刑罰を科するための違法性は、一般に行政処分や民事責任を課する程度のものでは足りず、一段と強度のものでなければならないとし、公労法一七条一項違反の争議行為には右の強度の違法性がないことを前提に、労組法一条二項の適用があると解すべきである、とする見解がある。……………公労法において禁止された争議行為が合理的に定められた他の罰則の構成要件を充足している場合にその罰則を適用するにあたり、かかる争議行為とは無関係に行われた同種の違法行為を処罰する通常の場合に比して、より強度の違法性が存在することを要求するのは、当をえないといわなければならない。」

［※］「公労法一七条一項に違反する争議行為が郵便法七九条一項などの罰則の構成要件に該当する場合に労組法一条二項の適用がないことは、上述したとおりであるが、そのことから直ちに、原則としてその行為を処罰するのが法律秩序全体の趣旨であると結論づけるのは、早計に失する。すなわち、罰則の構成要件に該当し、違法性があり、責任もある行為は、これを処罰するのが刑事法上の原則であるが、公労法の制定に至る立法経過とそこに表れている立法意思を仔細に検討するならば、たとい同法一七条一項違反の争議行為が他の法規の罰則の構成要件を充たすことがあっても、それが同盟罷業、怠業その他単なる労務不提供のような不作為をないようとする争議行為である場合には、それを違法としながらも後に判示するような限度で単純参加者についてはこれを刑罰から解放して指導的行為に出た者のみを処罰する趣旨のものであると解するのが、相当である。」

「右のように、争議行為の単純参加行為をその指導的行為と区別し、前者を一定の限度で不処罰とすることは、上述した国公法の罰則の立法趣旨ばかりでなく、争議行為に関する他の罰則の変遷とその底流にある法の理念にもよく適合するものと考えられる。」

［※］「最後に、公労法一七条一項に違反する争議行為の単純参加行為につき刑事法上の処罰の阻却を認めるべき範囲は、処罰の阻却を認める根拠の面から、これを限定しなければならない、ということについて述べておきたい。

まず、国公法の罰則があり、そそのかしなどの指導的行為に処罰対象を絞っているのは、東京中郵事件判決が指摘するとおり、同盟罷業、怠業その他単なる労務不提供のような不作為を内容とする争議行為に対する刑事制裁をいかにするかを念頭に置いてのことであるので、単純参加行為に対する処罰の阻却も、そのような不作為的行為についてのみその事由があるとしなければならない。…………

さらに、この場合の処罰の阻却は、その根拠となる立法経過からみるとき、公労法一七条一項の争議行為の禁止規定が存在しなければ正当な争議行為として処罰を受けることのないような行為に限定される。」破棄自判。（有罪。）

［参照判例］

本判決によって変更された判例として、最大判昭和四一・一〇・二六刑集二〇巻八号九〇一頁（東京中郵事件・公労法一七条一項違反の争議行為であっても、労組法一条二項が適用され、それが同法一条一項の目的のためであり、暴力の行使その他の不当性を伴わないときは、正当な争議行為として郵便法七九条一項の罰則は適用されない）。なお、最判昭和三八・三・一五刑集一七巻二号二三頁（国鉄檜山丸事件・公共企業体等の職員は公労法一七条一項により争議行為を禁止されている以上、その争議行為について正当性の限界如何を論じる余地はなく、労働法一条二項の適用はない）。

さらに、公務員の争議行為と可罰的違法性に関するものとして、最大判昭和四八・四・二五刑集二七巻四号五四七頁（全農林事件）。この判決によって変更された判例として、最大判昭和四四・四・二刑集二三巻五号六八五頁（全司法仙台事件）。

地方公務員法違反事件に関して、最大判昭和五一・五・二一刑集三〇巻五号一一七八頁（岩手教組事件）。これによって変更された判例として、最大判昭和四四・四・二刑集二三巻五号三〇五頁（都教組事件）。

90　安楽死

名古屋高判昭和三七・一二・二二
高刑集一五巻九号六七四頁

●**事　実**　被告人は、父親が脳溢血の容態の悪化とともに身体を動かす度に激痛を訴え、「早く死にたい」「殺してくれ」と大声で口走る等するのをみかねて、有機燐殺虫剤を牛乳に混入し、これを同人に飲ませて死亡させた。

●**判　旨**　「行為の違法性を阻却すべき場合の一として、いわゆる安楽死を認めるべきか否かについては、議論の存するところであるが、それはなんといつても、人為的に至尊なるべき人命を絶つのであるから、つぎのような厳しい要件のもとにのみ、これを是認しうるにとどまるであろう。
(1)　病者が現代医学の知識と技術からみて不治の病に冒され、しかもその死が目前に迫つていること、
(2)　病者の苦痛が甚しく、何人も真にこれを見るに忍びない程度のものなること、
(3)　もつぱら病者の死苦の緩和の目的でなされたこと、
(4)　病者の意識がなお明瞭であつて意思を表明できる場合には、本人の真摯な嘱託又は承諾のあること、
(5)　医師の手によることを本則とし、これにより得ない場合には医師によりえない首肯するに足る特別な事情があること、
(6)　その方法が倫理的にも妥当なものとして認容しうるものなること。
これらの要件がすべて充たされるのでなければ、安楽死としてその行為の違法性までも否定しうるものではないと解すべきであろう。
本件についてこれをみるに、安楽死の右(1)ないし(3)の要件を充足していることは疑いないが、(4)の点はしばらくおくとしても、……右の(5)、(6)の要件を欠如し、被告人の本件所為が安楽死として違法性を阻却するに足るものでないことは多元を要しない」。なお、(4)の要件については、判旨後半でこれを充足していることを認め、刑法二〇二条を適用する。破棄自判。（嘱託殺人罪成立。）

［参照判例］
高知地判平成二・九・一七判例タイムズ七四二号二二四頁（軟骨肉腫の痛みで苦しむ妻から哀願された夫が、カミソリでその頸部を切るなどし、結局は両手で絞殺した場合、違法性を阻却する安楽死の要件のうちの「医師の手によって行われるべきこと」、その「方法がそれ自体社会通念上、相当な方法であること」の二要件を欠くから、違法性が阻却されない。安楽死の要件として、右名古屋高裁とほぼ同じ六項目を挙げる）。

91　医師による安楽死

横浜地判平成七・三・二八
判例時報一五三〇号二八頁、
判例タイムズ八七七号一四八頁

●**事　実**　東海大学医学部付属病院に勤務する医師であった被告人は、多発性骨髄腫で同病院に入院中のすでに予後数日という末期状態になっている患者の長男から、患者が苦しそうな呼吸をしている様子を見て、これから解放してやるためにすぐに息を引き取らせるようにしてほしいと強く要請されたので、これを決意し、殺意をもって同人に徐脈・一過性心停止等の副作用のある不整脈治療剤であるワソランを通常の二倍量注射し

たが、脈搏等に変化が見られなかったので、さらに希釈しないで使用すると心停止作用のあるＫＣＬ（塩化カリウム製剤）をそのまま静脈に注射し、急性カリウム血症による心停止により死亡させた。

●判　旨　「本件で起訴の対象となっているような医師による末期患者に対する致死行為が、積極的安楽死として許容されるための要件をまとめてみると、①患者の苦痛が耐えがたい肉体的苦痛に苦しんでいること、②患者は死が避けられず、その死期が迫っていること、③患者の肉体的苦痛を除去・緩和するために方法を尽くし他に代替手段がないこと、④生命の短縮を承諾する患者の明示の意思表示があること」であり、本件「ワソラン及びＫＣＬの注射については、その除去・緩和の対象となったいびきあるいはその原因である荒い呼吸は、到底耐えがたい肉体的苦痛とはいえないのみならず、そうしたものの除去・緩和を頼まれ、それを受けて右注射を行った時点では、そもそも患者は意識を失い疼痛反応もなく何ら肉体的苦痛を覚える状態にはなかったのであるから、安楽死の前提なる除去・緩和されるべき肉体的苦痛は存在しなかったのである。したがってまた、肉体的苦痛を除去するため、医療上の他の手段が尽くされたとか、他に代替手段がなく死に致すしか方法がなかったともいえないのである。さらに、積極的安楽死を行うのに必要な患者本人の意思表示が欠けていたことも明白である。

　したがって、ワソラン及びＫＣＬを注射して患者を死に致した行為は、いずれにしても積極的安楽死としての許容要件を満たすものではなかったといえる。」（殺人罪。懲役二年、執行猶予二年。）

92　自救行為

最決昭和四六・七・三〇
刑集二五巻五号七五六頁

●事　実　木造平家建住宅及びその敷地を所有していた被告人X_1は、Ａとの間に、右住宅を月額金五万円で賃貸すること、Ａが右住宅を釣堀営業に便利なように適当に増改築すること、釣堀設備道具及び魚類等一切を設け、その費用をＡが立替えた上互に折半すること、最初六ヵ月間はＡが単独で釣堀営業を行ない、七ヵ月目からX_1と共同経営をし、その利益を折半すること、この契約期間は三年とすることの口頭契約を取り結んだ。そこでＡはその契約通り間もなく右住宅を改築し、旧住宅に接続して、これより少し広い木造平家建一棟を新築し、旧住宅と新築家屋の屋根の下に二箇の水槽を設置して、これに鯉、うなぎ等を入れて間もなく釣堀営業を開店しようとするに至った。ところがX_1は、Ａに対し、右住宅の賃料を月額一五万円に値上げする外、Ａは共同経営の相手方ではなく、雇人とすることに条件の変更方を要求した。しかし、Aがこれを拒絶したため、俗に暴力団員と目される被告人X_2と語らい、これと共謀の上、某日早朝、突然人夫十数名を引卒して、Aが龍宮釣堀と称し、雇人をおいて営業する釣堀に赴き、同人と共有に係る前記木造平家建一棟の建造物を目茶苦茶に打ちこわすと同時に、前記二箇の水槽に入れてあった同人と共有の鯉約一五〇キロ、うなぎ約四七キロを、水槽の栓を抜いて水を流す等の方法で死滅させた。

●**決定要旨**　「自救行為は、正当防衛、正当業務行為などとともに、犯罪の違法性を阻却する事由であるから、この主張は、刑訴法三三五条二項の主張にあたるものと解すべきである。これに反する原判断は、法令の解釈を誤つたものであるが、記録によれば、本件は、自力救済を認めるべき場合でないことが明らかであるから、この誤りは、判決に影響を及ぼさない。」上告棄却。（有罪。）

〔参照判例〕

最大判昭和二四・五・一八判例体系（第二期版）１一〇三二頁、（「自救行為とは一定の権利を有するものが、これを保全するため官憲の手を待つに遑なく自ら直ちに必要の限度において適当なる行為をすること、例えば盗犯の現場において被害者が賍物を取還すが如きをいうのである」）。

最判昭和三〇・一一・一一刑集九巻一二号二四三八頁（自己の建物の増築の必要にせまられ、自己の借地内に突き出ていた隣家玄関のひさしをその承諾なしに切取ることは、自救行為とはいえない）。

福岡高判昭和四五・二・一四高刑集二三巻一号一五六頁（建物賃借人が賃貸人である所有権者からその建物に対する占有を侵害された場合に、侵害者の占有が平静に帰し、新しい事実秩序を形成する前であれば、賃借人が占有を侵害されてから四日目に、建物の鍵を取り替えるなどの方法でこれを奪回する行為は、自救行為として違法性がない）。

93　被害者の承諾

最決昭和五五・一一・一三
刑集三四巻六号三九六頁

●**事　実**　被告人は、保険金騙取のため、A、B、Cと共謀して、自己の運転する自動車をA運転、B、C同乗の自動車に追突させ、A等に傷害を負わせた。

●**決定要旨**　「被害者が身体傷害を承諾したばあいに傷害罪が成立するか否かは、単に承諾が存在するという事実だけでなく、右承諾を得た動機、目的、身体傷害の手段、方法、損傷の部位、程度など諸般の事情を照らし合せて決すべきものであるが、本件のように、過失による自動車衝突事故であるかのように装い保険金を騙取する目的をもつて、被害者の承諾を得てその者に故意に自己の運転する自動車を衝突させて傷害を負わせたばあいには、右承諾は、保険金を騙取するという違法な目的に利用するために得られた違法なものであつて、これによつて当該傷害行為の違法性を阻却するものではないと解するのが相当である。」上告棄却。（再審請求事件。）

〔参照判例〕

仙台高石巻支判昭和六二・二・一八判例時報一二四九号一四五頁（小指を有合せの風呂のあがり台の上にのせ、出刃包丁を当てたうえ、金づちで数回たたいて、これを切断する行為は、相手方の承諾があったとしても、「公序良俗に反するとしかいいようのない指つめにかかわるものであり、その方法も医学的な知識に裏付けされた消毒等適切な措置を講じたうえで行われたものではなく、全く野蛮で無残な方法であり、このような態様の行為が社会的に相当な行為として違法性が失なわれると解することはできない」）。

東京高判平成九・八・四高刑集五〇巻二号一三〇頁、判例時報一六二九号一五一頁（医師免許を持たない被告人が女性Aの豊胸手術を行った事案について、右最高裁判例を引用したうえ、その行為は「身体に対する重大な損傷、さらには生命に対する危難を将来しかねない極めて無謀かつ危険な行為であって、社会通念上許容される範囲・程度を越えて、社会的相当性を欠くものであり、たとえAの承諾があるとしても、もとより違法性を阻却しないことは明らかである」）。

第四章　責任論

第一節　責任能力

1　責任能力・責任無能力・限定責任能力

94　責任能力と行為能力の相違

前出［22］

95　心神喪失・心神耗弱の定義

大判昭和六・一二・三
刑集一〇巻六八二頁

●事　実　被告人は隣地所有者Kと土地の境界を争い訴を提起されたこともあり折合が悪かった。犯行の日は午前一〇時頃にKが自己所有の田の草刈を止めて帰宅するために被告人の田附近に登った。被告人はこれを見てKが被告人の田の草刈をしていたものと誤信し、日頃の反感が一時に激発し、Kの背後より鎌でその頭部等を強打し、Kの声に驚いて来たKの長男の頭部等をも殴打して両名に傷害を負わせた。鑑定書は、被告人は濃厚な精神病的遺伝負因を有し、兄も早発性痴呆に罹って死亡し、被告人も十数年前から症状が漸次亢進し、「七年前（中略）ソレヨリ二年程経過シ妄覚起ル他人ノ話声ヲ聞キテ恰モ自己ヲ冷笑スルカ如ク錯聴ヲ起シ或ハ人声ナキニ自分ニ対シ罵声ヲ洩ラストノ幻聴ヲ生シ幻視アリテ人又ハ獣物襲撃シ来ルトテ鎌又ハ刀器ヲ放擲ス同時ニ被害的念慮アリ他人カ自己ヲ苦シメニ来ルト云ヒテ時折殺セト昂奮ス又常軌ヲ逸スル行為アリテ夜中ニ起キ出テテ水ヲ浴ヒ其ノ理由ヲ訊ヌルモ答ヘス最近ニ至リテ幻聴著シクナリ昂奮ノ度強クナリテ夜分モ睡眠不良ニシテ常ニ頭鳴ヲ訴フ当時早発性痴呆トノ診断ヲ附セリ」としながら、心神耗弱とした。原判決はこの鑑定を採用して、刑法三九条二項を適用した。弁護人は心神喪失を主張して上告した。

●判　旨　心神喪失ト心神耗弱トハ孰レモ精神障礙ノ態様ニ屬スルモノナリト雖其ノ程度ヲ異ニスルモノニシテ即チ前者ハ精神ノ障礙ニ因リ事物ノ理非善悪ヲ辨識スルノ能力ナク又ハ此ノ辨識ニ従テ行動スル能力ナキ状態ヲ指稱シ後者ハ精神ノ障礙未タ上敍ノ能力ヲ缺如スル程度ニ達セサルモ其ノ能力著シク減退セル状態ヲ指稱スルモノナリトス所論鑑定人遠藤義雄ノ鑑定書ニハ被告人ノ犯行當時ニ於ケル心神障礙ノ程度ノ是非辨別判断能力ノ缺如セル状態ニアリタリトハ認メラレス精神稍興奮状態ニアリ妄覺アリテ妄想ニ近キ被害的念慮ヲ懐キ知覺及判斷力ノ不充分ノ状態ニアリ感情刺戟性ニシテ瑣事ニ異常ニ反應シテ激昂シ衝動性行為ニ近キ乃至ハ常軌ヲ逸スル暴行ニ出ツルカ如

キ感情ノ障礙ノ症状存シタリトノ趣旨ノ記載アリテ右ニ依レハ本件犯行當時ニ於ケル被告人ノ心神障礙ノ程度ハ普通人ノ有スル程度ノ精神作用ヲ全然缺如セルモノニハアラス唯其ノ程度ニ比シ著シク減退セルモノナリト謂フニアルカ故ニ其ノ精神状態ハ刑法ニ所謂心神耗弱ノ程度ニアリト認ムヘキモノニシテ所論ノ如ク心神喪失ノ程度ニアリト認ムヘカラサルモノトス果シテ然ラハ所論ノ鑑定ノ結論ハ相當ニシテ又原判決カ右鑑定書ノ記載ヲ引用シテ被告人カ本件犯行當時心神耗弱ノ状況ニアリタリト判斷シタルハ正當ナリト謂フヘク記録ヲ精査スルモ此ノ點ニ付原判決ニ重大ナル事實ノ誤認アルコトヲ疑フニ足ルヘキ顯著ナル事由ヲ見サルヲ以テ論旨ハ理由ナシ」上告棄却。

［参照判例］

福岡地小倉支判昭和三六・九・四下級刑集三巻九・一〇号八七〇頁（精神分裂病について心神喪失を認めた）。

96 限定責任能力

最決昭和五九・七・三
刑集三八巻八号二七八三頁

●事　実　被告人（犯行時二六歳）は昭和三七年一〇月二四日より同四二年一〇月二三日までの間海上自衛隊員として勤務していたが、友人Mの妹S（Tの四女）に好意を抱き、結婚を申し込んだが、同女ならびにその一家が革新主義者であったことから断わられ、同四三年一月同家を訪れた際にもMらと思想的に対立し不快な思いをした。そして同四三年一二月末ごろ、棒様鉄片に茶色のテープを巻きつけて木片に偽装して携え同四四年一月三日午後一〇時過ごろT方に赴いたが、Mらに冷たくあしらわれ、タクシーで帰された。しかし、憤まんやるかたなく一一時五〇分頃タクシーをT方に引返させ、運転手OをもT方に連行し、Oを前記鉄棒で殴打し、ついで奥六畳で、就寝中のMの実姉Uの長女B、次女C、三女D、玄関の間でかけつけてきた近所のY、玄関でUおよびYの長男Zをそれぞれ殴打し、U・B・C・Y・Zを死亡させ、D・Oに重傷を負わせた。

第一はK鑑定により「被告人は過去に精神分裂病で入院した経歴を有し、犯行当時、右病気により通常人の健全な人格に比し多少劣るところがあった（精神分裂病の欠陥状態にあった）けれども、本件犯行は、精神病にいわゆる幻聴や妄想ないし作為的体験といった病的体験と直接のつながりがないのみならず、判示のように、被告人は周到な準備のもとに現場に臨んでおり、犯行直前一旦は判示T方を立去ったけれども再び同所に引返したものであること、犯行中電話線を切断し、逃走に際しては、犯行に使用した鉄棒を海岸砂中にうめ、着ていたコートを別の場所に投棄するなど証拠いんめつを計っていることなどが認められるので、当時理非善悪の弁識力、右弁識に従って行動する能力に大いなる欠陥がなかつたことは明らかである」として完全責任能力があったとして死刑を言い渡した。

第二審もI鑑定を採用し「関係証拠によると、被告人は海上自衛隊衛生課で昭和四二年五月ころ軽度のノイローゼ、同年六月一四日、精神分裂病とそれぞれ診断され、投薬を受けたが好転せず、同年七月二六日、国立呉病院精神科へ入院し、八月上旬ころまで不眠症のほか、人に食われるかも知れないという妄想や、上司からの命令が聴こえる等という幻覚があつたが、これらの諸症状もさほど重症ではなく、以降、漸次軽快し、同年末から昭和四三年正月にかけて、病院から数日間の外泊を許されて帰郷した際には、高校時代の友人らを訪れて旧交をあたため、同年一月下旬に退院し（但し以降、同年一〇月末まで数回、通院して診察や投薬を受けている。なお入院中の昭和四二年一〇月、自衛隊を任期満了により退職）、国興産業に就職して、本件犯行より五日前まで約一年間稼働したが、その間、前記学校の旧友や職場の同僚らは被告人が精神病を煩つたことに全く気付かなかつたことが認められ、さらに本件前の数日間、被告人と接した両親や同胞らの供述を調査してみても、そのころ被告人の精神状態が異常であつたのではないかと疑わせるような事跡は見当らない。また本件犯罪の実行行為、及びそれに関連した前後の被告人の行動中、原判決が弁護人の主張に対する判断で説示している諸事項は当裁判所も正当として是認できるのであり、これは通常人の行動として評価できるものである。その他、犯行後、被告人が被害者宅近くにおかれていた他人の自転車を使つて、約四キロメートル中村市寄りの実姉宅まで戻り、姉夫婦らには犯行を感得されず就寝していたことや、捜査過程及び原審当審を通じて、被告人が犯行に使用した鉄棒の入手や携行を始め、犯行の具体的事実を殆んど供述しないことについても、被告人の精神状態に異常や欠陥を想定しなければ説明の困難なものとは認められない。」として控訴を棄却した。被告人側は少なくとも心神耗弱であるとして上告した。

第一次上告審は次のように判示して原判決を破棄し原審に差戻した（最判昭和五三・三・二四刑集三二巻二号四〇八頁）。

「すなわち、記録によれば、次のような問題点がある。

㈠　被告人は、海上自衛隊に勤務中の昭和四二年六月ころ医師から精神分裂病と診断され、同年七月下旬国立呉病院精神科に入院し、同四三年一月下旬に軽快・退院したのちも、工員として働きながら同年一〇月下旬（本件犯行の約二か月前）まで通院治療を受けていた。

㈡　原判決は、被告人がS（公社職員）に結婚を断わられた不満と自衛隊に好意を持たない同女及びその兄M（会社員・被告人の高校同級生）に対する反感からTの人びとを憎悪し本件犯行を計画、実行した旨認定している。しかし、被告人とSとの間には具体的な交際があったわけではないし、Mらとの自衛隊をめぐる議論も前年の新年会における座興類似のものであって、普通ならば謀殺の動機に発展するほどの深刻な問題を含むものではなく、犯行態様においても、人質同然にT方へ連行したハイヤー運転手、就寝中のいたいけな幼児三名、急を聞いて同家に駆けつけた近隣者二名及び戸外に助けを求め戻ってきたSの姉U（教員）に対し、順次、所携の鉄棒で頭部を強打して五名を殺害し二名に重傷を負わせている反面、被告人のいる前でハイヤー運転手Oの手当をしたり駐在所への連絡に外出しようとしたSの父、Tに対しては何ら手出しをしておらず、前記の動機のみでは説明できないような奇異な行動を示している。

㈢　第一審の鑑定人K作成の鑑定書及び原審の鑑定人I作成の鑑定書（同人に対する原審の証人尋問調書を含む。以下「I鑑定」という。）には、いずれも本件犯行が被告人の精神分裂病に基づく妄想などの病的体験に支配された行動ではなく、被告人は是非善悪の判断が可能な精神状態にあった旨の意見が記載されている。しかし、両鑑定は、本件犯行時に被告人が精神分裂病（破瓜型）の欠陥状態（人格水準低下、感情鈍麻）にあったこと、破瓜型の精神分裂病は予後が悪く、軽快を示しても一過性のもので、次第に人格の荒廃状態に陥っていく例が多いことと及び各鑑定当時でも被告人に精神分裂病の症状が認められることを指摘しており、さらにI鑑定は、本件犯行を決意するに至る動機には精神分裂病に基づく妄想が関与していたこと及び公判段階における被告人の奇異な言動は詐病ではなく精神分裂病の症状の現われであることを肯定している。

右のような、被告人の病歴、犯行態様にみられる奇異な行動及び犯行以後の病状などを総合考察すると、被告人は本件犯行時に精神分裂病の影響により、行為の是非善悪を弁識する能力又はその弁識に従って行動する能力が著しく減退していたとの疑いを抱かざるをえない。

ところが、原判決は、本件犯行が被告人の精神分裂病の寛解期になされたことのほか、犯行の動機の存在、右犯行が病的体験と直接のつながりをもたず周到な準備のもとに計画的に行われたこと及び犯行後の証拠隠滅工作を含む一連の行動を重視し、I鑑定を裏付けとして、被告人の精神状態の著しい欠陥、障害はなかったものと認定している。

そうすると、原判決は、被告人の限定責任能力を認めなかった点において、判決に影響を及ぼすべき重大な事実誤認の疑いがあり、これを破棄しなければ著しく正義に反するものと認められる。」

差戻後の原審はあらたに二人の鑑定人を依頼した。H鑑定は、被告人は緊張型精神分裂病ではあるが、人格欠陥におち入っていないこと、犯行当時は治療中の寛解状態にあり、通常の社会生活が可能で、一応の判断能力を備えていたとした。またT鑑定は寛解状態にあったが、動機の了解不能性、犯行の衝動性、犯行後の無感動状態、逮捕後の取調中の供述の変動等から、分裂病の強い影響下の犯行とし、心神喪失であったとした。判決はT鑑定について「この心神喪失の意見は、分裂病者は原則として責任無能力であるとする精神医学上の学説の立場からのものであつて、必ずしも裁判実務上承認された考え方とはいえないし、そして同鑑定人の診るところでも当時の病状としては、被告人は良好な寛解状態にあつたとされるとともに、本件は直接幻覚、幻聴、妄想などの作為体験に基く犯行ではないとされておるのであり、かつ証拠によると、その当時、被告人は工員として会社に勤務し、普通に社会生活を営んでいたのであり、診断の結果、必要とされる薬は引続き服用しており、被告人と接触した親族や知人らも、その行動に格別異常な様子を感じなかつたというのであるから、本件犯行態様や動機などに奇異な面のあることを考慮しても、心神喪失とする結論は採用できない。」として排斥したが、心神耗弱であったとして一審判決を破棄して無期懲役に処した。被告人は心神喪失を主張して上告した。

●**決定要旨**　「なお、被告人の精神状態が刑法三九条にいう心神喪失又は心神耗弱に該当するかどうかは法律判断であるから専ら裁判所の判断に委ねられているのであつて、原判決が、所論精神鑑定書（鑑定人に対する証人尋問調書を含む。）の結論の部分に被告人が犯行当時心神喪失の情況にあつた旨の記載があるのにその部分を採用せず、右鑑定書全体の記載内容とその余の精神鑑定の結果、並びに記録により認められる被告人の犯行当時の病状、犯行前の生活状態、犯行の動機・態様等を総合して、被告人が本件犯行当時精神分裂病の影響により心神耗弱の状態にあつたと認定したのは、正当として是認することができる。」上告棄却。

［参照判例］

最決昭和五八・九・一三判例時報一一〇〇号一五六頁（心神喪失または心神耗弱に該当するか否かは法律的判断であり、もっぱら裁判所に委ねられるべきであるとした）。

大津地判昭和四一・一・二一下級刑集八巻一号一八一頁（ゼロに近い程度の能力の欠如は心神喪失であるとした）。

東京地判平成九・四・一四判例時報一六〇九号三頁、判例タイムズ九五二号七五頁（いわゆる連続幼女誘拐殺害事件。離人症・解離性同一障害〔多重人格〕とする鑑定、精神分裂病とする鑑定を排斥して、人格障害とする鑑定を採用し、完全責任能力を認め、死刑とした）。

東京地判平成一〇・四・一七判例タイムズ九八九号七七頁（いわゆる金属バット長男殺人事件について、ＰＴＳＤによる心神耗弱の主張を排斥した）。

2　原因において自由な行為

97　酒酔い運転と心神耗弱

最決昭和四三・二・二七
刑集二二巻二号六七頁

●**事　　実**　被告人は夜業をして仕上げた印刷物を自己の自動

車で配達した後、バーで、三、四時間ビールを二〇本位飲酒し(その前にも多少飲酒している)、駐車場所に戻って誤まって他人の自動車を乗り出し、血液一ミリリットルについて〇・五ミリグラム以上のアルコールを身体に保有しその影響により正常な運転のできないおそれがある状態で同車を運転した。

第一審は、道交法六五条・同法施行令二六条・同法一一七条の二第一号(昭和四五年改正前のもの)を適用したが、心神耗弱として刑法三九条二項により刑の減軽をした。

原審は、被告人は他の者に運転を代るよう依頼してあったとか、自分の自動車の保管を依頼する等、運転しないで帰宅する考えではなく、飲み終われば酔って運転することを認識しながら飲酒しており、それによって酒酔い運転をしているので、刑法三九条二項を適用する限りではないとした。

弁護人は刑法三九条二項の適用を主張して上告した。

●決定要旨 「なお、本件のように、酒酔い運転の行為当時に飲酒酩酊により心神耗弱の状態にあつたとしても、飲酒の際酒酔い運転の意思が認められる場合には、刑法三九条二項を適用して刑を減軽すべきではないと解するのが相当である。」上告棄却。

[参照判例]

大阪地判平成元・五・二九判例タイムズ七五六号二六五頁(新年会終了後は自動車を運転して帰宅する予定であり、それ以上飲酒すれば酩酊に陥り帰宅の際に道路交通法の禁止する酒酔い運転をするかも知れないことを認識していた事例。飲酒開始の際の完全責任能力時に未必的な酒酔い運転の故意があり、その飲酒行為が原因となっているとして、原因において自由な行為の理論により完全責任能力者としての責任を負わせた)。

高松高判昭和四四・一一・二七高刑集二二巻九〇一頁(飲酒酩酊によって心神耗弱に陥った後に初めて自動車運転の決意をして実行した場合について、刑法三九条二項の適用を認めた)。

98 傷害致死罪と原因において自由な行為

名古屋高判昭和三一・四・一九
高刑集九巻五号四一一頁

●事　実 被告人は昭和二八年二月頃からヒロポンの施用を知り八月頃その中毒患者となり幻覚妄想等の症状を呈するに至ったので医療を受けると共にヒロポンの施用を中止した結果一旦治癒した。しかし、生来忍耐性が乏しく、家庭に居住するのを好まず同二九年三月頃に家出して諸々を転々としていたが、五月下旬に姉Tの結婚先に寄寓するようになった。そして六月五日頃塩酸エフェトリン水溶液を自己の身体に注射し、その結果中枢神経が過度に興奮して幻覚妄想を起し、自己及び一家が世間から怨まれて復讐されるように思惟して生甲斐なく感じ、厭世感に陥り、先づ自己の身近におり、最も敬愛する姉Tを殺害して自殺しようと決意し、同月七日短刀でTを突刺し死に至らしめた。

原審は殺人罪につき刑法三九条二項を適用した（懲役三年）。

弁護人は心神喪失による無罪を主張して控訴した。

●判　旨　「被告人が右の如くTを殺害する決意をしたことが果してその自由なる意思決定の能力を有しないから右の如き決意をしたかどうかを考へると原審鑑定人医師I同M当審鑑定人医師U各作成名義の鑑定書並原審証人I同Mに対する各証人尋問調書の各記載を綜合すれば被告人は生来異常性格者でヒロポン中毒の為その変質の度を増し本件行為当時は薬剤注射により症候性精神病を発しおり本件犯行は該病の部分現象である妄想の推進下に遂行されたものであつて通常人としての自由なる意思決定をすることが全く不能であつたことを認めることが出来るし以上の各証拠を信用出来ない事由は一として存在しないので被告人の本件犯行の殺意の点については法律上心神喪失の状態に於て決意されたものと認めざるを得ない。果して然らば本件犯行を心神喪失者の行為として刑法第三十九条第一項により無罪の言渡を為すべきか否かにつき更に審究するに薬物注射により症候性精神病を発しそれに基く妄想を起し心神喪失の状態に陥り他人に対し暴行傷害を加へ死に至らしめた場合に於て注射を為すに先だち薬物注射をすれば精神異常を招来して幻覚妄想を起し或は他人に暴行を加へることがあるかも知れないことを予想しながら敢て之を容認して薬物注射を為した時は暴行の未必の故意が成立するものと解するを相当とする。而して本件の場合原審証人Nに対する証人尋問調書並被告人の検察官に対する昭和二十九年六月十七日附及同月二十五日附各供述調書の各記載に依れば被告人は平素素行悪く昭和二十八年一月頃からヒロポンを施用したが精神状態の異常を招来し如何なる事態となり又如何なる暴行をなすやも知れざりし為に同年八月以降之が施用を中止した処翌二十九年六月五日頃原判示Nに於て薬剤エフェドリンを買受け之が水溶液を自己の身体に注射したのであるが其の際該薬物を注射するときは精神上の不安と妄想を招来し所携の短刀（証第四号）を以つて他人に暴行等如何なる危害を加へるかも知れなかつたので之を懸念し乍ら敢て之を容認して右薬剤を自己の身体に注射し其の結果原判示の如き幻覚妄想に捉われて同判示日時前記短刀を以て前記Tを突刺し因て同女を死亡するに至らしめた事実を認めることが出来るから被告人は本件につき暴行の未必の故意を以てTを原伴示短刀で突刺し死に至らしめたものと謂うべく従つて傷害致死の罪責を免れ得ないものと謂わなければならない。」破棄自判（傷害致死）。

99　示兇器暴行脅迫罪と原因において自由な行為

大阪地判昭和五一・三・四
判例時報八二二号一〇九頁

●事　実　本件公訴事実は、「被告人は、タクシー運転手から金員を強取しようと企て、昭和四九年六月九日午前一時一〇分ころ、池田市豊島北一丁目一六番一六号先路上でE（当四四年）の運転するタクシーに乗客を装って乗り込み、同日午前一時三五分ころ、豊中市螢ケ池東町一丁目三番三号先路上にさしかかった際、背後から左手でEの左手首をつかみ、右手に持った肉切り庖丁を同人につきつけながら、同人に対し『金を出せ。』と申し向ける等の暴行及び脅迫を加え、その反抗を抑圧して同人から金品を強取しようとしたが、同人が隙をみて車外に飛び出し逃げたため、その目的を遂げなかったものである。」という強盗未遂の事実であった。

大阪地裁は右犯行について、被告人は犯行前日午後五時過頃から仕事先で一級清酒二、三合を飲み、飯場に戻って二級清酒二合を飲み、さらに外出して午後八時頃までに一級清酒三、四合を飲み、その結果病的酩酊に陥って心神喪失下の行為であるとした。しかし次のように判示して示兇器暴行脅迫罪（暴力行為等処罰ニ関スル法律一条）の成立を認めた。

●判　旨　まず、原因において自由な行為としての故意犯とは「行為者が責任能力のある状態のもとで、(イ)自らを精神障害に基づく責任無能力ないし減低責任能力の状態にして犯罪を実行する意思で、右各状態を招く行為（以下「原因設定行為」）に出、罪となるべき事実を生ぜしめること、(ロ)若しくは右各状態において犯罪の実行をするかもしれないことを認識予見しながらあえて原因設定行為に出、罪となるべき事実を生ぜしめること」であるとする。

そして、本件については「本件犯行前飲酒を始めるに当っては、積極的に責任無能力の状態において犯罪の実行をしようと決意して飲酒したとは認められないから、確定的故意のある作為犯とはいえないけれども、右飲酒を始めた際は責任能力のある状態にあり、自ら任意に飲酒を始め、継続したことが認められ、他方飲酒しなければ死に勝る苦痛に襲われ飲酒せざるをえない特殊な状態にあったとは認められず、前叙認定したように被告人は、その酒歴、酒癖、粗暴歴ないし犯歴、前記判決時裁判官から特別遵守事項として禁酒を命ぜられたことをすべて自覚していたと認められるので、偶々の飲酒とはいえないのみならず、右飲酒時における責任能力のある状態のもとでの注意欠如どころか、積極的に右禁酒義務に背き、かつ、飲酒を重ねるときは異常酩酊に陥り、少くとも減低責任能力の状態において他人に暴行脅迫を加えるかもしれないことを認識予見しながら、あえて飲酒を続けたことを裕に推断することができるから、暴行脅迫の未必の故意あるものといわざるをえない。」

［参照判例］

大阪高判昭和五六・一・三〇判例時報一〇〇九号一三四頁（当初より強盗殺人を企図しており、そのとおり犯行が行なわれたとして、犯行時は心神耗弱に陥っていたとした鑑定を斥け、仮に犯行の時点において情動状態にあったとしてもその責任能力に消長を来すべきではないとした）。

大阪高判昭和五六・九・三〇高刑集三四巻三号三八五頁（覚せい剤使用時に少なくとも心神耗弱であったとしたが、譲り受け及び当初の使用時に完全責任能力があり、その当時の使用の犯意がそのまま実現されたものであるから刑法三九条を適用すべきではないとした）。

100　過失致死罪と原因において自由な行為

最判昭和二六・一・一七
刑集五巻一号二〇頁

●**事　実**　被告人は某飲食店において同家使用人Iと飲酒していたが、同家女給Mより「いい機嫌だね」と言われるや、同女の左肩に手をかけ、被告人の顔を同女の顔に近よせたのに、同女よりすげなく拒絶されたため、同女を殴打するや、居合わせたIや料理人K等に制止されて憤慨し、突嗟に傍にあった肉切庖丁でIの左そけいじん帯中央下部を突刺し、出血により即死させた。

原審は、「被告人には精神病の遺伝的素質が潜在すると共に、著るしい回帰性精神病者的顕在症状を有するため、犯時甚だしく多量に飲酒したことによつて病的酩酊に陥り、ついに心神喪失の状態において右殺人の犯罪を行つたことが認められる」として、右事実につき無罪とした。

検察官は、原判決が心神喪失を認定したことを審理不尽とする他、「酩酊中他人に暴行を加える習癖ある者が自ら招いた酩酊により心神喪失となつている間に人を殺傷した場合は、酩酊前すでに殺傷の故意を有してその酩酊状態を利用した場合を除き、これに過失致死罪の責任を認む可きものである」等として上告した。

●**判　旨**　「本件被告人の如く、多量に飲酒するときは病的酩酊に陥り、因つて心神喪失の状態において他人に犯罪の害悪を及ぼす危険ある素質を有する者は居常右心神喪失の原因となる飲酒を抑止又は制限する等前示危険の発生を未然に防止するよう注意する義務あるものといわねばならない。しからば、たとえ原判決認定のように、本件殺人の所為は被告人の心神喪失時の所為であつたとしても(イ)被告人にして既に前示のような己れの素質を自覚していたものであり且つ(ロ)本件事前の飲酒につき前示注意義務を怠つたがためであるとするならば、被告人は過失致死の罪責を免れ得ないものといわねばならない。そして、本件殺人の公訴事実中には過失致死の事実をも包含するものと解するを至当とすべきである。しからば原審は本件殺人の点に関する公訴事実に対し、単に被告人の犯時における精神状態のみによつてその責任の有無を決することなく、進んで上示(イ)(ロ)の各点につき審理判断し、もつてその罪責の有無を決せねばならないものであるにかかわらず、原審は以上の点につき判断を加えているものと認められないことは、その判文に照し明瞭である。しからば原判決には、以上の点において判断遺脱又は審判の請求を受けた事件につき判決をなさなかつた、何れかの違法ありというの外なく、即ち論旨はこの点において理由ありといわねばならない。」原判決破棄差戻し。

［参照判例］

東京地判平成九・七・一五判例時報一六四一号一五六頁（てんかん発作中の行為について、発作直前の故意に従ったものであるとして、傷害罪の成立を認めた）。

101 実行行為途中からの心神耗弱

長崎地判平成四・一・一四
判例時報一四一五号一四二頁

●事　実　被告人は犯行当日、午前一一時頃から焼酎を生のままで飲み始めたが、午後二時頃、妻と簡易生命保険の剰余金の引き出しの件で口論となり、妻の頭部・顔面等を手拳で殴打した。三時四〇分頃に新しい焼酎が配達されるまでの飲酒量は八合以下であり、妻はなおその時点では立ち歩くことができた。しかし、その後も午後一一時頃までの間、腹立ち紛れに焼酎を飲んで酩酊の度を強めながら、数次にわたり、手拳で頭部・顔面等を殴打し、背部等を足蹴りにし、居間に向かって押し倒し、居間にうつ伏せに倒れた妻をなおも叩こうと、居間に入ろうとした際、敷居につまずき、アルミサッシガラス戸に頭を強打したことから、一層激昂し、妻の背部・臀部等を踏み付け、肩叩き棒で頭部を滅多打ちする等の暴行を加え、よって、頭部・顔面部及び胸部打撲による皮下出血を負わせ、傷害に基づく外傷性ショックにより死亡させた。

●判　旨　居間での暴行により致命傷を負わせた時点では、被告人は複雑酩酊による心神耗弱状態にあったとしたが、次のように述べて刑法三九条二項を適用しなかった。

「本件は、同一の機会に同一の意思の発動にでたもので、実行行為は継続的あるいは断続的に行なわれたものであるところ、被告人は、心神耗弱下において犯行を開始したのではなく、犯行開始時においては責任能力に問題はなかったが、犯行を開始した後に更に自ら飲酒を継続したために、その実行行為の途中において複雑酩酊となり心神耗弱の状態に陥ったに過ぎないものであるから、このような場合に、右事情を量刑上斟酌すべきことは格別、被告人に対し非難可能性の減弱を認め、刑を必要的に減弱すべき実質的根拠があるとは言いがたい」。懲役三年（執行猶予三年）。確定。

［参照判例］

大阪地判昭和五八・三・一八判例時報一〇八六号一五八頁（実行行為途中から責任能力に欠陥が生じたとしても、それが自らの飲酒及び犯行によって招かれたものであり、かつ、犯行の前半と実行態様が異ならない場合は刑法三九条を適用すべきではないとした）。

第二節　故　　意

102　違法性の意識は故意の要件ではない

大判昭和六・一・一九
刑集一〇巻一頁

●事　実　被告人は薬種商であるが、本件以前の「モルヒネ」「コカイン」及其ノ鹽類取締ニ関スル件違反ノ罪について執行猶予中であった。そして、上海から汽船に自己所有の粗製モルヒネ約七十瓦を携帯して乗船し、昭和五年六月一三日神戸港において所轄地方長官を経由の上内務大臣の許可を受けずに右麻薬を陸揚し、密輸入した（昭和五年五月一九日内務省令第一七号麻薬取締規則第一条第一項違反）。

原審は右規則違反を認め同二一条により懲役一月を言い渡した。

弁護人は、被告人は四月一二日に神戸港を出て上海に行き、六月一三日に帰ってきたのであり、六月八日施行の右規則を知らず、違法の認識に欠けるので犯意がなく、あるいは犯意はあるとしても違法の認識を欠くので情状により刑法三八条三項但書を適用して刑の減軽をすべきである等として上告した。

●判　旨　「所謂法定犯ニ付特ニ刑法第三十八條第三項ヲ適用セサル旨若ハ違法ノ認識ヲ必要トスル旨ヲ規定セサル場合ニ於テハ法定犯ニ付テモ所謂刑事犯ト同様ニ犯意ノ成立ニハ違法ノ認識ヲ必要トセサルモノト解スルヲ相當トスルノミナラス本件麻薬取締規則ノ實施ト同時ニ廢止セラレタル『モルヒネ』『コカイン』及其ノ鹽類取締規則第二條ニモ右麻薬取締規則第九條ト同様ニ所謂麻薬ノ輸入ニ付テハ内務大臣ノ許可ヲ受クヘキ旨ノ規定存シタルカ故ニ被告人カ内務大臣ノ許可ヲ受ケスシテ本件麻薬輸入ヲ為スニ付テハ同種ノ違法認識ヲ有シタルモノト認メラルルヲ以テ原判決カ被告人ニ對シ刑法第三十八條第三項但書ヲ適用セスシテ言渡シタル最短期一月ノ懲役刑ヲ犯情ニ照ラシ甚シク重キニ失スルモノト思料スヘキ顯著ナル事由アルモノト認メ難ク論旨理由ナシ」上告棄却。

［参照判例］

最判昭和二六・一・三〇刑集五巻二号三七四頁（違法性の認識は犯意成立の要件ではないので、麻薬取締規則が公布と同日に施行されたことについて被告人が知らなくても犯意の成立を妨げないとした）。

最判昭和三二・一〇・一八刑集一一巻一〇号二六六三頁（刑法三八条三項但書は、自己の行為が違法であることの意識を欠くことに斟酌または宥恕すべき事由があるときは刑の減軽をなしうることを認めたものであり、ただ罰条または法定刑の程度を知らないにすぎない場合には適用されないとした）。

最判平成八・一一・一八刑集五〇巻一〇号七四五頁（行為当時の最高裁判所の判例の示す法解釈に従えば無罪になるべき行為を処罰しても刑法三九条に反しないとした）。

103　違法性の意識があるとされたもの　羽田空港事件

最判昭和五三・六・二九
刑集三二巻四号九六七頁

●事　実　「被告人Sは日本中国友好協会（正統）中央本部の常任理事、教宣委員長、同Yは日本国際貿易促進協会関西本部友好商社部会副委員長をしていたものであるところ、昭和四二年一一月一二日午後二時四〇分ころ、東京都大田区羽田空港二丁目三番一号東京国際空港ターミナル・ビルディング二階国際線出発ロビーにおいて、被告人Sの『佐藤首相訪米阻止の目的で来た人は集まってください』との呼びかけに応じて集まった約三〇〇名の右両団体の関係者らは、被告人らの音頭により一同大声で『佐藤訪米反対』、『将経国来日反対』、『毛沢東思想万歳』などのシュプレヒコールをし、その間、被告人らは、『首相の訪米を断固阻止しよう。』とか、『将経国の来日に反対する。』などの演説を行い、その後、同日午後三時四分ころ、被告人Sの『これから行動を開始する。』という宣言により、これに呼応した右約三〇〇名の中の一部の者らは、直ちに同ロビー北側中央案内所の前付近で西方を向きながら横に五、六列、縦に十数列並び、先頭部分の者らはスクラムを組んで直ちに走り出すとともに直ぐに向きを変え、ロビーを半周するような形でロビーの南東角にある職員通路の方へ向かい、その他の者らも、大半がこれに続き、その際『わつしょい、わつしょい』とか『訪米阻止』などと掛声をかける者があり、ついでこれらの一団は、あつという間に右職員通路を駆けぬけ、途中の階段を降りて一階階段脇にあるレストラン『オアシス』前付近に至り、そこで待機の警察官に行く手を阻止されるや、暫くこれと対峙して小競り合いをくりかえし、結局規制されるにいたった。被告人両名は集団示威運動の指導をしたとして、昭和二五年東京都条例第四四号集会、集団行進及び集団示威運動に関する条例違反（一条・五条）、刑法六〇条で起訴された。

第一審は都条例が刑罰による規制の対象として予想している集団示威運動の定型行為に合致した行動にまで進展していなかったとして無罪とした。

第一次第二審も、可罰的違法性なしとして無罪を言い渡した。

第一次上告審（最判昭和五〇年一〇月二四日刑集二九巻九号七七七頁）は「集団行動に対する許可制が是認されるものである以上、これに違反して敢行された無許可の集団行動は、単に許可申請手続をしなかつたという点で形式上違法であるにとどまらず、集団行動に内包する前叙のような特質にかんがみ、公共の利益保護の必要上、これに対し地方公共団体のとるべき事前の対応措置の機会を奪い、公共の安寧と秩序を妨げる危険を新たに招来させる点でそれ自体実質的違法性を有するものと解すべきことは、当裁判所の前記判例の趣旨に徴して明らかで」あり、被告人らの指導した本件無許可の集団示威運動はそれ自体なんら実質的違法性を欠くものではないとして、原判決を破棄、差戻した。

差戻後の原審は、本件示威運動の実質的違法性を認めた。しかし、従来空港ビル内での集団行動に関する許可申請の事例は皆無であり、指導者が起訴されたことも無く、また本件示威運動は従来のものと比して特に激烈悪質なものではないとし「このことと、当時すなわち昭和四二年一一月一二日までの時点では全国各地の裁判所において、無許可集団示威運動につき可罰的違法性がないとされた裁判例がかなり出されており、本件につき東京高等裁判所第九刑事部が宣告した判決においても、本件集団示威運動には可罰的違法性がないとするのが相当であると判示されていること、及び、本件につき最高裁判所第二小法廷がした判決に対しては、一応民意を代弁するものとみて不可ない朝日新聞及び毎日新聞がその社説で、無許可集団示威運動の可罰的違法性をむやみに肯定するのは疑問であると批判していることなどに徴すると、被告人Sが行為当時の意識において、本件の集団示威運動は、従来の慣例からいつても法律上許されないものであるとまでは考えなかつたのも無理からぬところであり、かように誤信するについては相当の理由があつて一概に非難することができない場合であるから、同被告人については、右違法性の錯誤は犯罪の成立を阻却すると解するのが相当である」として、結局において原判決の無罪判決は相当であるとした（被告人Yの行為は集団示威運動の指導に該当しないとされた）。

検察官は、右判決は違法性の錯誤に相当の理由がある場合は犯意を欠くとするもので、これは違法性の認識は故意の要件ではないとする従来の最高裁判例に反する等として上告した。

●判　旨　右の主張につき「原判決は、故意と法律の錯誤に関する刑法三八条の解釈適用につき所論引用の当裁判所の各判例と相反する判断をしたというものであるが、右にみたように、原判決の前示法律判断は被告人の違法性の意識が欠けていたことを前提とするものであるところ、職権により調査すると、原判決には右の前提事実につき事実の誤認があると認められるから、所論について判断するまでもなく、」原判決中被告人Sに関する部分は破棄されるべきであるとして、本件を原審に差し戻した。

「事実に現われている被告人の言動及び記録によつて認められる被告人の経歴、知識、経験に照らすと、被告人は東京都内において集団示威運動を行おうとするときは場所のいかんを問わず本条例に基づき東京都公安委員会の許可を受けなければならないことを知つていたことが明らかであるうえ、終始みずからの意思と行動で本件集団を指導、煽動していたことにより、本件集団の行動が示威運動の性質を帯びていることを認識していたことも明らかであるから、被告人の行為当時本件集団示威運動が法律上許されないものであることを認識していたと認められるのが相当である。原判決が三の1で指摘している事情は、いまだ右の認定を左右するに足りるものではなく、また、本件集団示威運動が比較的平穏なものであつたとの点も、原判決の認定している前記各事実に照らし必ずしも首肯することができないから、右の結論に影響を及ぼすものではない。

以上によれば、被告人は行為当時本件集団示威運動が法律上許されないものであることを認識していたと認められるから、被告人はそれが法律上許されないものであるとは考えなかつたと認定した原判決は、事実を誤認したものであり、この誤りは判決に影響を及ぼし、原判決を破棄しなければ著しく正義に反すると認められる。」

104　違法性の意識を欠くことに相当の理由があるとされたもの(1)　黒い雪事件

東京高判昭和四四・九・一七
高刑集二二巻四号五九五頁

●事　実　被告人MはN株式会社取締役配給部長、被告人Kは映画の製作に従事し本件映画の制作者でもあるが、数名の者と共謀の上、昭和四〇年六月五日午後九時より某映画館で米駐留軍の基地とその周辺の売春宿等を舞台にした「黒い雪」を三回上映した。検察官は、売春宿の一室で、裸の黒人兵と売春婦が同きんする場面をはじめとして、男女の性交および性戯の姿態を連想させる場面や女性身体の裸像を露骨に撮影したわいせつ映画であるとして、わいせつ図画公然陳列罪で起訴した。

第一審（東京地判昭和四二年七月一九日判例時報四九〇号一六頁）は、当該映画はわいせつ図画に該当せず無罪であるとした。とくに、当該映画が映倫の審査を通過していたことについて「一般的には、ただ単に映倫管理委員会の審査を通過したとの一事を理由に、上映者の刑事責任が消失するものとはいえない。しかし、公判審理の結果、具体的に明らかとなった前記（略）のような事実関係のもとにおいては、映倫審査員の多くが現実にはシナリオライター、プロデューサーなど映画製作に関与した経歴を有し、そのため審査態度が製作者らに好意的にすぎるのではないか、とか、逆に、比較的高齢者が多いため、流動的な現代における映画製作者や観客各層の感覚を適確に把握できないのではないか、との批判もないわけではないが、製作者や興行者のロボット化している事実は認められないし、むしろ沿革的には、しだいに映画産業関係者からの独立性を強めているものと考えられるのであって、本件審査当時まで、映倫管理委員会が映画倫理の確立につき自主的な規制機関として果たしてきた役割は高く評価されるべきものであろう。（略）そして、芸術としての映画が、比較的おくれて生れ、いまなお、その理論と現実の製作の面において発展しつつある段階であって、その表現方法も多種多様かつ流動的であることを考えると、比較的豊富な経験に基づいてなされた映倫管理委員会の担当審査員らの審査経過とその結論とは、本件映画『黒い雪』の審査につき特別の事情の認められないかぎり、その猥褻性を検討する際の一つの有力な基準となるものというべきである。（そして、同時に、前記（略）のように、社会的評価に裏付けられた映倫管理委員会の判断に対する製作者、興行者らの信頼関係のもとでは、かりに、特殊な事情により、その審査に誤りがあり、そのため、映倫審査に合格した映画が猥褻図画にあたると判断される場合であっても、その特殊な事情を知らず、映倫管理委員会の判断を信頼した上映者らは、いわば違法性の認識を欠き、かつこれを欠いたことに過失も存在しない場合、あるいは、他の行為に出ることが期待できなかった場合であるとして、その刑事責任が阻却されるものと考える余地がある……）」とした。検察官控訴。

●判　旨　当該映画はわいせつの図画にあたるとしたが、次のように述べて犯意がないとし、原審の無罪判決を維持した。

「もとより、刑法第一七五条の罪の犯意については、前記最高裁判所が猥褻の文書について判示するところであり、これによれば『問題となる記載の存在の認識とこれを頒布、販売することの認識があれば足り、かかる記載のある文書が同条所定の猥褻性を具備するかどうかの認識まで必要としているものではない』ことおよび『かりに、主観的には刑法第一七五条の猥褻文書にあたらないものと信じてある文書を販売しても、それが客観的に猥褻性を有するならば法律の錯誤として犯意を阻却しないもの』とされている。これを本件についてみれば、本件映画の上映が客観的には同法条に定める猥褻性を具備する図画と解すべきことは前記のとおりであり、被告人らは、いずれも問題となる場面の存在を認識し、これを上映（陳列）することの認識を有していたことは記録上明らかであるから、同人らに刑法第一七五条の罪の犯意ありとするに十分のごとくでもある。しかし、前記判例といえども、被告人らのごとき映画の上映者において、該映画の上映が同条所定の猥褻性を具備しないものと信ずるにつき、いかに相当の理由がある場合でも、その一切につき犯意を阻却しないものとして処罰する趣旨とは解しがたいのみならず、ここでも、映画の上映における特殊性、すなわち、文書その他の物の場合とは異なる規制機関の存在、しかも、それは、前記のごとく、憲法の改正に伴ない、日本国憲法の精神に合致する制度として発足し、国家もまたそれを是認している制度であることを考慮せざるをえない。かかる観点に立つて、被告人らの本件行為に対する責任について按ずれば、被告人らはいずれも映倫管理委員会の審査の意義を認めて本件映画をその審査に付し、その間、被告人Kは、もとより製作者として主張すべき点は主張して審査員との間に論議を重ねたとはいえ、結局は審査員の勧告に応じ、一部修正、削除して右審査の通過に協力し、本件映画は原判示のように、昭和四〇年六月四日いわゆる確認審査を経て映倫管理委員会の審査を通過したものであり、被告人両名等本件映画の公開関係者は、右審査の通過によつて、本件映画の上映が刑法上の猥褻性を帯びるものであるなどとは全く予想せず、社会的に是認され、法律上許容されたものと信じて公然これを上映したものであることは一件記録に照らして明白であり、映倫管理委員会制度発足の趣旨、これに対する社会的評価並びに同委員会の審査を受ける製作者その他の上映関係者の心情等、前叙のごとき諸般の事情にかんがみれば、被告人らにおいて、本件映画の上映もまた刑法上の猥褻性を有するものではなく、法律上許容されたものと信ずるにつき相当の理由があつたものというべきであり、前記最高裁判所判例が犯意について説示するところは当裁判所においても十分これを忖度し、尊重するとしても、前記のごとく映倫審査制度発足以来一六年にして、多数の映画の中からはじめて公訴を提起されたという極めて特殊な事情にある本件においても、なおこれを単なる情状と解し、被告人らの犯意は阻却しないものとするのはまことに酷に失するものといわざるをえない。してみれば、被告人らは、本件所為につき、いずれも刑法第一七五条の罪の犯意を欠くものと解するのが相当である。記録並びに当裁判所における事実取調の結果に徴するも、他に被告人らの犯意を肯認するに足る証拠はない。」控訴棄却。

105　違法性の意識を欠くことに相当の理由があるとされたもの(2)　石油生産調整事件

東京高判昭和五五・九・二六
高刑集三三巻五号三五九頁

●**事　実**　本件はいわゆる第一次オイルショック下での生産調整につき、事業者団体としての石油連盟（石油精製業者と石油元売業者から成る）と、昭和四六年五月から同四八年五月まで連盟会長であった被告人T及び同四四年六月から同四八年六月まで同連盟の需給委員長であった被告人Yが昭和五二年改正前の独禁法八条一項一号違反（罰則は同八九条一項二号、九五条二項）で起訴されたものである。

通産省は昭和三七年七月の石油業法施行を契機にそれまでの石油業者への外貨資金割合による石油の需給調整に代え、右法律に基づき、石油連盟の需要予測等によって石油供給計画を作成し、石油審議会の諮問を経て需給調整を行なうようになった。個々の精製業者の原油生産量を一定の基準に基づいて制限する「生産調整」も行なったが、通産省は行政指導による自主調整という方法により石油連盟の了解を得て一定の基準を示し、これに基づいて生産調整を行なわせるようになった。しかし、昭和四一年九月一六日、通産省は石油製品の市況の回復等を背景に、生産調整を撤廃した。もっとも通産省は生産動向の監視を強めることによる規律ある生産を期待し、石油連盟に依頼して精製業各社から石連あての生産計画を出させる等した。そして昭和四三年度下期以降は、石油連盟（需給常任委員会において）が精製業各社の届け出る業法計画等の合計を供給計画と一致させるように再び生産調整を行なうようになり、通産省はこの生産調整を利用して石油の需給調整の任務を遂行していた。

本件は昭和四七年下期分及び昭和四八年度上期分の一般内需用輸入原油処理量を五グループ九社に割り当てた行為を対象とするが、この生産調整も右と同様の方式のものである。通産省が当初から指示、要請したものではないが、通産省担当官は石油連盟の生産調整を知っており、担当官は生産調整の早期のとりまとめを要請、援助し、部分的に配分基準、配分量等に介入しており、通産省は本件各行為を容認し、これを需給調整の行政に利用した。反面、本件生産調整は通産省の需給調整に寄与したものであった。

しかし、判決は「本件各行為は、前述のとおり独占禁止法罰則の構成要件に該当し、同法の適用を除外する規定は存在しないのであるから、違法性阻却事由の存在しない限り違法であると認めるべきである。右各行為は石油業法の定める供給計画制度を実施するために同法が許容する運用措置とは認められないので、法令による行為又は正当な業務による行為にはあたらない。右各行為が通産省の容認の下に行なわれ、同省の行政に対する協力措置としての役割を果していたことは認められるが、そのことから直ちにこれを社会的に相当として正当な行為と認めることはできず、むしろ右各行為が通産省の供給計画ないし需給計画の実施に重大な支障を生ずるおそれがあるためやむを得ないでした行為とは認められないこと、その内容、方法に石油連盟の市況対策としての配慮をした自主的判断が加わっていることなどの事情を考慮に入れ、法秩序全体の見地から考察すると、右各行為は許容されるべきものとは認められない」とした。

しかし判決は次のように判示して、被告人は犯意欠くとし、両名及び石油連盟を無罪とした。

●判　旨　「しかし、弁護人らは、右被告人らには違法性の意識及びその可能性がなかつたと主張している。そこで、右主張にかかる事実の存否について判断することにする。

もつとも、この点については、『犯意があるとするためには犯罪構成要件に該当する具体的事実を認識すれば足り、その行為の違法を認識することを要しない』とする法律判断が最高裁判所の判例として定着しているから、犯罪の成否の問題としては右事実について判断する必要がないという見解もありうる。しかしながら、右の趣旨の判例は、違法であることを知らなかつたとの被告人の主張は通常顧慮することを要しないという一般原則を示したものであるか、あるいは当該事件においてはその主張に理由がないとするものであつて、行為者が行為の違法性を意識せず、しかもそのことについて相当の理由があつて行為者を非難することができないような特殊な場合についてまで言及したものではないと解する余地もないではない。そうして、右の特殊な場合には行為者は故意を欠き、責任が阻却されると解するのが、責任を重視する刑法の精神に沿い、『罪ヲ犯ス意ナキ行為ハ之ヲ罰セス』という刑法三八条一項本文の文言にも合致する至当な解釈であると考える。

昭和五一年六月一日の東京高等裁判所判決（高裁刑事判例集二九巻二号三〇一頁）は『無許可の集団示威運動の指導者が、右集団示威運動に対し公安委員会の許可が与えられていないことを知つている場合でも、その集団示威運動が法律上許されないものであるとは考えなかつた場合に、かく考えなかつたことについて相当の理由があるときは、右指導者の意識に非難すべき点はないのであるから、右相当の理由に基づく違法性の錯誤は犯罪の成立を阻却する。』という前記と同趣旨の見解の下に一被告人に無罪の言渡しをしたのであるが、右判決に対する上告審において最高裁判所は『原判決の前示法律判断は被告人に違法性の意識が欠けていたことを前提とするものであるところ、職権により調査すると、原判決には右の前提事実につき事実の誤認があると認められるから、所論について判断するまでもなく、原判決中被告人に関する部分は、刑訴法四一一条三号により破棄を免れない。』旨判示し（第一小法廷昭和五三年六月二九日判決、刑事判例集三二巻四号九六七頁）、事実判断に基づき重大な事実誤認を理由として破棄差戻しの判決をしているのである。右の職権調査が行なわれたことは、最高裁の判例に対する前記理解に支持を与えるものと考えることができる」。

判決は、違法性の意識の不存在を推認させるような事実として、昭和三九年一月九日第一三回石油審議会で会長や委員から生産調整は独禁法に違反しないという趣旨の意見が述べられたこと、公正取引委員会は生産調整について何らの措置もとらなかったこと、とくに、昭和四六年二月の石油連盟の石油製品の価格引上げの決定の勧告を同七月に行なったのに対し、生産調整については何ら注意、警告、調査等の措置をとらなかったこと、通産省は以前から生産制限的な指導をしてきたなどのため、精製業者の間には石油連盟の生産調整も通産省の指導により、あるいは国省に協力して行なっているとの観念があり、それが違法であるとの意識はなく、これは被告人らにも共通と考えられること等をあげた。そして、被告人Yについて「本件のような生産調整は、業界が通産省に無断で行なう場合には独占禁止法違反になるが、同被告人らは通産省に報告し、その意向に沿つてこれを行なつており、通産省の行政に協力しているのであるから、この場合には同法に違反しないと思つていたことが認められる。これを法律的に言えば、同被告人は、自己らの行為については違法性が阻却されると誤信していたため、違法性の意識を欠いていたものと認められる。

そうして、前記三（違法性の意識の不存在を推認させる事実――注）の諸事実を検討すると、同被告人が右のように信じたのも無理からぬことであると思わせる事実が多く存在するのであるから、同被告人が違法性を意識しなかったことには相当の理由があるというべきである。

前記全事実によれば、同被告人は、石油業法の下で、あるいは通産省の直接指導により、あるいは通産省の指導、要請に基づく石油連盟の協力措置として実施されてきた生産調整の歴史の流れの中で、需給委員長に選任され、生産調整を正当な職務と信じ、何ら違法感をもたずに、誠実にその職務を遂行してきたものと認められるのであつて、その違法性を意識しなかつたことには右のとおり相当の理由があるのであるから、同被告人が本件各行為に及んだことを刑法上非難し、同被告人にその責任を帰することはできない。したがつて、同被告人にはこの点において故意即ち『罪ヲ犯ス意』がなかつたと認められる。」とし、被告人Tについても同様の事実を認定して無罪とした。

［参照判例］

最判昭和五九・二・二四刑集三八巻四号一二八七頁（いわゆる石油カルテル（価格協定）事件につき、被告人らには違法性の意識があったとした）。

106 違法性の意識を欠くことに相当の理由がないとされたもの　百円札サービス券事件

最決昭和六二・七・一六
刑集四一巻五号二三七頁

●事　実　被告人は自己の経営する飲食店の宣伝用に百円札と同寸大で、表面は百円札と同図案で上下二箇所に小さく「サービス券」と記載し、あるいは、さらに上下の紙幣番号を店の電話番号とし、日本銀行（券）の表示を店名とし、裏面は双方とも広告を記載したサービス券を製版所に印刷させて、百円札に紛らわしい外観のものを作成した。被告人は作成前に製版所からまずいのではないかと言われたため、警察署の知り合いの巡査を訪ね、同人とその場にいた防犯係長に相談したところ、通貨及証券模造取締法の条文を示されたうえ、紙幣と紛らわしいものを作ることは同法に違反することを告げられ、寸法を小さくしたり、「見本」「サービス券」の文字を入れたりして誰が見ても紛らわしくないようにすればよいと助言された。しかし、被告人は、その際の警察官らの態度が好意的であり、助言も必ずそうしなければならないと言うような断言的なものとは受け取れず、銀行でサービス券に帯封を巻いてもらいたいと依頼したら支店長代理がこれを簡単に承諾したことから、警察の助言を重大視せず、当時百円札が市中に流通することは全くないし、裏面は広告文とするので全体としてみれば問題ないと考え、製版所の忠告によって「サービス券」の文字も入れたので、処罰されることはないと楽観してサービス券を作成した。次いで、銀行で帯封をしてもらったサービス券を助言を受けた防犯係長らに差し出したところ、格別の警告も受けず、却って知り合いの巡査が珍しいものがあるとして室長らに配布してくれたりしたので、ますます安心してサービス券を作成した。但し、サービス券の警察署への持参は宣伝活動に主たる狙いがあり、サービス券の適否の判断を改めて仰ぐ趣旨ではなかった。

第一審及び原審は、違法性の錯誤につき相当の理由があるというためには、確定した判例や所轄官庁の公式の見解に従って行動するかこれに準じる場合のように、自己の行為が適法であると誤信したことについて行為者を非難することができないと認められる特段の事情が必要であるが、本件ではこのような事情はないとして、通貨及証券模造取締法一条違反として有罪とした。

●決定要旨　「このような事実関係の下においては、被告人が各行為の違法性の意識を欠いていたとしても、それにつきいずれも相当の理由がある場合には当たらないとした原判決の判断は、これを是認することができる」。上告棄却。

第三節　過　失

107　主観的予見可能性

福岡高宮崎支判昭和三三・九・九
判例時報一六九号三〇頁

●**事　実**　被告人は自動三輪車を運転中誤って自動車を崖下に転落させ、同乗者Kに傷害を負わせ同Fを傷害の結果死亡させた。

第一審はFに対する過失致死について被告人を無罪とした。

●**判　旨**　「被告人が助手や人夫とともに木材を積み終り、助手Kは積荷の上に乗つて綱の締方やカスガイ止めをした後発車準備完了の合図をしたので被告人は運転席に乗込みエンジンをかけて出発したこと、右エンジンをかけてから後、まさに出発しようとする時になつて、右三輪車の附近で木材積込みの人夫と世間話をしていて乗車について事前に被告人や助手に了解を得ていないばかりでなく、乗車の素振すら見せなかつたFが車の横側後方から慌てて積荷の上に無断でとび乗つたこと、被告人のいる運転席からは幌および積荷が障壁になつて積荷の上に乗車している助手もFも全々見えないこと、助手KはFの乗車の事実を被告人に告知しなかつたこと、被告人は事故発生後にはじめてFが乗車していたことを知つたことが夫々確認できるとともに、本件山床の木材運搬に従事中被告人は積荷に行く空車のときは知人を便乗させたことはあるが、積荷の自動車に便乗させたことも無断で乗車した者もないことが認められる。右認定のとおり被告人はFの乗車を知らなかつたのであるから同人の死亡（結果）についての予見はなかつたというべく、また、右認定の具体的状況においては被告人にFの乗車を予見し得べき状況にあつたとは到底認められないから、その結果発生（死亡）についての予見可能性は存在しない。」控訴棄却。

［参照判例］

札幌高判昭和五一・三・一八高刑集二九巻一号七八頁（被告人の学歴・職歴・電気メス器による手術の経験など主観的事情を考慮して予見可能性を肯定した）。

最決平成元・三・一四刑集四三巻三号二六二頁（荷台の同乗者の存在に気付かなかったとしても、結果発生の予見可能性がなかったわけではない）。

大阪地判平成六・九・二六判例タイムズ八八一号二九一頁（運転中のてんかん発作による事故について、過去の運転中の発作等から運転開始時において発作に見舞われる予見が可能であった）。

第四節　適法行為の期待可能性

108　期待可能性の理論と犯罪成立要件

最判昭和三三・七・一〇
刑集一二巻一一号二四七一頁

●**事　実**　被告人会社は、失業保険法（昭和二十四年法律第八十七号による改正前のもの）所定の保険料の納付義務者であるところ、被告人H（同会社川岸工場長）は同法に所謂法人の代理人として同会社の業務に関して、昭和二十三年九月中に、右川岸工場における失業被保険者五百二十六名の賃金から前同法第三十三条の規定により控除された同月分保険料二万六千七百九十三円、同年十月中に前同様にして控除された失業被保険者四百四十三名の同月分保険料二万四千二百五十五円、同年十一月中に前同様にして控除された前同被保険者四百三十三名の同月分保険料二万四千二百五十五円を何れも同法所定の納付期日である各翌月末日までに、長野県長野市長野県庁内、長野県労働部失業保険徴収課長に納付しなかつたものである。

第一審（破棄差戻後のもの）は、右保険料不納付が本店からの送金の遅滞に基づき、Y自身も自由裁量を許される手持資金もなく、独自の権限で融資を受ける方法等もなかった状態を認定したが、「当時右の如き被告人会社の主たる経営担当者に於て右不要不急資材を処分して、収入を得ることの可能な状況を現認し乍ら、進んで之等の者に之を進言し強調して、その実現に努めたと認むべき適確な証拠の認め得ない以上、本社の送金の遅れている原因を主張する経理状態の改善について果し得る責務を尽したものとは云えないのみならず、かかる状態下にあつて、前記代理人たる地位を辞した事実も認め得ない」として刑責を免れないとした。

原審は第一審判決は「ただ漫然と『本件については、未だ以て、右納付について必要な経理上為し得る有効適切な手段を尽して余す所がないとは認め得ない』と断じた上、被告人Hに本件納付義務の不履行による責任を問うたのは、事を単に理窟の上だけで観念的に論じただけであつて、可能不可能の問題が実際的、現実的なものであることを忘れたという非難を免れないものといわなくてはならない。そこで、本件の納付義務不履行が原判決認定のごとき前示事情にもとずくとする以上、被告人Hは該不履行につき故意がなかつたものとするの外なく、従つて同被告人に対し失業保険法所定の刑責を負わせることができない」とし、破棄自判して無罪とした。検察官上告。

●**判　旨**　「東京高等検察庁検事長の上告趣意は、原判決が被告人Hにつき、『第一審判決認定の如き、失業保険法違反の保険料不納付の事実が証拠上明らかであるとしても、納付義務者の義務の履行につき期待可能性を欠くことを理由として、これを故意によるものとするに由なく、保険料不納付の公訴事実たるや、結局犯罪の証明なきに帰する』旨論断している点において、従来の大審院、最高裁判所、高等裁判所の各判例に反する判断をしたというに帰する。しかし、引用の諸判例は、いずれも、その挙示の証拠により、犯罪事実を認定するに当り、情状の斟酌、法令の解釈その他に関し必要な説示、判断を示したに止まり、判文中期待可能性の文字を使用したとしても、いまだ期待可能性の理論を肯定又は否定する判断を示したものとは認められない。されば、所論判例違反の主張はその前提を欠くものであつて、採るを得ない。

（なお、念のため、本件に関する失業保険法の適用に関する当裁判所の意見を附加する。失業保険法（昭和二四年法律八七号による改正前のもの）三二条は『事業主は、その雇用する被保険者の負担する保険料を納付しなければならない』と規定し、同条の規定に違反した者に対する罰則規定として、同法五三条は、事業主が同条二号の『第三十二条の規定に違反して被保険者の賃金から控除した保険料をその納付期日に納付しなかつた場合』に該当するときは、六箇月以下の懲役又は一万円以下の罰金に処することを定め、同法五五条は、法人の代表者又は法人若しくは人の代理人、使用人その他の従業者が、その法人又は人の事業に関し、前記の違反行為をしたときは、行為者を罰するの外、その法人又は人に対し、前記本条の罰金刑の科する旨を定めている。そして、右五三条が、右五五条により本件のごとき法人又は人の代理人、使用人その他の従業者に適用せられる場合の法意を考えてみるに、五三条二号に『被保険者の賃金から控除した保険料をその納付期日に納付しなかつた場合』というのは、法人又は人の代理人、使用人その他の従業者が、事業主から保険料の納付期日までに被保険者に支払うべき賃金を受けとり、その中から保険料を控除したか、又はすくなくとも事業主が保険料の納付期日までに、右代理人等に、納付すべき保険料を交付する等、事業主において、右代理人等が納付期日に保険料を現実に納付しうる状態に置いたに拘わらず、これをその納付期日に納付しなかつた場合をいうものと解するを相当とし、そのような事実の認められない以上は、事業主本人、事業主が法人であるときはその代表者が、五三条二号、五五条により三二条違反の刑責を負う場合のあるのは格別、その代理人、使用人その他の従業者については、前記五三条に規定する犯罪の構成要件を欠くものというべきである。しかるに、原審が引用し、そしてそれを是認した第一審判決の認定事実によれば、『被告人Hが、被告人会社の代理人として、判示の如く納付期日に右保険料を納付しなかつたのは、本件発生当時の被告人会社の経理状況が終戦後のインフレーシヨンと統制経済による原料価格と、製品価格との不均衡、過剰従業員による人件費の増大等に基く事業採算の困難、一般生活費の高騰に基因する従業員の賃上要求による長期間のストライキから生じた生産低下等により、唯さえ経理の困難さが存在したのに、之が延いては金融機関よりの融資の円滑を妨げる材料となり、益々経理状況に悪化を加えられていた事情もあつて、被告人会社の本店からの送金が遅れていた反面、前記工場長たる被告人Hの自由裁量を許される手許資金もなく、又独自の権限で融資を受ける方法等もなかつた状態の下に起つたことが認められる』というのであつて、右のような事実関係の下においては、被告人会社は、その代理人たる被告人Hに、本件保険料を、その納付期日までに交付したことも認められず、その他被告人会社において被告人Hが、右保険料を納付期日に現実に納付しうる状態に置いたことも認められない。しからば、被告人Hが本件保険料をその納付期日までに納付しなかつたとしても、それが失業保険法三二条違反として、同法五三条二号、五五条に該当するものと認められないことは、既に説示した同条項の法意に照らし明らかであつて、被告人Hは、犯罪構成要件を欠き無罪たるべきものであり、行為者たる同被告人が無罪である以上、被告人会社も同法五五条の適用を受くべき限りでなく、これまた無罪たるべきものである。原判決は、その理由において当裁判所の判断と異なるところがあるが、その結論は結局正当たるに帰する。）

上告棄却。

109

期待可能性の存否

最判昭和三三・一一・四
刑集一二巻一五号三四三九頁

●事　実　被告人Nは三菱鉱業K・K新入礦業所七坑の労働組合長、被告人Kは組合の労働部長であつた。会社側は企業合理化工事の完成による新入七坑の人員過剰及び鞍手坑の人員不足を理由として新入坑坑員一三〇名の配置転換を発表し、組合は右配転による労働強化、労働条件の低下の招来を理由にこれに反対し、撤回を求め、従来から推進してきた保安導法闘争と並行的に七二時間ストを決行した。その最終日午後五時に被告人Nは勤労課長に明日以降は部分スト、指名ストを行なうが正式文書は明日持参する旨告げて立去り、翌日被告人Kとともに通告書を手交すべく事務所を訪れたが勤労課長もその他の幹部も他出して姿を見せなかった。被告人らは数箇所を探索したが発見せず、組合からの連絡で、右幹部らのいる職員クラブに赴いたが、折柄同所には既に砿業所幹部の逃避的態度に憤慨した他の組合幹部や多数の一般組合員及び日本炭砿主婦協議会員が押し寄せていたのである。そこで、

第一、被告人両名は砿業所幹部に対し多衆の面前において争議行為の通告書を手交し且つ同人等が所在を晦ましたことを詰問

して謝罪させようと企図し、勤労課長が拒否するにも拘らず他の組合幹部や一般組合員数十名と共に右クラブ玄関から屋内に乱入した上、

一、被告人Kは十数名と共に奥六畳の間に立入り休憩中の副長の腕を摑み他の組合員と共に同人が峻拒するのも聞かず強いて一般組合員等百数十名が闖入して待機する同クラブ三十八畳の大広間に拉致して組合員多衆の面前に坐らせ以て多数と共同して同人に対し暴行を加え

二、被告人Nは大声で砿業所幹部に「出て来い」と怒号し組合員等が所長、勤労課長及び同砿業所所長附課長を強いて拉致し来つて右大広間の多衆の面前に副長と共に一列に坐らせるや他の組合幹部数名と共に之に相対峙して座を占めた上、一般組合員が罵詈雑言を浴せて喧噪する裡に争議通告書を所長に手交した上、「何処に行つていたか」と尋ねたるも返答がなかつたので組合員に対し「所長は居眠りしているから皆立つて駈足してくれ」と云い、被告人Kを除き全員一齊に立上つて数分間畳の上でワツシヨワツシヨの掛け声諸共強烈に足踏をなし、為に床がひどく上下に動揺して坐つている砿業所幹部四名に危険を感ぜしむる程の強い上下動を与へて暴行した後、更に鋭くその行方を追及したるも満足な回答を得られなかつたので一般組合員等において再び罵詈雑言を浴せ「七坑に連れて行け」「洗心館に連行せよ」と叫び、被告人Nは之に呼応して他の組合員と共に所長の腕を摑み強いて玄関まで連れ出し、以て多衆と共同して所長外砿業所幹部三名に対し暴行を加え

第二、被告人両名は副長、勤労課長が組合員から両手両足を取られて玄関前広場に抱え出されるのを見るや、該行為の行き過ぎを感じ組合員を制止して右幹部を一旦前記大広間に連れ戻させた上更にその行方を追及して謝罪を求めたが応じなかつたため、激昂した一般組合員等は再び砿業所幹部に襲いかかり所長、副長、勤労課長、所長附の手足を捕え胴を持つて表玄関に担ぎ出し折柄待機中の自動三輪車に積み込んだので、被告人Nは茲に右四名を洗心館に連行することとし被告人Kとその意を通じ午後七時過頃組合幹部や一般組合員多数が右四名を積んだ三輪車を取巻きワッショイワッショイの掛け声高く同クラブから約千五百米隔つる標高約五十米の山上に孤立する新入七坑労働組合専用の洗心館に運搬し以て暴行した上、右四名を一般組合員及びその家族等合計数百名が包囲する同館板張り大広間の略々中央に一列に坐らせ、被告人両名及び他の組合幹部数名が相対峙して坐り、一般組合員等が「馬鹿野郎」「黙つているならマイトをぶつ放せ」「繰込場に連れて行け」等と罵詈雑言を浴せて喧噪し又何者かによつて右四名の面前に同人等の戒名を記載した棺桶が持込まれるという情況裡に、被告人両名は右四名に対し更にその所在を明確にしなかつたことを詰問して謝罪を要求しその目的を達するや、続いて七坑における人員不足、労働強化、保安法規違反等の問題を掲げて鋭く追及し執拗に配置転換の撤回方を迫つたのであるが、その間組合幹部及び一般組合

員は右四名の脱出を阻止するため常にその身辺に警戒の手を緩めず且つ同館の周囲に監視員を置いて厳戒しかくて翌十三日午前一時三十分頃に至る迄所長外砿業所幹部三名をその意に反して同館内に留め置き以て不法に監禁した。

第一審は右両事実につき被告人らを有罪とした。

原審は第一の事実については期待可能性がないとして無罪とし（左記［判旨］参照）、第二の事実についてのみ有罪とした。

●判　旨　「以上のように検察官、弁護人の所論は何れも採用できないが、職権で調査すると原判決は、前示のように昭和二八年一〇月一二日午後五時頃より翌一三日午前一時半頃までにおける、三菱炭砿新入砿業所の労働争議に際しての被告人ら組合員百数十名により行われた暴行、脅迫及び不法監禁なる一連の違法行為について、その前半の暴行、脅迫のみを切り離してこれを期待可能性がないものとして無罪とし、後半の不法監禁は期待可能性がないとはいえないとして有罪としているのである。ところで刑法における期待可能性の理論は種々の立場から主張されていて帰一するところを知らない有様であるが、仮に期待可能性の理論を認めるとしても、被告人らの行為が苟くも犯罪構成要件に該当し、違法であり且つ被告人らに責任能力及び故意、過失があつて法の認める責任阻却事由がない限りは、その罪責を否定するには首肯するに足りる論拠を示さなければならないことはいうまでもない。

しかるに、原判決が一審判示第一㈠、㈡の所為につき期待可能性がないということで罪責がないと判断した理由の要点は、㈠被告人Nは判示労働組合の組合長、被告人Kは同労働部長であるところ、同組合は判示会社砿業所の配置転換計画を協約違反であるとしその撤回を求めてストを決行中、判示の月一一日組合代表者から砿業所に対し明一二日以降部分スト、指令ストを行うことを申し入れ、正式文書を翌一二日に持参する旨予告し、争議中であつた、㈡右配置転換反対闘争には相当の理由があつたのに容易に妥結を見ず、組合側は急速な解決を欲する事情があつた、㈢右一二日当日被告人らは砿業所事務所に赴いたが、予告にも拘わらず砿業所幹部の姿が見えず、強い不満を感じた、被告人らが判示職員クラブに到着したとき一般組合員、判示主婦協議会員等多数が同様に憤慨して同所に押しよせていた、被告人らの意図は、同クラブで幹部に組合員多衆の面前で前記通告書を手交し、かつその当日の逃避的不誠意態度を詰問し、謝罪させることを主眼としていた、㈣同クラブでは砿業所側は組合代表者のみの入所を求め、被告人らの欲するように幹部が組合員ら多衆の面前に出て応答することが望めなかつたため、被告人両名は組合員らの盛り上る勢に引きずられ、判示の所為に出で幹部を大広間の多衆の面前に連れ出した後、喧噪裡に右通告書を所長に手交し、詰問し、謝罪させようとしたが、目的を達せず、組合員らはいよいよ激昂しおのずとワツシヨイ、ワツシヨイをやろうとする空気が現われたので、被告人Nが指図して判示のように床の上で足踏をするに至り、さらに追及するも満足な回答をえないため一般組合員が更に騒ぎ出し『七坑に連れて行け』『洗心館に連行せよ』との声が起るや同被告人はこれを阻止するも無駄であると考え、他の組合員とともに松原所長を玄関まで連れ出したが、他の組合員らによりその余の幹部が乱暴にも手足を捕え胴を持つて担ぎ出されるのを見て、これを制止するに努めた、㈤判示の各所為により相手方に加えた危害と自由抑圧との程度は左程高度のものとはいえない、右の諸事情に加えて、一般に労働組合の白熱化した争議中においては組合員が興奮し勢の赴くところある程度の暴行沙汰は往往起り勝ちのことである、等というにある。

しかし、原判決が認めた第一審判決判示第一の所為につき右に列挙するような事情が認められるとしても、それだけでは右所為につき被告人らの罪責を阻却する事由とはならないから、被告人両名の右所為はいずれも暴力行為等処罰に関する法律一条一項に該当する犯罪であるといわなければならない。原判決がこれにつき罪とならないものとして無罪の言渡をしたのは法律の適用を誤まつた違法があるか又は理由を附しない違法があるもので原判決を破棄しなければ著しく正義に反するものというのほかない」。

なおこの判決には垂水裁判官の意見がある。

［参照判例］

最判昭和三七・五・一判例時報二九六号三頁（配炭公団責任者が組合の要求をむげに斥ければスト突入は必至であり、国家経済上重大な混乱と損失の予想されるところから、寒冷地手当等を支給したことについて、業務上横領の犯意を欠くものではなく又は刑法三五条ないし三九条の規定により犯罪の不成立をきたすものではないとした）。

高知地判平成二・九・一七判例時報一三六三号一六〇頁（癌の末期症状で激痛に悩み、風呂場でカミソリ自殺を図った妻から哀願されて、カミソリで頸部を切り、扼殺した夫について、医師のモルヒネ等による苦痛緩和の方法を期待できる余地があるとして、期待可能性がなかったものとはいえないとした）。

東京地判平成八・六・二六判例時報一五八八号三九頁（オウム真理教集団リンチ事件について、教団代表者から殺害を指示され実行した被告人について、期待可能性を肯定した）。

第五節　故意責任を阻却する錯誤

1　事実の錯誤——誤想防衛など

110　誤想防衛は故意を阻却する

東京高判昭和四五・一〇・二
高刑集二三巻四号六四〇頁

●事　実　被告人ら四名を含む日本民間放送労働組合連合会東京支部連絡会の者二〇数名は昭和四〇年五月一四日山陽放送K・K東京支社に、同支社技術員Yに対する支社側の顚末書提出要求問題について、これがYへの不当な処分につながるおそれがあるとして抗議に赴き、午後〇時一五分頃から約三〇分間、支社側の意思に反して同支社事務室にふみとどまり、その間被告人Gが同支社総務課長Hの前で抗議文を朗読していた際、Hが突然フラッシュをたいてその情況を写真撮影した。被告人らは肖像権などをたてにそれに抗議し、そのフイルムの破棄ないし引渡を要求したが、Hに拒否されたため、同人の手からカメラを取り上げようとしてもみあい、その際同人の右拇指等に軽微な傷害を負わせた。

第一審は、本件抗議行動は労働組合としての正当な目的に出た、ある程度やむを得ない行動であったこと、支社事務室は比較的自由に出入りできる構造で従来同所への出入りに関してトラブルが起ったことはなかったこと等から不退去罪として処罰するほどの違法性を備えていないとした。さらに傷害罪についても、写真撮影は顔写真をとつたもので明らかに挑発的であつたから相手に強い不安を抱かせ、被告人らがフイルムの破棄ないし引渡を要求したのは当然であつたこと、右要求に応じない場合フイルムを渡せといつてカメラに手をかけひつぱる程度のことは、とくに常軌を逸した行動ではないこと、僅かでも傷を負わせたことは遺憾で被告人らに強い反省が望まれるが、Hの身体に対する積極的暴行の意思はなかつたこと、Hは別に助けを求めていないこと、被告人らは労組のリーダーで、刑罰法規に触れるような行為は従来からさし控えていたこと、傷害の程度がきわめて軽微なものであつて日常生活に支障がなかつたことなどを総合すれば「有形力の行使により発生した軽微な結果を、単に外形的にとらえ、傷害罪として処罰するのは、刑法第二〇四条の立法趣旨及び法秩序全体の精神に照らし相当でない」として無罪とした。検察官控訴。

●判　旨　不退去罪についてはそもそも構成要件該当性がないとした。傷害罪については、Hの写真撮影行為は証拠保全の意図に出たもので適法であり「およそ一般人の出入する場所で一定の主張に基づいて行動を行なう者は、一般人から認識されることを当然予定しているものというべく、これが写真のフイルムやテープコーダー等に記録されることだけを拒否する権利があるものとは解し難いところであるから、被告人Gらは右Hの写真撮影を拒否し又は撮影したフイルムの引渡を求める権利を有しなかつたといわなければならない」とした。

しかし「上記のような複雑な事実関係を背景とする労使間の紛争の場において、支部連の者らにつき未だ住居侵入ないし不退去の罪の成立を認め難い状況の下で、同人らの当面の応待の相手方である支社側責任者Hが、突然二、三メートルの至近距離からフラッシュをたいて抗議文を朗読中の被告人Gらの容ぼう姿態を含めての写真をその意思に反することを知りながら撮影したことは、被撮影者らには同人らの人格を無視しこれをあらわに犯罪者として取り扱う侮辱的敵対行為として映じたのは当然であつて、同人らが、右写真撮影は肖像権を侵害するばかりでなく山陽放送の既往における苛烈な労務政策から見て右写真を同人らに対する如何なる不利益な証拠として利用されるかも知れないおそれがあるものと考えて不安危惧の念を抱いたのも無理からぬところであり同人らが肖像権をたてに強く右写真撮影に抗議し、直ちに撮影済みフイルムの引渡を求めるに至つたのは、Hの写真撮影行為を被撮影者らの権利を侵害する違法行為と誤信したためとはいえ、同人らの権利を防衛する意図に出たものと認められるのであつて同人らがかく誤信したのはその情況下においては、やむを得ないところであつたと認められる」とし、カメラ取上げのための有形力の行使は「正当理由なき有形力の行使であること前示のとおりであるから客観的には暴行罪の構成要件に該当する違法な行為たるを免がれないのであるが、前示のとおり、右有形力の行使は、被告人Gにおいて本間の写真撮影が違法な行為であると誤信し、これが被告人G等の権利を侵害し、又は侵害する現在急迫の危険があり、これを排除して自己の権利を防衛するためフイルムの引渡を求めるのはやむをえないところと信じてなしたものと認められ、同人がその情況下においてかく信じたのは無理からぬところと考えられるので、その所為はいわゆる誤想防衛行為に該当し、暴行罪の故意責任を欠くものということができる。しかしながらHはよつて軽微な傷害を受けたものであるから過失傷害の成否につき検討すると被告人Gは本間の写真撮影行為を急迫不正の侵害と誤認したことにつき前示事実経過に照らし、過失の責むべきものありとも認め難いから訴因の追加、変更の措置をとるまでもなく、Hに対する傷害の行為は、被告人Gについても犯罪の成立を認め得ないものといわねばならない。」控訴棄却。

111　誤想過剰防衛(1)

最決昭和四一・七・七
刑集二〇巻六号五五四頁

●事　実　被告人は、昭和三六年九月一日午後九時過頃、長男TがKより呼出を受けて自宅より外出したが、間もなく警察官の保護を受けて帰宅したものの、同日午後一〇時頃、再びKより電話で今度は被告人に出向くよう呼出がかかり押問答の末被告人は用があるならそちらから出て来いと答えたが、Kから出て行くから待つておれとの返事を受けるや、Kが加害行為に出れば反撃も致し方なしと決意し被告人は自宅内で待機し、右Tが見張りをしているうち、同日午後一〇時二〇分頃、Kが野菜庖丁を携帯し、自転車で被告人方主屋西側の自動車々庫前の道路上に進行してくるや、右TにおいてKに対し機先を制して所携の自転車チエンをもつて同人を二、三回殴りつけて攻撃したが、Kから追いつめられて悲鳴をあげたので、これを聞いた被告人はかねて装填したまま床の間に置いていた無鶏単発猟銃一挺をつかんで戸外に飛び出し、自宅店舗入口直前の路上において同所より五、三五米先の場所で右Tと互に対峙して身構えていたKにむかつて所携の猟銃を発砲して、傷害させた。

第一審は一種の喧嘩闘争であるとして刑法三六条一項を適用しなかった。

原審は「むしろ被告人には防衛のためやむなく反撃に出る意思しかなかつたと認めるのが相当である。しかし、Tは、被告人と異なり、Kが被告人方車庫の前附近まで来るや、同人が何等の侵害行為に出ていないのに、同人に対し所携のチエンで殴りかかり、被告人が表道路に飛び出したときにも、なお攻撃を加えることを辞さない意思で、Kと対峙していたことが認められるから、そのようなTに対するKの反撃は、Tに対する急迫不正の侵害とはいえず、したがつて被告人の原判示第一の所為を正当防衛と認めることはできないのである。」とした。しかし、被告人はKの反撃をTにとつての急迫不正の侵害と誤想し、右侵害からTを防衛するためではあつたがその程度を超え、Kが死ぬかもしれないことを知りながら敢えて同人に向つて猟銃を発射したが、死亡の結果は発生しなかったものとし、殺人未遂罪を適用した。

弁護人上告。

●決定要旨　「被告人の長男TがKに対し、同人がまだなんらの侵害行為に出ていないのに、これに対し所携のチエーンで殴りかかり、なお攻撃を加えることを辞さない意思で包丁を擬したKと対峙していた際に、Tの叫び声を聞いて表道路に飛び出した被告人は、右のごとき事情を知らず、TがKから一方的に攻撃を受けているものと誤信し、その侵害を排除するためKに対し猟銃を発射し、散弾の一部を同人の右頸部前面鎖骨上部に命中させたものであること、その他原判決認定の事情のもとにおいては、原判決が被告人の本件所為につき、誤想防衛であるがその防衛の程度を超えたものであるとし、刑法三六条二項により処断したのは相当である。」上告棄却。

112　誤想過剰防衛(2)　騎士道事件

最決昭和六二・三・二六
刑集四一巻二号一八二頁

●事　実　被告人は、武道の素質のある英国人であるが、昭和五六年七月五日午後一〇時二〇分ころ、帰宅途中、酩酊したB子とこれをなだめていたH（当時三一歳）とが揉み合ううち同女が同所倉庫の鉄製シャッターにぶつかって尻もちをついたのを目撃して右Hが同女に対し暴行を加えているものと誤解し、同女を助けるべく両者の間に割って入り、同女を助け起こそうとしたものの、同女が立ち上がることができず、次いで右Hの方を振り向き両手を同人の方に差し出して同人の方に近づいた際、同人がこれを見て防禦するため手を握って胸の前辺りにあげたのをいわゆるボクシングのファイティングポーズのような姿勢をとり自分に殴りかかってくるものと誤信し、自己及び同女の身体を防衛しようと考えてとっさに空手技である左回し蹴りをして、左足を同人の右顔面付近に当て、同人をコンクリートの路上に転倒させる暴行を加えて同人に頭蓋骨骨折等の傷害を負わせ、同人を右傷害による脳硬膜外出血及び脳挫滅により死亡するに至らせたものである。

第一審は、被告人は急迫不正の侵害の事実を誤想し、かつその防衛行為は相当であるので誤想防衛として故意が阻却されるとし、誤想したことに過失もないので無罪であるとした。

第二審は誤想過剰防衛であるとし、傷害致死罪に正当防衛との均衡上、刑法三六条二項を適用して刑を減軽した。すなわち「原判決は足の甲で打った回し蹴りでは相手は簡単には倒れない旨及び本件の結果は予期せざる意外な結果であった旨説示するけれども、足の甲で蹴った場合であっても、体重が加わったり、あるいは技量のある者が足の虎趾を使うのと同じように強いインパクトを相手に与えたような時には相当の威力を有するのであって、足の甲で蹴った方が虎趾よりも威力が劣るとは必らずしもいいがたいし（原審証人N、当審証人Tの各証言）、本件は、空手三段の腕前を有する被告人が、空手について素養があるとは窺えない被害者に対してとっさに空手技の中でも危険な回し蹴りを用い、しかも相手の顔面付近に命中させたものであり、以上のように蹴った者の技量、彼我の体格、蹴られた部位、その時の相手方の状況等によっては、本件のように転倒することのあり得ることは容易に肯認し得るところであり、また、被告人も、場合によれば被害者が転倒する可能性のあることも当然認識していたと認めるほかはない。

また、被告人は、当時の状況において回し蹴りをする以外に方法がなかったとも供述するけれども（被告人の原審及び当審公判供述）、そもそも空手の技は危険なものであって社会一般の生活において容易に用いるべきものではないのであり、本件において相手方は兇器を所持していたわけでもなく素手であったものであって、前記のようにファイティングポーズのような姿勢をとったに過ぎないのであり、また、被告人は体力的にもはるかに勝り、しかも空手等の武道の修練を積んでいたのであって、被害者に対し優位にあったことが窺われるのであり、相手に対し警告の声を発するなり、腕を引き続きさし出すなり、回し蹴りをするにしても相手の身体に当てないようにするなりして相手の殴打行為を押し止め、あるいは相手が殴打してきた段階でその腕を払うなり、つかまえるなり、もしくは身を引くなり、防衛のためには採るべき方法はいくらでもあったと考えられ、回し蹴りの空手技を用いる以外に方法がなかったものとは到底認めることができない。」

「以上認定のような諸事情のもとにおいては、被告人の本件行為は、明らかに防衛行為としての必要かつ相当の限度を超えたものというべく、相当性を欠くものであることは明らかである。そしてまた、防衛行為としての相当性を基礎づける事実、すなわち、前記のような回し蹴りを行うことについては被告人の認識に錯誤の存しないことも明らかであり、従って少なくとも右のような事情のもとにおいては、本件行為については誤想防衛は成立せず、いわゆる誤想過剰防衛が成立するに過ぎないものといわなければならない。」とした。

●決定要旨　「なお、所論にかんがみ、職権により判断する。

原判決の認定によれば、空手三段の腕前を有する被告人は、夜間帰宅途中の路上で、酩酊したMとこれをなだめていたHとが揉み合ううち同女が倉庫の鉄製シャッターにぶつかって尻もちをついたのを目撃して、HがMに暴行を加えているものと誤解し、同女を助けるべく両者の間に割って入った上、同女を助け起こそうとし、次いでHの方を振り向き両手を差し出して同人の方に近づいたところ、同人がこれを見て防御するため手を握って胸の前辺りにあげたのをボクシングのファイティングポーズのような姿勢をとり自分に殴りかかってくるものと誤信し、自己及び同女の身体を防衛しようと考え、とっさにHの顔面付近に当てるべく空手技である回し蹴りをして、左足を同人の右顔面付近に当て、同人を路上に転倒させて頭蓋骨骨折等の傷害を負わせ、八日後に右傷害による脳硬膜外出血及び脳挫滅により死亡させたというのである。右事実関係のもとにおいて、本件回し蹴り行為は、被告人が誤信したHによる急迫不正の侵害に対する防衛手段として相当性を逸脱していることが明らかであるとし、被告人の所為について傷害致死罪が成立し、いわゆる誤想過剰防衛に当たるとして刑法三六条二項により刑を減軽した原判断は、正当である。（最高裁昭和四〇年（あ）第一九

九八号同四一年七月七日第二小法廷決定・刑集二〇巻六号五五四頁参照）。」弁護人上告。上告棄却。

113　誤想過剰避難

大阪簡判昭和六〇・一二・一一
判例時報一二〇四号一六一頁

●事　実　被告人は天王寺駅構内の階段に座っていたところ、やくざ風の男から話しかけられ、仕事を探しているなら俺に任せておけ、一緒に飲もうといわれて、その場に座ったまま飲んだ。そのうち、その男の知り合いとみられるやくざ風の少し若い男から、仕事のことはおっさんにまかせておけ、駅は九時に閉まるから外へ出ようと手を引張られたが、その二人が仲間であり、長時間沢山の酒を飲ませてくれたのは何かこんたんがあり、蛸部屋のような飯場にでも連れて行かれるのではないかと不安になり、座ったまま立ち上がらなかったところ若い方の男から頭をこづかれたりしたが、二人はまた戻ってくるからそこにいろといって立ち去った。被告人はコンコース内を歩くうちに、二日前に数人の男から殴られて所持金三万円位を奪われ、前歯を折られる等の負傷を思い合わせ、二人の男が恐ろしくなり早く逃げ出さねばと考えたが、二人がコンコース内のどこかにおり、見られている感じがし、逃げ出すのが見つかれば殴られたり蹴られたりするに違いないと思いこみ、コンコースから外へ出ることができず、地下一階に降り、アベノ地下街に入り、護身用になるものを探したが、理容室のガラス越しに散髪バサミが置いてあるのを見て咄嗟にこれを護身用にしようと思い同店に飛び込みはさみを勝手に持ち出した。

●判　旨　「被告人の本件所為当時いまだ身体に対する切迫した危難があるということはできないが、被告人はいまにも二人のやくざ風の男から身体に危害を加えられると思いこみ、この危難を避けるため護身用具が必要と考えて本件の散髪バサミを持ち出したことは疑いがないから被告人が現在の危難を誤想してこれを避けるため本件行為に出たものということができる。

しかし、……被告人は、前記のようにコンコース内から地下一階に下り、……二人の男から身を隠した形になってからアベノ地下街に入っているのであり、同地下街には多数の店舗があるほか、地下鉄谷町線へ下る入口が四ヶ所、……地上に出る階段が七ヶ所（略）あり、右の階段から地上に出て二人の男から逃避することができるばかりでなく。危難を怖れるのであれば同地下街の店の人に頼んで電話で警察に連絡して貰って救助を求める余裕もあったものと認められる。

ただ被告人は、本件の四日前に大阪に出て来たものであり、地理がわからないことや誤想に基づく当時の被告人の心情を考慮すると、被告人に右のような方法をとることを現実に期待することは困難な面があったとみとめられる。それ故右のような状況下でなされた被告人の本件所為は現在の危難の誤想に基づく避難行為であるといえても止むを得ない程度をこえた過剰避難であるといわざるを得ない。」刑法三七条一項但書きによる刑の減軽をした（懲役四ヶ月・確定）。

2　法律の錯誤

114　法律の錯誤と故意の阻却

大判昭和七・八・四
刑集一一巻一一五三頁

●**事　実**　被告人は昭和五年四月初旬、京都府熊野郡の竹藤区有山林内において自家用薪材に供する目的で松および四ツ手等雑木約五〇本を伐採した。

原判決は森林窃盗として森林法八四条七号の罪の成立を認めた。弁護人上告。

●**判　旨**　「竹藤區有林カ井根立林ト稱シ同區民ハ其ノ耕地ニ使用スル井堰用材ヲ右山林中ヨリ伐採スルコトヲ得ル慣行ノ存在スルコトハ原審證人N・Fニ對スル訊問書中各其ノ旨供述録取セラレアルニ徴シ之ヲ認メ得ヘキモ其ノ慣行タルヤ井堰用材ニ使用スル場合ニ限定セラレ其ノ他ノ雑用ニ供スル爲ニハ其ノ伐採ヲ許ササルモノナルコト前顯各證人ニ對スル訊問調書中同趣旨ノ供述記載アルニ依リ明ナルヲ以テ被告人等辯解ノ如ク單ニ井堰用材ニ供スルニ止マラス少クトモ其ノ大部分ハ之ヲ自家用薪材ト爲スノ目的ノ下ニ伐採ヲ爲シタル本件ニ在リテハ其ノ慣行上ノ權利行使ヲ認ムルニ由ナキモノト云ハサルヲ得ス然レトモ㈠當審受命判事ノ證人M・U・Kニ對スル訊問調書中ノ供述記載ニ徴スルトキハ本件小島ヱ六十二番地ノ山林ノ中被告人カ伐採シタル西方ノ部分ヲ其ノ前年タル昭和四年春頃係争井堰ニ因リテ潅漑ヲ受クル田地ノ所有者Kニ於テ自家用ノ爲伐木シタル事實アリ當時Kノ母Uハ被告人ノ母Mニ對シ井根立林ノ下ニ田地ヲ所有スル者ハ其ノ樹木ヲ伐採シ得ヘキモノナレハ同山林ヲ伐採スヘキ旨ヲ潅誘シタル事實アリ被告人ノ母Mハ其ノ旨ヲ被告人ニ告ケ遂ニ本件伐採ヲ爲スニ至リタル事情ナルコトヲ知リ得ヘク㈡同受命判事ノ證人S及同Hニ對スル訊問調書中ノ供述記載ニ徴スレハ小字長野區ニハ本件井根立林ニ類似セル區有林三箇所存在シ其ノ井根立林ニ在リテハ其ノ附近ノ井堰ニ因リテ潅漑ヲ受クル田地ノ所有者ハ組合ヲ設ケ其ノ組合員ノ同意承諾アル場合ニハ區有林ノ樹木ヲ單ニ井堰用ノミニ止マラス井堰用ニ支障ヲ生セサル範圍ニ於テ自家ノ建築材又ハ薪用ニ伐採スルコトヲ許サルル慣行存在セル事實ヲ看取シ得ヘク㈢然シテ本件井根立林ハ竹藤區内ニ属スルモ其ノ面積ノ最大部分ハ長野區ニ隣接スルコト㈣伐採場所時刻其ノ他ノ態様等ニ照シ自己

ノ行爲カ盜伐ニ當ルコトヲ認識シタルモノト認ムルニ足ラサル事等ノ事情ヲ綜合シ一面本件ニ在リテハ被害者竹藤區ニ於テ毫モ被告人ノ所爲ヲ問責シタル事迹ノ觀ルヘキモノナキ點其ノ他諸般ノ事情等ヲ參酌シテ考量スルトキハ被告人ハ本件竹藤区有林ヲ伐採スル當時井堰修繕用材ニ不足ヲ生セシメサル範圍ニ於テ本件井根立林ヲ自家用の爲ニ伐採スルコトハ竹藤區ノ認許スル慣例ニシテ差支ナキモノト誤信シタルモノニシテ之ニ付相當ノ理由アリタルモノト認ムルヲ得ヘク從テ被告人ノ本件行爲ハ罪ヲ犯スノ意ニ出テタルモノト爲スヲ得サルカ故ニ竊盜罪ヲ構成スヘキモノニ非ス」破棄自判。

115　法律の錯誤と事実の錯誤(1)　むささび・もま事件

大判大正一三・四・二五
刑集三巻三六四頁

●事　実　被告人は大正一二年一一月六日高知県の高岡郡の日吉神社で狩猟禁止期間内にも拘らず、鼯鼠（むささび、俗称、もま）三匹を捕獲した。

原審は狩猟違反（五条五項、二二条一号）により有罪とした。弁護人は、被告人は捕獲したのは「もま」だと思っていたので、むささびであることの認識はなく、これは事実の錯誤であるとして上告した。

●判　旨　「刑法第三十八條第一項ニ所謂罪ヲ犯ス意ナキ行爲トハ罪ト爲ルヘキ事實ヲ認識セサル行爲ノ謂ニシテ罪ト爲ルヘキ事實ハ即チ犯罪ノ構成ニ必要ナル事實ナルヲ以テ捕獲ヲ禁セラレタル鼯鼠ヲ斬ル禁制ナキ他ノ動物ナリト觀念スルハ明ニ犯罪構成事實ニ關スル錯誤ニシテ此ノ觀念ニ基ク鼯鼠ノ捕獲ハ犯意ナキ行爲ナルコト勿論ナレトモ所論判示辯疏ノ如ク鼯鼠ト『もま』トハ同一ノ物ナルニ拘ラス單ニ其ノ同一ナルコトヲ知ラス『もま』ハ之ヲ捕獲スルモ罪ト爲ラスト信シテ捕獲シタルニ過キサル場合ニ於テハ法律ヲ以テ捕獲ヲ禁シタル鼯鼠即チ『もま』ヲ『もま』ト知リテ捕獲シタルモノニシテ犯罪構成ニ必要ナル事實ノ認識ニ何等ノ欠缺アルコトナク唯其ノ行爲ノ違法ナルコトヲ知ラサルニ止ルモノナルカ故ニ右辯疏ハ畢竟同條第三項ニ所謂法律ノ不知ヲ主張スルモノナルニ外ナラサレハ原判決ニ於テ被告人カ『もま』ト鼯鼠トカ同一ナルコトヲ知ラサリシハ結局法律ヲ知ラサルコトニ歸スルヲ以テ罪ヲ犯スノ意ナシト爲スヲ得サル旨判示シタルハ正當ニシテ論旨ハ理由ナシ」上告棄却。

116 法律の錯誤と事実の錯誤(2)　たぬき・むじな事件

大判大正一四・六・九
刑集四巻三七八頁

●事　実　被告人は狩猟期間である大正一三年二月二九日に狸を発見し射撃して岩窟内に追い込み石で入口を塞ぎ、狩猟期間外である同三月三日に猟犬に咬殺させた。

原審は狩猟法一条違反として有罪とした。

●判　旨　判決は右前半行為ですでに捕獲に該当するので狩猟期間内の適法な捕獲であるが、仮に後半の行為をもってはじめて捕獲になるとしても被告人には故意がないとした。「被告人ハ狸ト狢トハ全然種類ヲ異ニシ猯ニ該當スル獣ヲ以テ狸ナリト誤信シ延テ本件ノ獣類ハ十文字ノ斑點ヲ有シ被告人ノ地方ニ於テ通俗十文字狢ト稱スルモノニシテ狩獵禁止ノ目的タル狸ニ非スト確信シ之ヲ捕獲シタルモノナルコトハ原審第一回公判調書中被告人ノ其ノ旨ノ供述記載ト前顯鑑定人川瀬某ノ鑑定書中狸及猯ニ關スル説明トニ依リ疑ヲ容ルルノ餘地ナシ然ラハ被告人ノ狩獵法ニ於テ捕獲ヲ禁スル狸中ニ俚俗ニ所謂狢ヲモ包含スルコトヲ意識セス従テ十文字狢ハ禁止獸タル狸ト別物ナリトノ信念ノ下ニ之ヲ捕獲シタルモノナレハ狩獵法ノ禁止セル狸ヲ捕獲スルノ認識ヲ缺如シタルヤ明カナリ蓋シ學問上ノ見地ヨリスルトキハ狢ハ狸ト同一物ナリトスルモ斯ノ如キハ動物學上ノ知識ヲ有スル者ニシテ甫メテ之ヲ知ルコトヲ得ヘク却テ狸、狢ノ名稱ハ古來竝存シ我國ノ習俗亦此ノ二者ヲ區別シ毫モ怪マサル所ナルヲ以テ狩獵法中ニ於テ狸ナル名稱中ニハ狢ヲモ包含スルコトヲ明ニシ國民ヲシテ適歸スル所ヲ知ラシムルノ注意ヲ取ルヲ當然トスヘク單ニ狸ナル名稱ヲ掲ケテ其ノ内ニ當然狢ヲ包含セシメ我國古來ノ習俗上ノ觀念ニ従ヒ狢ヲ以テ狸ト別物ナリト思惟シ之ヲ捕獲シタル者ニ對シ刑罰ノ制裁ヲ以テ之ヲ臨ムカ如キハ決シテ其ノ當ヲ得タルモノト謂フヲ得ス故ニ本件ノ場合ニ於テハ法律ニ捕獲ヲ禁スル狸ナルノ認識ヲ欠缺シタル被告ニ對シテハ犯意ヲ阻却スルモノトシテ其ノ行爲ヲ不問ニ付スルハ固ヨリ當然ナリト謂ハサルヘカラス此ノ點ニ於テモ亦犯罪ノ證明ナキモノナリ以上執レノ點ヨリ論スルモ被告人ニ對シテハ刑事訴訟法第三百六十二條ニ依リ無罪ノ言渡ヲ爲スベキモノトス」破棄自判。

117 法律の錯誤と事実の錯誤(3)　公衆浴場事件

最判平成元・七・一八
刑集四三巻七号七五二頁

●事　実　被告会社は昭和四一年六月六日に有限会社として

設立され、昭和四七年一月五日に株式会社となったものであるが、設立当初から特殊公衆浴場を営んでいた。被告人はその代表取締役等としてその経営を担当していた。営業許可については昭和四一年三月一二日に被告人の実父名義で静岡県知事から受けていた。しかし、その後、風俗営業取締法の改正及び静岡県風俗営業取締施行条例の改正によって、本件の地域では現に許可を受けて営業している者以外は営業できないことになった。そこで、被告人は実父名義の許可を被告会社名義に変更することを思いつき、被告会社の顧問弁護士に相談したが、営業許可は人的許可であるから被告会社名義に変更することは不可能であると言われた。しかし、結局、営業許可申請事項変更届を県知事宛てに提出し、受理され、公衆浴場台帳の記載がその旨訂正された。被告人は受理の連絡を県議会議員から受けたので営業を続けていた。被告人及び被告会社は公衆浴場法八条一号及び一一条の無許可営業罪で起訴された。

第一審は、本件許可申請事項変更届受理は無効な行政処分であり、被告人もその旨を認識していたし、故意の成立には違法性の意識も必要ではないとして有罪とした。原審も、被告人は許可を受けていないことを認識しながら経営をしたことが明らかであり、無許可営業の事実の認識としては十分であり、また、本件営業が無許可であって違法であることとの認識可能性がなかったといえないことは明らかであるとした。

●判　旨　「しかしながら、変更届受理によつて被告会社に対する営業許可があつたといえるのかどうかという問題はさておき、被告人が変更届受理によつて被告会社に対する営業許可があつたと認識し、以後はその認識のもとに本件浴場の経営を担当していたことは、明らかというべきである。すなわち、記録によると、被告人は、昭和四七年になり父の健康が悪化したことから、本件浴場につき被告会社名義の営業許可を得たい旨を静岡県議会議員Hを通じて静岡県衛生部に陳情し、同部公衆衛生課長補佐Kから変更届及びこれに添付する書類の書き方などの教示を受けてこれらを作成し、静岡市南保健所に提出したのであるが、その受理前から、同課長補佐及び同保健所長Mから県がこれを受理する方針である旨を聞いており、受理後直ちにそのことがH県議を通じて連絡されたので、被告人としては、この変更届受理により被告会社に対する営業許可がなされたものと認識していたこと、変更届受理の前後を問わず、被告人ら被告会社関係者において、本件浴場を営業しているのが被告会社であることを秘匿しようとしたことはなかつたが、昭和五六年三月に静岡市議会で変更届受理が問題になり新聞等で報道されるようになるまでは、本件浴場の定期的検査などを行つてきた静岡市南保健所からはもちろん誰からも被告会社の営業許可を問題とされたことがないこと、昭和五六年五月一九日に静岡県知事から被告会社に対して変更届ないしその受理が無効である旨の通知がなされているところ、被告会社はそれ以前の同年四月二六日に自発的に本件浴場の経営を中止していること、以上の事実が認められ、被告人が変更届受理によって被告会社に対する営業許可があったとの認識のもとに本件浴場の経営を担当していたことは明らかというべきである。」

「してみると、本件公訴事実中変更届受理後の昭和四七年一二月一二日から昭和五六年四月二六日までの本件浴場の営業については、被告人には「無許可」営業の故意が認められないことになり、被告人及び被告会社につき、公衆浴場法上の無許可営業罪は成立しない」。変更届受理前の昭和四一年六月六日から昭和四七年一二月一二日までの本件浴場の営業については、公訴時効が完成しているとしたが、一罪の一部として起訴されているのでとくに免訴の言い渡しはしないとした。破棄自判。無罪。

〔参照判例〕

最判昭和二六・八・一七刑集五巻九号一七八九頁（飼犬証票なく且つ飼主分明ならざる犬は無主犬とみなす旨の警察規則を誤解した結果、鑑札をつけていない犬は他人の飼犬であっても直ちに無主の犬とみなされるものと信じ、他人所有の犬を撲殺し、その皮を剥いだ場合は、器物毀棄ならびに窃盗罪の犯意を欠くとした）。

大判昭和九・九・二八刑集一三巻一二三一頁（示談に基づき明渡し完了後の家屋に侵入して営業再開するについて、弁護士から示談は詐欺又は強迫によるもので無効の通告又は取消の意志表示をすれば法律上差支ないとの回答を得ていても、刑法三八条三項に該当するとした）。

最判昭和三二・一〇・三刑集一一巻一〇号二四一三頁（収税吏員によってなされた滞納処分による差押の標示を、被告人が法律上無効であると誤信して損壊したとしても、それは法律の錯誤であって、差押の標示を損壊する認識を欠いたとは言えないとした）。

最判昭和三四・二・二七刑集一三巻二五〇頁（物品税法第一八条第一項第一号の無申告製造罪において、行為者が、単に、その製造物品が物品税課税物件であり従ってその製造につき政府に申告を必要とすることを知らなかったとの一事は、物品税法に関する法令の不知に過ぎず、事実の錯誤となるものではないとした。少数意見がある）。

その他、違法性の意識に関する判例参照。

3　その他の錯誤

118　親族相盗例と錯誤(1)

福岡高判昭和二五・一〇・一七
高刑集三巻三号四八七頁

●**事　実**　判旨参照。

●**判　旨**　「被告人が原審共同被告人Nと共謀の上昭和二十四年十月二十一日午後十一時半頃直方市中島町I方においてO所有の衣類九点、S所有の衣類六点（価格合計一万八千二百円相当）を窃盗したことは、原判決引用の各証拠に徴しこれを認定することができるけれども、更に右証拠に原審において取調べた司法警察官に対する被告人及び前記Nの各供述調書の記載を綜合すれば、右窃盗行為は被告人の同居する前記I方においてその押入内に格納してあつた衣類を盗み出したものであつて、且つその際被告人が右衣類をIの所有物であると信じていたことは明らかである。そして当審において取調べた戸籍謄本二通（筆頭者は夫々I・Z及びK）の記載によれば、Iは被告人の母の後夫であるから被告人にとつては一等親の姻族であり、結局被告人は右衣類が同居親族の所有であると誤信し、それが他人のものであることを知らないで窃盗したことに帰着する。従つて本件は刑法第三十八条第二項により重い普通窃盗としてこれを処断すべきではなく、畢竟親族相盗の例に準じて処断するのを相当とするに拘わらず、この点を看過した原判決は法令の適用を誤つたものという外なく、論旨は理由がある。

よつて爾余の控訴趣意に対する判断を為すまでもなく、刑事訴訟法第三百九十七条により原判決を破棄し、同法第四百条但書により当裁判所は更に自ら判決を為すべきところ、上来認定の事実に法律を適用すれば、被告人の本件所為は刑法第二百三十五条第六十条第二百四十四条第一項第三十八条第二項に該当するから、被告人に対しては刑を免除するものとし、主文の通り判決する。」

［参照判例］

広島高岡山支判昭和二八・二一・一七高裁刑判特三一号六七頁（国が所有し、津山電報電話局が管理する電線を、実父所有のものと誤信していた場合について、親族相盗の成立を認めた）。

119　親族相盗例と錯誤(2)

大阪高判昭和二八・一一・一八
高刑集六巻一一号一六〇三頁

●事　実　判旨参照。

●判　旨　「原判示事実は、要するに、被告人が別居中の実兄Nの所有であると誤信して親族でないS所有のラジオ一台と雨靴一足を窃取したというのであつて、所論は、これに対し、右は事実の錯誤に該当するから刑法第三八条第二項を適用して親族相盗の例に準じ軽きに従つて処断すべきものである。というのである。

思うに、故意は罪となるべき事実の認識をいうのであるから、事実の錯誤が故意を阻却する可能性のあるのは、その錯誤が罪となるべき事実について存する場合に限るのであり、刑法第三八条第二項もまた右の場合に限つて適用されるに止るのである。しかして、窃取した財物が別居の親族の所有である場合においては、告訴を待つてその罪を論ずるだけのことであつて、進んで窃盗罪の成立を阻却するものではないことは刑法第二四四条第一項が『第二百三十五条ノ罪及ヒ其未遂罪ヲ犯シタル者』と規定していることからしても明かであるから窃盗罪の客体としてはその財物が他人の所有であるを以て足り、その他人が刑法第二四四条第一項所定の親族であるや否やは窃盗罪の成否に影響を及ぼすものではない。従つて、財物の所有者たる他人が別居の親族であるとの錯誤は窃盗罪の故意の成立を阻却するものではなく、この点については刑法第三八条第二項もまた適用の余地がないのである。ただSの財物をNの財物であると誤信した点において罪となるべき事実に関する具体的の錯誤が存するけれども、他人の物を他人の物と信じたことは相違がなく、その認識とその発生せしめた事実との間には法定的事実の範囲内において符合が存するから、右の錯誤を以て窃盗の故意を阻却するものということができず、この点についても刑法第三八条第二項を適用することができない。被告人の本件所為に対し刑法第三二五条を適用した原審の措置は結局相当であつて、その間所論のような違法があるということはできない。論旨引用の福岡高等裁判例は同居の親族の物と誤信した場合に関するものであつて、本件には適切ではない。」控訴棄却。

120 名誉毀損罪の真実の証明と錯誤

最判昭和四四・六・二五
刑集二三巻七号九七五頁

●**事　実**　被告人は、その発行する昭和三八年二月一八日付「夕刊和歌山時事」に、「吸血鬼Sの罪業」と題し、TことS本人または同人の指示のもとに同人経営の和歌山特だね新聞の記者が和歌山市役所土木部の某課長に向かつて「出すものを出せば目をつむつてやるんだが、チビリくさるのでやつたるんや」と聞こえよがしの捨てせりふを吐いたうえ、今度は上層の某主幹に向かつて「しかし魚心あれば水心ということもある、どうだ、お前にも汚職の疑いがあるが、一つ席を変えて一杯やりながら話をつけるか」と凄んだ旨の記事を掲載、頒布した。

第一審は公益目的及び公共の利害性を認めて真実性の立証を許したが、結局、真実の証明があったとはいえないとした。また、真実性の誤信については、執筆の資料は自己の新聞社のY編集長らのメモ又は口頭報告、あるいはY編集長が極めて根拠薄弱な伝聞によって得た情報にすぎない等として相当の理由がないとした。

原判決は「被告人の摘示した事実につき真実であることの証明がない以上、被告人において真実であると誤信していたとしても、故意を阻却せず、名誉毀損罪の刑責を免れることができないことは、すでに最高裁判所の判例（昭和三四年五月七日第一小法廷判決、刑集一三巻五号六四一頁）の趣旨とするところである」として第一審判決を維持した。弁護人上告。

●判　旨　「しかし、刑法二三〇条ノ二の規定は、人格権としての個人の名誉の保護と、憲法二一条による正当な言論の保障との調和をはかつたものというべきであり、これら両者間の調和と均衡を考慮するならば、たとい刑法二三〇条ノ二第一項にいう事実が真実であることの証明がない場合でも、行為者がその事実を真実であると誤信し、その誤信したことについて、確実な資料、根拠に照らし相当の理由があるときは、犯罪の故意がなく、名誉毀損の罪は成立しないものと解するのが相当である。これと異なり、右のような誤信があつたとしても、およそ事実が真実であることの証明がない以上名誉毀損の罪責を免れることがないとした当裁判所の前記判例（昭和三三年（あ）第二六九八号同三四年五月七日第一小法廷判決、刑集一三巻五号六四一頁）は、これを変更すべきものと認める。したがつて、原判決の前記判断は法令の解釈適用を誤つたものといわなければならない。

ところで、前記認定事実に相応する公訴事実に関し、被告人側の申請にかかる証人Yが同公訴事実の記事内容に関する情報を和歌山市役所の職員から聞きこみこれを被告人に提供した旨を証言したのに対し、これが伝聞証拠であることを理由に検察官から異議申立があり、第一審はこれを認め、異議のあつた部分全部につきこれを排除する旨の決定をし、その結果、被告人は、右公訴事実につき、いまだ右記事の内容が真実であることの証明がなく、また、被告人が真実であると信ずるにつき相当の理由があつたと認めることはできないものとして、前記有罪判決を受けるに至つており、原判決も、右の結論を支持していることが明らかである。

しかし、第一審において、弁護人が『本件は、その動機、目的において公益をはかるためにやむなくなされたものであり、刑法二三〇条ノ二の適用によつて、当然無罪たるべきものである。』旨の意見を述べたうえ、前記公訴事実につき証人Yを申請し、第一審が、立証趣旨になんらの制限を加えることなく、同証人を採用している等記録にあらわれた本件の経過からみれば、証人Yの立証趣旨は、被告人が本件記事内容を真実であると誤信したことにつき相当の理由があつたことをも含むものと解するのが相当である。

してみれば、前記Yの証言中第一審が証拠排除の決定をした前記部分は、本件記事内容が真実であるかどうかの点については伝聞証拠であるが、被告人が本件記事内容を真実であると誤信したことにつき相当の理由があつたかどうかの点については伝聞証拠とはいえないから、第一審は、伝聞証拠の意義に関する法令の解釈を誤り、排除してはならない証拠を排除した違法があり、これを是認した原判決には法令の解釈を誤り審理不尽に陥つた違法があるものといわなければならない。

されば、本件においては、被告人が本件記事内容を真実であると誤信したことにつき、確実な資料、根拠に照らし相当な理由があつたかどうかを慎重に審理検討したうえ刑法二三〇条ノ二第一項の免責があるかどうかを判断すべきであつたので、右に判示した原判決の各違法は判決に影響を及ぼすことが明らかであり、これを破棄しなければいちじるしく正義に反するものといわなければならない。

よつて、刑訴法四一一条一号により原判決および第一審判決を破棄し、さらに審理を尽くさせるため同法四一三条本文により本件を和歌山地方裁判所に差し戻すこととし、裁判官全員一致の意見で、主文のとおり判決する。」破棄差戻。

〔参照判例〕

最決昭和四六・一〇・二二刑集二五巻七号八三八頁（いわゆる松川事件の第一審裁判長に対し、外国権力に屈服して裁判の独立を放棄し、故意に死刑を含む有罪判決をした旨の名誉毀損の摘示事実について、被告人らが「真実は必ず勝つ」などの諸資料を読み、あるいは、現地調査に参加して同事件関係被告人の歩行不可能を信じるなどの結果、これを真実と誤信したとしても、これらの資料が現に係属中の刑事事件の一方の当事者の主張ないし要求または抗議に偏するなど断片的で客観性のないものと認められるときは、これらの資料に基づく右誤信には相当の理由があるものとはいえないとした）。

第五章　予備・未遂・既遂論

第一節　予備・陰謀

121　予備の概念

東京地判昭和三九・五・三〇
下級刑集六巻五・六号六九四頁

●事　実　X_1を中心とした被告人八名は、当時行われつつあると考えた政治上の施策（すなわち、左翼の集団暴力的動きに対し、毅然とした態度をとることができず、また外交、経済、教育等の面でも無為無策で、国家を危うくしつつあるとする諸施策）に対し、自ら正しいと考えていた新たな政治上の施策、すなわち三無主義（無税、無失業、無戦争）の実施を基本とする確固とした反共的諸施策を推進する目的をもって、昭和三六年九月上旬頃から同年一二月上旬頃までの間、昭和三七年三月頃と予想される共産革命の機先を制し、武装した数百もの多人数で開会中の国会を急襲し、その附近を騒乱状態におとしいれ、かつ、その間抵抗する者等に対しては、殺害も辞せずという謀議を重ね、その準備として、拳銃、自動小銃、ライフル銃、手榴弾等の入手を図った外、宿舎予約、自衛隊員三〇余名に対する動向打診または協力要請を行い、三無塾生数名に射撃訓練を行わせた。

●判　旨　「⑴一般に『予備』とは、『犯罪の実現を目的とする行為で、その実行に着手する以前の準備的段階にあるものをいう』と解されているが、犯意実現のためのすべての準備的行為が『予備』とされるわけではなく、おのずからそこには一定の限界がある。この点は、判例、学説によっても、明示的あるいは黙示的に、ほぼ承認されているところと思われる。（たとえば、殺人の目的で凶器を購入することはその予備と解されるが、単に金物店等で凶器を物色する程度では、たとい同様の目的からにせよ、未だ殺人の予備とはいえないだろう。いわんや、単に殺人の際の変装具をあらかじめ用意するだけでは、その予備にならないこと勿論である。）

どの程度の準備が整えられたときに『予備』となるかについては、判例の見解は必ずしも明瞭でなく、学説もわかれており（……）準備の方法、態様についても制限はないが、いやしくも『予備』を処罰の対象とする以上は、罪刑法定主義の建前等からいっても、予備行為自体に、その達成しようとする目的（いわば、本来の犯罪の実現）との関連において、相当の危険性が認められる場合でなければならないと考える。詳言すると、各犯罪類型に応じ、その実現に『重要な意義をもつ』あるいは『直接に役立つ』と客観的にも認められる物的その他の準備が整えられたとき、すなわち、その犯罪の実行に着手しようと思えばいつでもそれを利用して実行に着手しうる程度の準備が整えられたときに、予備罪が成立すると解するのが相当である。『予備』として判例で認められた事案あるいは裁判上遭遇する事例は、おおむねこの程度の要件は備えており、右のように解しても、実際上それほど不都合はきたさないと思われる。

(2) 破防法第三十九条、第四十条にいう『予備』の概念は、刑法で用いられている『予備』の概念を基礎に規定されたものと解されるが、刑法上の予備の概念についての判例の見解が明確を欠き、学説がわかれている現状においては、破防法成立の過程、同法第二条の趣旨等にかんがみ、同法にいう『予備』については、その範囲をできるだけ厳格に解すべきである。したがって、同法の適用にあたっては、特に、予備罪の成否についての前記の判断基準を堅持し、具体的事案に則し、真に妥当な結論を導くように配慮する必要があると思われる。」X_1につき懲役二年。

〔参照判例〕

殺人予備罪につき、神戸地姫路支判昭和三四・一一・二七下級刑集一巻一一号二四九六頁（「被告人が刺身庖丁を携帯して被害者宅に侵入し被害者の姿を探し求めて屋内を通り歩いた行為自体」は殺人の実行行為といえず、予備にあたる）。東京高判平成一〇・六・四判例時報一六五〇号一五五頁（「サリンにつき、その生成工程がほぼ確立され、量産へ向けての体制に入った……時点以降のサリンの大量生産に向けてされた諸行為は、大量殺人の実行のために必要であるとともにその実行の危険性を顕在化させる準備行為として殺人予備罪に該当する」）。強盗予備罪につき、最判昭和二四・一二・二四刑集三巻一二号二〇八八頁（「他人を脅迫して金品を強奪しようと共謀し、これに使用するため、出刃庖丁刺身庖丁ジャックナイフ及び懐中電燈を買求め、これを携えて姫路城櫻門附近を徘徊した」行為は強盗予備にあたる）。放火予備罪につき、東京高判昭和四四・七・二一東高刑時報二〇巻七号一三三頁。通貨偽造準備罪につき、大判大正五・一二・二一刑録二二輯一九二五頁。

122 予備罪の共同正犯

最決昭和三七・一一・八
刑集一六巻一一号一五二二頁

●事　実　原審の認定した事実は次の通りである。「被告人は、昭和三五年三月上旬ころ、従兄にあたるAから、同人がかねてから密通しているBとの関係を続けるため、同女の夫Cを殺害したいとの意図を打明けられたうえ、その殺害の方法等について相談をもちかけられていたが、当初は真剣に右相談に乗る気持はなく、むしろ右Aの言動をからかいちよう弄しているうち、同人のC殺害の決意は固く、しかも、度び重ねてその殺害方法について相談をもちかけるうち、これをあしらいかね、同年六月二五日ころに至り、Aから右C殺害の用に供するための青酸カリの入手方の依頼を受けるや、同人にこれを手交すれば同人がこれを使用して右殺人の用に供することのあるべきを認識しながら、その青酸カリの入手方を承諾し被告人において知人Dから青酸ソーダを譲り受けたうえ、同月二七日ころの午後九時ころ……A方において、ビニールに包んだ青酸ソーダ約三八瓦（……）をAに手交し、もって右Aと共同してCに対する殺人予備の行為をしたものである。」

●**決定要旨**「被告人の判示所為を殺人予備罪の共同正犯に問擬した原判決の判断は正当と認める」被告人の上告棄却。（第二審判決、原判決破棄、懲役一年。）

［参照判例］
東京高判平成一〇・六・四判例時報一六五〇号一五五頁。

123　陰謀の概念

東京地判昭和三九・五・三〇
下級刑集六巻五・六号六九四頁

●**事　実**〔121〕

●**判　旨**「破防法第三十九条、第四十条の殺人および騒擾の陰謀とは、二人以上のものが、これらの罪を実行する目的で、その実現の場所、時期、手段、方法等について具体的な内容をもった合意に達し、かつこれにつき明白かつ、現在の危険が認められる場合をいうと解するが、明白かつ現在の危険を伴う陰謀とは、その目的とする犯罪が、すでに単なる研究討議の対象としての域を脱し、きわめて近い将来に実行に移され、または移されうるような緊迫した情況にあるときと解される。このような情況の存否は、陰謀の対象とされている犯罪の種類、性質、陰謀の内容の具体性の程度、陰謀の時期と計画実行の時期との関係、陰謀者の数と性格、その実行の決意の強弱、陰謀が行われる際の社会情勢等を考慮し、綜合的に判断して決するほかはない。陰謀実現のための下準備的行為は、明白かつ現在の危険を伴う陰謀にとって不可欠の要素とはいえないが、実際的には、陰謀がこの段階に達するまでには、何らかの下準備が行われているのが通例で、結局多数者による予備との相違は、準備の進行情況の差に帰せられることが多い。本件は、まさにかような場合で、いまだ騒擾および殺人の予備とは認められないが、それに近い緊迫した情況にあったといえる事案である。」

第二節　未　遂

一　実行の着手

124　住居侵入窃盗の着手時期

大判昭和九・一〇・一九
刑集一三巻一四七三頁

●**事　実**　被告人は、A方に侵入して金員を窃取せんと決意し、午前零時半頃日本刀一口を携えて、右A方裏手より屋内に忍入り、同人及びその妻Bの就寝していた同家六畳間に到り金員物色のためその北東隅の三重箪笥に近寄ったところ、Aが眼を覚まし誰何したので、逮捕を免れるためその場で右日本刀で同人に斬付け、治療約八〇日の切創を、また、物音に眼を覚まし起上って蒲団を被せて被告人を捕押へんとしたBにも同様の目的をもって斬付け、治療約六〇日の切創を負わした。

●**判　旨**　「家宅侵入ノ行為ハ、窃盗罪ノ構成要素ニ属セズ、単ニ其ノ遂行手段ニ外ナラザルガ故ニ、家宅ニ侵入シタルノ一事ヲ以テ窃盗罪ノ着手ト謂フ能ハザルハ勿論ナリト雖、窃盗ノ目的ヲ以テ家宅ニ侵入シ他人ノ財物ニ対スル事実上ノ支配ヲ犯スニ付密接ナル行為ヲ為シタルトキハ窃盗罪ニ着手シタルモノト謂フヲ得ベシ。故ニ窃盗犯人ガ家宅ニ侵入シテ金品物色ノ為箪笥ニ近寄リタルガ如キハ右事実上ノ支配ヲ侵スニ付密接ナル行為ヲ為シタルモノニシテ、即チ窃盗罪ノ着手アリタルモノト云フヲ得ベク、其ノ際家人ニ誰何セラレ逮捕ヲ免ルル為人ヲ傷ケタルトキハ準強盗傷人罪ヲ以テ論ズベキコト更ニ絮説ヲ要セズ」被告人の上告棄却。（第二審判決、懲役十年。）

［参照判例］
仙台高判昭和三〇・一一・八高裁刑裁特二巻二二号一一五七頁。土蔵侵入窃盗の着手時期につき、名古屋高判昭和二五・一一・一四高刑集三巻四号七四八頁。倉庫侵入窃盗の着手時期につき、高松高判昭和二八・二・二五高刑集六巻四号四一七頁。

125　店舗窃盗の着手時期

最決昭和四〇・三・九
刑集一九巻二号六九頁

●**事　実**　被告人は、午前零時四〇分頃、電気器具商A方表店舗内において、窃盗の目的で、小型懐中電燈を使用して現金が置いてあると思われる同店舗内東側隅の煙草売場に近づき、金員を物色しようとしていた際、たまたま銭湯に行っていたA

が帰宅して来たため一旦右煙草売場後側の陳列棚のかげに身を隠したが、同人が出入口のガラス戸の一部が破られているのに気付き、不審に思い、奥の間より妻Bを伴って引き返し、ひそんでいた被告人を発見し「泥棒や。」と騒ぎ出したので、被告人は逮捕を免れるため、所携の果物ナイフでAの左前胸部四個所を突き刺し、もってAを出血失血死至らしめ、さらに、Bの顔面を手拳で強打する等の暴行を加え、もってBに治療約二週間を要する歯牙動揺の傷害を負わせた。

●**決定要旨**　「原判決の引用する第一審判決判示第六の事実につき、その挙示、採用する各証拠によれば、被告人は昭和三八年一一月二七日午前零時四〇分頃電気器具商たる本件被害者方店舗内において、所携の懐中電燈により真暗な店内を照らしたところ、電器具類が積んであることが判ったが、なるべく金を盗りたいので自己の左側に認めた煙草売場の方に行きかけた際、本件被害者らが帰宅した事実が認められるというのであるから、原判決が被告人に窃盗の着手行為があったものと認め、刑法二三八条の『窃盗』犯人にあたるものと判断したのは相当である。」被告人の上告棄却。（第一審判決、懲役一三年。第二審判決、被告人の控訴棄却、原判決破棄、無期懲役。）

126　スリ窃盗の着手時期

最決昭和二九・五・六
刑集八巻五号六三四頁

●**事　実**　被告人は、Aのズボンの右ポケット内に金品のあることを知りこれを窃取しようとして、右手を同ポケットの外側に触れたが、Bに発見されてその目的を遂げなかった。

●**決定要旨**　「原判決認定のように、被害者のズボン右ポケットから現金をすり取ろうとして同ポケットに手を差しのべその外側に触れた以上窃盗の実行に着手したものと解すべきことはいうまでもない。」被告人の上告棄却。（第一審判決、懲役二年。窃盗未遂の点については無罪。第二審判決、原判決破棄。懲役三年。）

〔参照判例〕
本件の原判決である、広島高判昭和二八・一〇・五高刑集六巻九号一二六一頁。

127　強姦罪の着手時期

最決昭和四五・七・二八
刑集二四巻七号五八五頁

●事　実　決定要旨参照。

●決定要旨　「原判決ならびにその維持する第一審判決の各判示によれば、被告人は、昭和四三年一月二六日午後七時三〇分頃、ダンプカーに友人のAを同乗させ、ともに女性を物色して情交を結ぼうとの意図のもとに防府市内を徘徊走行中、同市八王寺一丁目付近にさしかかった際、一人で通行中のB（当時二三歳）を認め、『車に乗せてやろう。』等と声をかけながら約一〇〇メートル尾行したものの、相手にされないことにいら立ったAが下車して、同女に近づいて行くのを認めると、付近の同市佐波一丁目赤間交差点西側の空地に車をとめて待ち受け、Aが同女を背後から抱きすくめてダンプカーの助手席前まで連行して来るや、Aが同女を強いて姦淫する意思を有することを察知し、ここにAと強姦の意思を相通じたうえ、必死に抵抗する同女をAとともに運転席に引きずり込み、発進して同所より約五、〇〇〇メートル西方にある佐波川大橋の北方約八〇〇メートルの護岸工事現場に至り、同所において、運転席内で同女の反抗を抑圧してA、被告人の順に姦淫したが、前記ダンプカー運転席に同女を引きずり込む際の暴行により、同女に全治まで約一〇日間を要した左膝蓋部打撲症等の傷害を負わせたというのであって、かかる事実関係のもとにおいては、被告人が同女をダンプカーの運転席に引きずり込もうとした段階においてすでに強姦に至る客観的な危険性が明らかに認められるから、その時点において強姦行為の着手があったと解するのが相当であり、また、Bに負わせた右打撲症等は、傷害に該当すること明らかであって（当裁判所昭和三八年六月二五日第三小法廷決定、裁判集刑事一四七号五〇七頁参照）、以上と同趣旨の見解のもとに被告人の所為を強姦致傷罪にあたるとした原判断は、相当である。」被告人の上告棄却。（第一審判決、懲役三年。）

［参照判例］
最判昭和二八・三・一六刑集七巻三号五二九頁。最決昭和四五・七・二八刑集二四巻七号五八五頁。東京高判昭和三八・六・一三高刑集一六巻四号三五八頁。高松高判昭和四一・八・九高刑集一九巻五号五二〇頁。殺人罪の着手時期につき、大判昭和七・一二・一二刑集一一巻一八八一頁。宇都宮地判昭和四〇・一二・九下級刑集七巻一二号二一八九頁。殺人罪の離隔犯の着手時期につき、大判大正七・一一・一六刑録二四輯一三五二頁。

128　放火罪の着手時期

横浜地判昭和五八・七・二〇
判例時報一一〇八号一三八頁

●事　実　被告人は、被告人の暴力に耐えかねて妻が家出してしまったのを悲観して、自己の居住する本件家屋を燃やすとともに焼身自殺しようと決意し、昭和五八年四月一〇日午後一時半頃、本件家屋の六畳及び四畳半の各和室の床ならびに廊下などにガソリン約六・四リットルを撒布した。しかし、被告人は撒布後すぐには火を放とうとせず、妻から帰宅を知らせる電話があるかも知れないと思い、しばらく待ったが、電話はなかった。そこで被告人はガソリンに火をつけて家を燃やしその炎に包まれて死のうと覚悟を決め、翌一一日午前零時五分頃、死ぬ前に最後のタバコを吸おうと思い、廊下で口にくわえたタバコにライターで点火したところ、その火が撒布したガソリンの蒸気に引火して爆発し、本件家屋は全焼した。

弁護人は、被告人は本件家屋に火を放つ意思で部屋中にガソリンを撒いたものの、これだけでは出火しないから、これは放火の準備段階にすぎず、その後、被告人が心を落ちつけるためライターでタバコに火をつけた行為も放火を意図したものではないから、放火の着手があったとはいえないと主張した。

●判　旨　「本件家屋は木造平屋建であり、内部も特に不燃性の材料が用いられているとは見受けられず、和室にはカーペットが敷かれていたこと、本件犯行当時、本件家屋は雨戸や窓が全部閉められ密閉された状態にあったこと、被告人によって撒布されたガソリンの量は、約六・四リットルに達し、しかも六畳及び四畳半の各和室、廊下、台所、便所など本件家屋の床面の大部分に満遍無く撒布されたこと、右撒布の結果、ガソリンの臭気が室内に充満し、被告人は鼻が痛くなり、目もまばたきしなければ開けていられないほどであったことが認められるのであり、ガソリンの強い引火性を考慮すると、そこに何らかの火気が発すれば本件家屋に撒布されたガソリンに引火し、火災が起こることは必定の状況にあったのであるから、被告人はガソリンを撒布することによって放火について企図したところの大半を終えたものといってよく、この段階において法益の侵害即ち本件家屋の燃燬を惹起する切迫した危険が生じるに至ったものと認められるから、右行為により放火罪の実行の着手があったものと解するのが相当である。」懲役三年六月。

［参照判例］
静岡地判昭和三九・九・一下級刑集六・九＝一〇・一〇〇五頁。福岡地判昭和五八・七・二〇判例時報九一〇号二四二頁。

129 関税法上の禁制品輸入罪の着手時期

最決平成一一・九・二八
刑集五三巻七号六二一頁、判例時報一六九七号一二二頁、判例タイムズ一〇一九号九五頁

●事　実　外国人である被告人は、二重底にした二つのスーツケースに大麻樹脂を隠した上、一方の黒色スーツケースは機内預託手荷物として運搬を委託し、他方の紺色スーツケースは自ら携帯して機内に持ち込み、新東京国際空港に到着した。そこで、黒色スーツケースは作業員により旅具検査場に搬入された。一方、紺色スーツケースを携帯した被告人は上陸審査場で審査を受けたところ、入国審査官から上陸のための条件に適合していないと通知され、直ちに本邦からの退去を命じられた。そこで、被告人は、当日、本邦を出発する航空機に搭乗することとした。被告人は、税関職員の指示を受けた航空会社の職員に促されて旅具検査場に赴き、同所で黒色スーツケースを受け取り、二つのスーツケースについて税関の検査台で検査を受けたところ、大麻を隠していたことが発見された。第一審は関税法上の禁制品輸入未遂罪の成立を認めた。控訴審は、実行の着手時期は、通関線の突破に向けられた現実的危険性のある状態が生じた時点と解するのが相当であるとし、被告人は、機内預託手荷物を空港作業員をして通関線である旅具検査場に搬出させ、又、携帯手荷物を自ら携帯して上陸審査場で審査を受け、その時点において、すぐ先の旅具検査場を大麻を隠匿したまま通過する意思であったから、この時点ではいずれの大麻についても着手があったとして、一審判決の結論を維持し、被告人の控訴を棄却した。

●決定要旨　「以上のような事実関係の下では、被告人は、入国審査官により本邦からの退去を命じられて、即日シンガポールに向け出発する航空機に搭乗することとした時点において、本件大麻を通関線を突破して本邦に輸入しようとする意思を放棄したものと認められるけれども、それまでに、大麻が隠匿された黒色スーツケースは空港作業員により旅具検査場内に搬入させ、大麻が隠匿された紺色スーツケースは被告人が自ら携帯して上陸審査場に赴いて上陸審査を受けるまでに至っていたのであるから、この時点においては被告人の輸入しようとした大麻全部について禁制品輸入罪の実行の着手が既にあったものと認められる。したがって、同罪の未遂罪の成立を認めた原審の判断は正当である。」上告棄却。

［参照判例］
東京高判平成八・九・五判例時報一六〇八号一五六頁。

130　覚せい剤密輸入罪の着手時期

大阪高判昭和五九・一一・九
判例タイムズ五五五号三四九頁

●事　実　Xは、船舶乗組員Yと共謀の上、営利目的で某国から本邦内への覚醒剤の密輸入を企て、Yが貨物船の船倉内の底部側壁内に覚醒剤三〇〇〇グラムを隠匿し大阪港岸壁に到着した。その後、同岸壁付近で、XとYが覚醒剤の受け渡し時期、場所、方法の打ち合わせを行った後、Yが同船に戻り懐中電灯を用意して当該覚醒剤を陸揚げする機会をうかがっていたところ、税関職員が行った出港検査により本件覚醒剤が発見押収された。第一審は、本件では、覚醒剤密輸入罪の実行行為の一部はもちろんこれに密接した行為すら行われておらず予備にとどまるとして、同未遂罪の成立を否定した。

●判　旨　「覚せい剤輸入罪（覚せい剤取締法四一条、一三条）は、船舶による場合においては、覚せい剤を船舶から本邦内（保税地域を含む）に陸揚げすることによつて既遂となる（昭和五八年九月二九日最高裁第一小法廷判決・刑集三七巻七号一一一〇頁）のであるから、陸揚げにとりかかり、またはこれに密接する行為をしたときは、その実行の著手があつたものと解すべきである。……

これを本件についてみると、前示認定のように、Yは第一韓星号船倉内最前部右舷底部側壁内に本件覚せい剤結晶六袋を隠匿し、税関の入港検査の際に発見されることを免れたため、同船が一月一八日午後四時四〇分ころ大阪港ライナー埠頭第七岸壁に接岸した後は、容易にこれを携帯して上陸できる状態にあつたばかりでなく、同日右接岸後上陸し本邦内の荷受人である被告人と会つて受渡しの日時、場所、方法等を具体的に打合せたほか、被告人に同船及び受渡場所等を案内して見分させる等し、同日被告人と別れて帰船後、自らも懐中電灯を用意するなどして、いつでも船倉内からこれを取り出して陸揚げできる態勢を整えていたのであるから、遅くとも右段階において覚せい剤輸入罪の実行の著手があつたと認めるべきである。」破棄自判。

131　結合犯（加重逃走罪）の実行の着手

最判昭和五四・一二・二五
刑集三三巻七号一一〇五頁

●事　実　判旨参照。

●判　旨　「なお、所論にかんがみ、職権により判断すると、刑法九八条のいわゆる加重逃走罪のうち拘禁場又は械具の損壊によるものについては、逃走の手段としての損壊が開始されたときには、逃走行為自体に着手した事実がなくとも、右加重逃走罪の実行の着手があるものと解するのが相当である。これを本件についてみると、原判決の認定によれば、被告人ほか三名は、いずれも未決の囚人として松戸拘置支所第三舎第三一房に収容されていたところ、共謀のうえ、逃走の目的をもって、右三一房の一隅にある便所の外部中庭側が下見板張りで内側がモルタル塗りの木造の房壁（厚さ約一四・二センチメートル）に設置されている換気孔（縦横各一三センチメートルで、パンチングメタルが張られている。）の周辺のモルタル部分（厚さ約一・二センチメートル）三か所を、ドライバー状に研いだ鉄製の蝶番の芯棒で、最大幅約五センチメートル、最長約一三センチメートルにわたって削り取り損壊したが、右房壁の芯部に木の間柱があったため、脱出可能な穴を開けることができず、逃走の目的を遂げなかった、というのであり、右の事実関係のもとにおいて刑法九八条のいわゆる加重逃走罪の実行の着手があったものとした原審の判断は、正当である。」被告人の上告棄却。（第一審判決、懲役二年六月。）

132 不作為による殺人の着手時期

浦和地判昭和四五・一〇・二二
刑裁月報二巻一〇号一一〇七頁

●事　実　被告人は、横断歩行中の被害者を誤って衝突し、同人に対し約六カ月間の入院加療を要した左大腿骨複雑骨折、頭部外傷、右下腿打撲傷の傷害を与え、右衝突後、直ちに被害者をA病院に入院させるべく、自己の運転する軽乗用自動車の助手席に乗せて旧仲仙道を鴻巣市街に向って運転していたところ、同人に重傷を負わせたことから処罰も重く、多額な補償金も要求されると思い、とっさに被害者を人通りのない場所へ運んで置去りにして自己の起した衝突事故の発覚を免れようと決意し、A病院の所在する方向とは異なる方向に自動車を進行させ、午後一一時三〇分ごろ、前記事故現場から約二、九〇〇メートル離れた暗い砂利道に至り、同所は当時人や車の交通がなくたやすく人に発見される見込のない場所であることを見定めて停車し、身動きのできない被害者を右停車した場所付近に放置すれば同人は死んでしまうかも知れないと認識したが、それもやむを得ないと考えて、道路左側沿いの陸田を掘り起こした窪みに同人を放置し逃走した。翌日午前一時五五分ごろ、被害者をさがしていたBほか三名が同人を発見し、即時同人をC病院に入院させたので、被害者は死亡するに至らなかった。

●判　旨　「いわゆる交通事故を犯した自動車運転者のいわゆる『ひき逃げ』行為につき不作為による殺人未遂罪が成立するかどうかについて種々の問題が生じ得るのであるが、少くとも本件の場合のごとく、自動車運転者が自動車の操縦中過失に因り通行人に意識不明を伴う入院加療約六か月を要した大腿骨複雑骨折の重傷を負わせ、これを救護するため一旦自動車の助手席に乗せて事故現場を離れそのまま同人を病院へ連れて行くなどして容易に救護し得たにもかかわらず、その後変心し、同人を遺棄して逃走しようと企て、本道からそれて遺棄すべき場所を探しながら事故現場から約二、九〇〇メートル離れた深夜の寒気厳しい暗い農道上に至り殺害について未必の故意をもって、たやすく人に発見されにくい陸田に右被害者を放置して置き去りにした場合には、右被害者が傷害の程度、遺棄された時間的、場所的状況等から放置しておけば死亡する高度の蓋然性が認められ、且つ犯人の未必の殺意に関する自白が十分に措信できる場合に限り、不作為による殺人罪が成立し、被害者が救護された場合には同罪の実行未遂罪が成立すると解すべきである。……

尚弁護人は不真正不作為犯においては実行着手時期が明白ではない旨主張するが、不真正不作為犯とは不作為による作為犯で、不作為とは期待された作為をしないことであるから、その着手の時期は客観的にみてことさらその義務を放棄したと認められる時点であると解するのを相当とするところ、本件においては被告人が被害者を救護するため鴻巣市所在のA病院へ連れて行くべき期待された行為（義務）を放棄して旧中仙道を左折し、判示第二の場所に至り、前判示のごとき未必の殺意をもって被害者を車外にひきずりおろした時点に着手の開始を認めることができ、同人を放棄して逃走したと認められる時点をもって実行の終了と解すべきである。」懲役三年。執行猶予四年。

133　離隔犯の着手時期

大判大正七・一一・一六
刑録二四輯一三五二頁

●事　実　被告人は、Tを殺害する目的で毒薬混入の砂糖をT宛に小包郵便で送付した。小包はT方に配達され、Tがこれを受領したが、毒薬混入の事実に気づきこれを食するに至らなかった。

原審は殺人未遂罪を適用した。これに対して、弁護人は、原判決は被告人がTに宛て毒薬混入の砂糖を郵送した行為をもって殺人行為の実行なりと判示したものと理解し、そうすると、右毒薬混入の砂糖を郵送しただけではTがはたしてこれを食用するか否か不確実であって、これをもってTまたはその家人が当然これを食用すべき状態においたものということはできない、つまり毒殺行為の実行に着手したものとはいえないと主張して、上告した。

●判　旨　「他人カ食用ノ結果中毒死ニ至ルコトアルヘキヲ予見シナカラ毒物ヲ其飲食シ得ヘキ状態ニ置キタル事実アルトキハ是レ毒殺行為ニ著手シタルモノニ外ナラサルモノトス原判示ニ依レハ被告ハ毒薬混入ノ砂糖ヲTニ送付スルトキハT又ハ其家族ニ於テ之ヲ純粋ノ砂糖ナリト誤信シテ之ヲ食用シ中毒死ニ至ルコトアルヲ予見セシニ拘ラス猛毒薬昇汞一封度ヲ白砂糖一斤ニ混シ其一匙（十グラム）ハ人ノ致死量十五倍以上ノ効力アルモノト為シ歳暮ノ贈品タル白砂糖ナルカ如ク装ヒ小包郵便ニ付シテ之ヲTニ送付シ同人ハ之ヲ純粋ノ砂糖ナリト思惟シ受領シタル後調味ノ為メ其一匙ヲ薩摩煮ニ投シタル際毒薬ノ混入シ居ルコトヲ発見シタル為メ同人及其家族ハ之ヲ食スルニ至ラサリシ事実ナルヲ以テ右毒薬混入ノ砂糖ハTガ之ヲ受領シタル時ニ於テ同人又ハ其家族ノ食用シ得ヘキ状態ノ下ニ置カレタルモノニシテ既ニ毒殺行為ノ著手アリタルモノト云フヲ得ヘキコト上文説明ノ趣旨ニ照シ寸毫モ疑ナキ所ナリトス故ニ原審カ判示事実ニ對シ刑法第百九十九条第二百三条ヲ適用シタルハ正当ナリ」。上告棄却。

［参照判例］

被利用者説に立つ判例に、大判明治四三・六・二三刑録一六輯一二七六頁。大判大正三・六・二〇刑録二〇輯一二八九頁。大判大正五・八・二刑録二二輯一三三二頁。利用者説に立つ判例に、東京高判昭和四二・三・二四高刑集二〇巻三号二二九頁。

二　可罰的未遂と不能未遂

134　絶対的不能と相対的不能

大判大正六・九・一〇
刑録二三輯九九九頁

●事　実　被告人X_1は、被告人X_2と通じ、X_2の内縁の夫Aを殺害しようと共謀し、A宅においてX_1が予て使用していた硫黄粉末五匁をひそかに汁鍋中に投じ、夕食の際、X_2はこれをAに供して飲ましめた。その三か日後、X_1は、A宅へ硫黄粉末を混入せる水薬を携え行きこれを飲ましたところ、病苦を増しただけで予期の結果が生じなかったので、翌日、意を決しAを絞殺し、その殺害の目的を達した。

●判　旨　「被告両名ハ殺害ノ意思ヲ以テ二回ニ硫黄粉末ヲ飲食物中、若クハ水薬中ニ混和シコレヲX_2ノ内縁ノ夫タルAニ服用セシメコレヲ毒殺セント経シタルモ、其方法ガ絶対ニ殺害ノ結果ヲ惹起スルニ足ラズ目的ヲ達スル能ハザルニ因リ、更ニ当初ノ殺意ヲ遂行スルガ為ニ、被告X_1は被告X_2ノ教唆ニ応ジA

ヲ絞殺シタリト云フニ在リ。一箇ノ殺意ヲ継続実行シタル事実ナルモ第一ノ方法ガ殺害ノ目的ヲ達スルニ付キ絶対不能ニシテ第一ノ行為ガ殺人罪トシテ不能ニ属スル以上ハ其結果タル傷害罪ノミヲ論ズル場合ニ於テ右傷害罪ハ罪名ヲ異ニセル第二ノ方法ニ依リテ行ヒタル殺人罪トハ全然連続犯ノ関係ヲ有セザルモノト謂ハザルベカラズ。故ニ原判決ニ於テ最初二回ニ連続シテ硫黄粉末ヲ施用シAヲ殺害セントシタルモ其方法絶対不能ニ属シ単ダコレヲ傷害シタルニ止リタル事実ヲ認メコレヲ原判示殺人既遂ノ連続行為ノ一部タル殺人未遂罪ト為サズ、別ニ其結果タル傷害罪ノ事実ニ対シテ刑法第二百四条第五十五条ヲ適用処断シタルハ相当ニシテ所論ノ如ク擬律錯誤の違法アルモノニアラズ。」X_1、X_2の上告、棄却。

135　客体の不能(1)　空ポケットへのスリ行為

大判大正三・七・二四
刑録二〇輯一五四六頁

●**事　実**　被告人は、通行中の被害者から金員を強取する目的で、後方から被害者を引き倒して同人の口を押さえてその懐中物を奪取しようとしたが、手を入れた箇所に懐中物が入っておらず、目的を遂げなかった。

●**判　旨**　「然レトモ通行人カ懐中物ヲ所持スルカ如キハ普通豫想シ得ヘキ事實ナレハ之ヲ奪取セントスル行爲ハ其結果ヲ發生スル可能性ヲ有スルモノニシテ實害ヲ生スル危險アルヲ以テ行爲ノ當時偶ゝ被害者カ懐中物ヲ所持セサリシカ爲メ犯人カ其奪取ノ目的ヲ達スル能ハサリシトスルモ幵ハ犯人意外ノ障礙ニ因リ其著手シタル行爲カ豫想ノ結果ヲ生セサリシニ過キスシテ未遂犯ヲ以テ處斷スルニ妨ケナキモノナルヲ以テ本件ニ於テ被害者Aカ懐中物ヲ所持シ居リタルト否トハ强盗未遂犯ノ構成ニ何等影響ヲ及ホスモノニ非ス」上告棄却。

136　客体の不能(2)　死体への殺人行為

広島高判昭和三六・七・一〇
高刑集一四巻五号三一〇頁

●**事　実**　鐘物組の輩下である被告人X_1、X_2は、かねてより同組に属する一派の首領Aに対し不快の念を懐いていたが、右A方に同組の会長Bの荷物をとりに行き、Aに同人の広告宣伝車で鐘物組事務所前まで送ってもらった際、X_1がAに対し、「たー坊すまんじゃったのお」といったところ同人から「ちんぴらが何をたれやがるか、甲斐性があるならかかってこい」といわれて、左顳顬部を一回手拳で殴られたのに憤慨して、X_1はとっさにAを殺害しようと決意し、拳銃を三発発射し、Aを殺害した。X_2は、右拳銃の発射音を聞くや即座に現場に至り、殺意をもって日本刀で突き刺したが、Aは、その寸前死亡していたため、殺害の目的を遂げなかった。

●判　旨　「論旨は被告人X_2はAの死体に対し損傷を加えたに過ぎないから、その所為は死体損壊罪に該当すると主張するのである。なるほど同被告人がAに対し原判示傷害を加えたときには同人は既に死亡していたものであることは前認定のとおりであるが、原判決挙示の証拠によれば、被告人X_2は原判示鐘物組事務所玄関に荷物を運び入れていた際屋外で拳銃音がしたので、被告人X_1がAを銃撃したものと直感し、玄関外に出てみたところ、被告人X_1がAを追いかけており、次いで両名が同事務所東北方約三〇米のところに所在する松島歯科医院邸内に飛び込んだ途端二発の銃声が聞えたが、被告人X_1の銃撃が急所を外れている場合を慮り、同被告人に加勢してAにいわゆる止めを刺そうと企て、即座に右玄関付近にあった日本刀を携えて右医院に急行し、被告人X_1の銃撃により同医院玄関前に倒れていたAに対し同人がまだ生命を保っているものと信じ殺意を以てその左右腹部、前胸部その他を日本刀で突き刺したものであることが認められる。そして原審鑑定人Bの鑑定書によれば『Aの直接の死因は頭部貫通銃創による脳挫創であるが、通常同種創傷の受傷者は意識が消失しても文字どおり即死するものでなく、真死に至るまでには少くとも数分ないし十数分を要し、時によってはそれより稍長い時間を要することがあり、Aの身体に存する刺、切創は死後のものとは認め難く生前の瀕死時近くに発生したものと推測される』旨の記載があり、一方当審鑑定人Cの鑑定書によれば『Aの死因は松島歯科医院前で加えられた第二弾による頭部貫通銃創であり、その後受傷した刺、切創には単なる細胞の生的反応が認められるとしても、いわゆる生活反応が認め難いから、これら創傷の加えられたときには同人は死に一歩踏み入れていたもの即ち医学的には既に死亡していたものと認める』旨の記載があり、当裁判所が後者の鑑定を採用したものであることは前に記述したとおりである。

このように、Aの生死については専門家の間においても見解が岐れる程医学的にも生死の限界が微妙な案件であるから、単に被告人X_2が加害当時被害者の生存を信じていたというだけでなく、一般人も亦当時その死亡を知り得なかったであろうこと、したがってまた被告人X_2の前記のような加害行為によりAが死亡するであろうとの危険を感ずるであろうことはいずれも極めて当然というべく、かかる場合において被告人X_2の加害行為の寸前にAが死亡していたとしても、それは意外の障害により予期の結果を生ぜしめ得なかったに止り、行為の性質上結果発生の危険がないとは言えないから、同被告人の所為は殺人の不能犯と解すべきでなく、その未遂罪を以て論ずるのが相当である。」X_1につき懲役一五年。X_2につき懲役三年。

137 方法の不能(1) 空気注射による殺人行為

最判昭和三七・三・二三
刑集一六巻三号三〇五頁

●事　実　被告人X_1は、用意してきたパンを与えるなど、桑畑で作業していた被害者をだまして注射を承諾させ、被告人X_2に被害者の腕を持たせたうえ、右注射器で被害者の両腕の静脈内に一回ずつ蒸留水五ccとともに空気合計三〇ccないし四〇ccを注射したが、致死量にいたらなかったため、殺害の目的を遂げなかった。

●判　旨　「所論は、人体に空気を注射し、いわゆる空気栓塞による殺人は絶対に不可能であるというが、原判決並びにその是認する第一審判決は、本件のように注射された空気の量が致死量以下であっても被注射者の身体的条件その他の事情の如何によっては死の結果発生の危険が絶対にないとはいえないと判示しており、右判断は、原判示挙示の各鑑定書に照らし首肯するに十分であるから、結局、この点に関する所論原判示は、相当であるというべきである。」X_1の上告棄却。（第一審判決、X_1につき懲役五年。X_2につき懲役二年、執行猶予四年。第二審判決、X_1の控訴棄却。）

［参照判例］　最判昭和二四・一・二〇刑集三巻一号四七頁。最判昭和二六・七・一七刑集五巻八号一四四八頁。福岡高判昭和二八・一一・一〇高裁刑判特二六巻五八頁。

138 方法の不能(2) 爆発しない手製爆弾の投擲による爆発物使用行為

最判昭和五一・三・一六
刑集三〇巻二号一四六頁

●事　実　被告人は、ほか数名と共謀のうえ、治安を妨げ、かつ、人の身体・財産を害する目的をもって、午後七時頃、警視庁第八機動隊・同第九機動隊正門前路上において、煙草ピース空缶にダイナマイトなどを充塡し、これに工業用電管および導火線を結合した手製爆弾一個を右導火線に点火して前記機動隊正門に向けて投てきしたが、爆発しなかった。

●判　旨　「本件記録によると、本件爆弾の構造、性質については、原判示のとおり、『導火線の先端に点火すると、その中心にある黒色火薬が徐々に燃焼して末端に及び、その切口から吹き出した炎が、これと接する電管内の起爆薬及び添装薬を順次爆発させ、それによって生じる熱及び衝撃によって爆弾全体が爆発するはずのものであった』というのであるから、その構造上なんら不合理な点は認められないうえ、使用されたダイナマイト、工業用雷管及び導火線は、いずれも正常な性能を有していたと認められるので、本件爆弾が、導火線に点火すれば燃焼して工業用雷管を爆発させ、これがダイナマイトを起爆させて爆弾全体が爆発すべき基本的構造、性質を有していたことは明らかであるところ、たまたま、導火線を工業用雷管に取り付け固定するのに際して塗布された接着剤が導火線内の黒色火薬にしみ込み、それによって右部分の黒色火薬が湿りあるいは固化して燃焼しなくなり、導火線の燃焼がこの部分で中断したため爆発しなかったというのである。そして、A作成の昭和四九年一月二九日付鑑定書によれば、導火線を工業用雷管に取り付け固定するのに接着剤を塗布することは通常の方法とはいえないとしても、これを塗布したすべての場合に導火線の燃焼と工業用雷管の爆発が妨げられるものではないことがうかがわれ、更に、記録によると、本件行為当時、被告人は、導火線を工業用雷管に取り付けるに際して接着剤を使用することが燃焼中断、不爆発の原因となるとは全く予想しておらず、かえって接着剤によって導火線が雷管に一層強度に固定され、したがって、導火線に点火すれば確実に爆発する構造、性質を有する爆弾であると信じており、また、一般人においてもそのように信ずるのが当然であると認められる状況にあったことがうかがえるのである。

ところで、爆発物取締罰則一条にいう爆発物の使用とは、一般的に治安を妨げ、又は犯人以外の人の身体若しくは財産を害するおそれのある状況の下において、爆発物を爆発すべき状態におくことをいい、現実に爆発することを要しないものと解すべきところ（最高裁昭和四一年（あ）第四一五号同四二年二月二三日第一小法廷判決・刑集二一巻一号三一三頁、大審院大正七年（れ）第四九二号同年五月二四日判決・刑録二四輯六一三頁参照）、被告人らの本件行為が、同条の構成案件的行為である爆発物の使用、すなわち『爆発の可能性を有する物件』を『爆発すべき状態におく』ことに該当するかどうかは、単に物理的な爆発可能性の観点のみから判断されるべきではなく、本条の立法趣旨、罪質及び保護法益を考慮しつつ、『使用』についての前記解釈をとり、本件爆弾の構造上、性質上の危険性と導火線に点火して投げつける行為の危険性の両面から、法的な意味において、右構成要件を実現する危険性があったと評価できるかどうかが判断されなければならない。

これを本件についてみると、前記説示の事実関係を前提とすれば、本件爆弾には原判示のような欠陥はあったものの、これは基本的構造上のものではなく、単に爆発物の本体に付属する使用上の装置の欠陥にとどまるものであるから、法的評価の面からみれば、導火線に点火して投げつけるという方法により爆発を惹起する高度の危険性を有するものと認められ、したがって、被告人らが爆発物取締罰則一条所定の目的で、本件爆弾の本来の用法に従い、これを爆発させようとして導火線に点火して、警察官らが立番中の第八・九機動隊の正門にめがけて投げつけた行為は、結果として爆発しなかったとしても、爆発物を爆発すべき状態においたものであり、同条にいう『爆発物ヲ使用シタル者』にあたると解すべきである。しかるに、原判決は、本件爆弾の導火線に補修を施さない限り、そのままでは点火して投てきしても物理的な爆発可能の状態におくことができないものであった点をとらえて、第一審判決が被告人らの本件行為は同条にいう『使用』に該当しないとした判断をたやすく是認しているのである。してみると、原判決は、右の点において判決に影響を及ぼすべき法令の解釈適用を誤った違法があるもので、これを破棄しなければ著しく正義に反するものと認められる。」原判決破棄。東京高等裁判所に差し戻し。(第一審判決、懲役三年。爆発物使用罪の成立を否定。第二審判決、検察官の控訴棄却)。

139　方法の不能(3)　空ピストルによる殺人行為

福岡高判昭和二八・一一・一〇
高裁刑判特二六号五八頁

●事　実　被告人は、巡査Aにより緊急逮捕されるに際し、Aが腰に着装していた拳銃を奪取し、Aの脇腹に銃口を当て引鉄を引いたが、たまたま弾丸が装塡されていなかったため、殺害の目的を達しなかった。Aは、多忙のため、うっかりして実弾の装塡を忘れていたのだった。

●判　旨　「案ずるに、制服を着用した警察官が勤務中、右腰に着装している拳銃には、常時たまが装塡されているべきものであることは一般社会に認められていることであるから、勤務中の警察官から右拳銃を奪取し、苟しくも殺害の目的で、これを人に向けて発射するためその引鉄を引く行為は、その殺害の結果を発生する可能性を有するものであって、実害を生ずる危険があるので右行為の当時、たまたまその拳銃にたまが装塡されていなかったとしても、殺人未遂罪の成立に影響なく、これを以て不能犯ということはできない。」

三　障害未遂と中止未遂

140　着手未遂の中止犯と実行未遂の中止犯の区別(1)

東京高判昭和五一・七・一四
判例時報八三四号一〇六頁

●事　実　X_1が日本刀で被害者の右肩方を一回切りつけ、さらに引き続き二の太刀を加えて、倒れた同人の息の根を止めようとしたとき、X_2が、その攻撃を止めさせ、その後、X_2が、自己の親友であるA、および自己の若衆であるBに被害者を病院に連れて行くよう指示し、病院で治療を受けさせた。

●判　旨　「中止未遂は、犯罪の実行に着手した未遂犯人が自己の自発的な任意行為によって結果の発生を阻止して既遂に至らしめないことを要件とするが、中止未遂はもとより犯人の中止行為を内容とするものであるところ、その中止行為は、着手未遂の段階においては、実行行為の終了までに自発的に犯意を放棄してそれ以上の実行を行わないことで足りるが、実行未遂の場合にあっては、犯人の実行行為は終っているのであるから、中止行為といいうるためには任意に結果の発生を妨げることによって、既遂の状態に至らせないことが必要であり、そのため結果発生回避のための真しな努力が要求される所以である。

本件についてこれをみてみると、原判示関係証拠に、当審における事実調の結果を併せ考えれば被告人は、原判示の動機から原判示Cを殺害することを共謀し、被告人X_2の意をうけた被告人X_1が、原判示刃渡り約五二センチメートルの日本刀を振り上げて被告人らの前に正座しているCの右肩辺りを一回切りつけたところ、同人が前かがみに倒れたので、更に引き続き二の太刀を加えて同人の息の根を止めようとして次の攻撃に移ろうとした折、被告人X_2が、同X_1に対し、『もういい、安（被告人X_1の意）いくぞ』と申し向け、次の攻撃を止めさせ、被告人X_1もこれに応じてCに対し二の太刀を振り降ろすことを断念している事実が認定できるのである。そして、右証拠によれば、被告人らとしても、右被告人X_1がCに加えた最初の一撃で同人を殺害できたとは考えず、さればこそX_1は続けて次の攻撃に移ろうとしたものであり、Cが受けた傷害の程度も右肩部の長さ約二二センチメートルの切創で、その傷の深さは骨に達しない程度のものであった（医師D作成のCに対する診断書）のであるから、被告人らのCに対する殺害の実行行為が原判示X_1の加えた一撃をもって終了したものとはとうてい考えられない（なお、原判決は、右X_1の加えた一撃によりCは出血多量による死の危険があったというがこれを認めるに足りる証拠はない）。してみれば、本件はまさに前記着手未遂の事案に当たる場合であり、被告人らとしては、Cを殺害するため更に次の攻撃を加えようとすれば容易にこれをなしえたことは原判決もこれを認定しているとおりであるのに、被告人らは次の攻撃を自ら止めているのである。そして、被告人X_2が、被告人X_1に二の太刀を加えることを止めさせた理由として、被告人X_2は、司法警察員及び検察官に対し、『Cの息の根を止め、とどめをさすのを見るにしのびなかった』『Cを殺してはいけない……懲役に行った後で、子供四人と狂っている妻をめんどうみさせるのはCしかいない、Cを殺してはいけないと思い……とどめを刺すのをやめさせた』と述べているのであって、かかる動機に基づく攻撃の中止は、法にいわゆる自己の意思による中止といわざるをえない。又、被告人X_1においても、被告人X_2にいわれるままに直ちに次の攻撃に出ることを止めているのである（なお、被告人X_2の原説示のAらにCを病院に連れていくよう指示し、Cが直ちに国立埼玉病院に運ばれ治療を受けたことは原判決に示すとおりである)。

してみれば、被告人らの原判示第一の殺人未遂の所為は刑法四三条但書にいわれる中止未遂に当たる場合である。」原判決破棄。X_1につき懲役四年。X_2につき懲役七年。

141　着手未遂の中止犯と実行未遂の中止犯の区別(2)

東京高判昭和六二・七・一六
判例時報一二四七号一四〇頁

●**事　実**　飲食店の経営者から店への出入りを断わられるなどしたことに憤慨した被告人は、殺意を有し、同店に赴き、所携の牛刀（鋼製。全長、約四三・二センチメートル。刃渡り、約二九・三センチメートル）を同人の頭部めがけて振り下ろして切りつけた。被害者は、とっさにこれを左腕で防いで、何度も助命を哀願した。被告人は被害者に対し憐憫の情を催し、自らも謝罪し、同人を病院に運んだ。被害者は左前腕に全治約二週間の切傷を負うにとどまった。

●**判　旨**「職権をもって、原判決を調査するに、原判決が、その罪となるべき事実において、被告人は殺意をもって、前記牛刀でAの左側頭部付近を切りつけたが、とっさに同人がこれを左腕で防ぐなどしたため、同人に全治約二週間の左前腕切傷を負わせたにとどまり、殺害の目的を遂げなかった旨認定し、かつ、その法令の適用において、殺人未遂に関する法条を適用し、所定刑中有期懲役刑に選択しただけで、中止未遂及び法律上の減軽に関する刑法四三条但書及び六八条三号を適用していないことに徴すると、原判決は、被告人のAに対する右の一撃によって殺人の実行行為は終了したが、同人の防御などの障害により、殺害の結果が発生しなかったとして、本件がいわゆる実行未遂で、しかも障害未遂に当たる事案であると認定していることが明らかである。

しかし、前記の被告人の捜査段階における供述にもあるように、被告人は、Aを右牛刀でぶった切り、あるいはめった切りにして殺害する意図を有していたものであって、最初の一撃で殺害の目的が達せられなかった場合には、その目的を完遂するため、更に、二撃、三撃というふうに追撃に及ぶ意図が被告人にあったことが明らかであるから、原判示のように、被告人が同牛刀でAに一撃を加えたものの、その殺害に奏功しなかったという段階では、いまだ殺人の実行行為は終了しておらず、従って、本件はいわゆる着手未遂に該当する事案であるといわねばならない。

そして、いわゆる着手未遂の事案にあっては、犯人がそれ以上の実行行為をせずに犯行を中止し、かつ、その中止が犯人の任意に出たと認められる場合には、中止未遂が成立することになるので、この観点から、原判決の掲げる証拠に当審における被告人質問の結果なども参酌して、本件を考察すると、原判示のように、被告人は確定的殺意のもとに、Aの左側頭部付近を目掛けて、右牛刀で一撃し、これを左腕で防いだ同人に左前腕切傷の傷害を負わせたが、その直後に、同人から両腰付近に抱きつくように取りすがられて、「勘弁して下さい。私が悪かった。命だけは助けて下さい。」などと何度も哀願されたため、かわいそうとのれんびんの情を催して、同牛刀で更に二撃、三撃というふうに追撃に及んで、殺害の目的を遂げることも決して困難ではなかったのに、そのような行為には出ずに犯行を中止したうえ、自らも本件の所為について同人に謝罪し、受傷した同人に治療を受けさせるため、通り掛かりのタクシーを呼び止めて、同人を病院に運んだことなどの事実が明らかである。

右によると、たしかに、Aが被告人の一撃を防御したうえ、被告人に取りすがって謝罪し、助命を哀願したことが、被告人が殺人の実行行為を中止した契機にはなっているけれども、一般的にみて、そのような契機があったからといって、被告人のように強固な確定的殺意を有する犯人が、その実行行為を中止するものとは必ずしもいえず、殺害行為を更に継続するのがむしろ通例であるとも考えられる。

ところが、被告人は前記のように、Aの哀願にれんびんの情を催して、あえて殺人の実行行為を中止したものであり、加えて、被告人が前記のように、自らもAに謝罪して、同人を病院に運び込んだ行為には、本件所為に対する被告人の反省、後悔の念も作用していたことが看取されるのである。

以上によると、本件殺人が未遂に終ったのは、被告人が任意に、すなわち自己の意思によって、その実行行為をやめたことによるものであるから、右の未遂は、中止未遂に当たるといわねばならない」。原判決破棄自判。懲役二年六月。

142 中止の任意性(1)

最決昭和三二・九・一〇
刑集一一巻九号二二〇二頁

●事　実　被告人はかねて賭博等にふけって借財がかさんだ結果、実母Aや姉Bにも心配をかけたので苦悩の末、自殺を決意するとともに、自己の亡き後に悲歎しながら生き残るであろう母親の行末が不憫であるからむしろ同時に母をも殺害して同女の現世の苦悩を除いてやるにしかずと考え、電燈を消して就寝中の同女の頭部を野球用バットで力強く一回殴打したところ、同女がうーんと呻き声をあげたので早くも死亡したものと思い、バットをその場に置いたまま自己が就寝していた隣室三畳間に入ったが、間もなく同女が被告人の名を呼ぶ声を聞き再び現場に戻り、同女の頭部を手探ぐりし電燈をつけて見ると、母が頭部より血を流し痛苦していたので、その姿を見てにわかに驚愕恐怖し、その後の殺害行為を続行することができず、所期の目的を遂げなかった。

●決定要旨　「右によれば、被告人は母に対し何ら怨恨等の害悪的感情をいだいていたものではなく、いわば憐憫の情から自殺の道伴れとして殺害しようとしたものであり、したがってその殺害方法も実母にできるだけ痛苦の念を感ぜしめないようにと意図し、その熟睡中を見計い前記のように強打したものであると認められる。しかるに、母は右打撃のため間もなく眠りからさめ意識も判然として被告人の名を続けて呼び、被告人はその母の流血痛苦している姿を眼前に目撃したのであって、このような事態は被告人のまったく予期しなかったところであり、いわんや、これ以上さらに殺害行為を続行し母に痛苦を与えることは自己当初の意図にも反するところであるから、所論のように被告人においてさらに殺害行為を継続するのがむしろ一般の通例であるというわけにはいかない。すなわち被告人は、原判決認定のように、前記母の流血痛苦の様子を見て今さらの如く事の重大性に驚愕恐怖するとともに、自己当初の意図どおりに実母殺害の実行完遂ができないことを知り、これらのため殺害行為続行の意力を抑圧せられ、他面事態をそのままにしておけば、当然犯人は自己であることがただちに発覚することを怖れ、原判示のように、ことさらに便所の戸や高窓を開いたり等して外部からの侵入者の犯行であるかのように偽装することに努めたものと認めるのが相当である。右意力の抑圧が論旨主張のように被告人の良心の回復または悔悟の念に出でたものであることは原判決の認定しないところであるのみならず、前記のような被告人の偽装行為に徴しても首肯し難い。そして右のような事情原因の下に被告人が犯行完成の意力を抑圧せしめられて本件犯行を中止した場合は、犯罪の完成を妨害するに足る性質の障がいに基くものと認むべきであって、刑法第四三条但書にいわゆる自己の意思による犯行を止めたる場合に当らないものと解するを相当とする。」被告人の上告棄却。（第一審判決、刑の免除。第二審判決、原判決破棄。懲役三年六月。）

〔参照判例〕
大判昭和一二・六・六刑集一六巻二七二頁、福岡高判昭和二九・五・二九高裁刑判特二六巻九三頁。

143　中止の任意性(2)

最判昭和二四・七・九
刑集三巻八号一一七四頁

●事　実　被告人は、被害者（当一五歳）の後姿を認め、にわかに劣情を起して同女を強いて姦淫しようと企らみ、突然同女の右後側から両手でその咽喉部を絞扼して人事不省に陥しいれた上、同女を引摺って墓地内へ連れ込み仰向けに寝かして同女の穿いていたスカートをその腹部の辺まで捲き上げヅロースを脱ぎ去り同女の両足を跨いてその上になり両膝を地面に突いて左手で同女の陰部を探りなおその人差指と中指とを陰部に挿入したりした上姦淫を遂げようとしたが、たまたま近くに到着した大阪行電車の前燈の光の直射で左手の右二指に血痕が附着しているのを見て驚いてただちに逃げ帰ったためその目的を遂げなかった。

●判　旨　「当夜は一〇月一六日の午後六時半過ぎて、すでにあたりはまっくらであり、被告人は人事不省に陥っている被害者を墓地内に引摺り込み、その上になり、姦淫の所為に及ぼうとしたが、被告人は当時二三歳で性交の経験が全くなかったため、容易に目的を遂げず、かれこれ焦慮している際突然約一丁をへだてた石切駅に停車した電車の前燈の直射を受け、よって犯行の現場を照明されたのみならず、その明りによって、被害者の陰部に挿入した二指を見たところ、赤黒い血が人差指から手の甲を伝わり手首まで一面に附着していたので、性交に経験のない被告人は、その出血に驚愕して姦淫の行為を中止したというにあることがわかる。かくのごとき諸般の情況は被告人をして強姦の遂行を思い止まらしめる障碍の事情として、客観性のないものとはいえないのであって被告人が弁護人所論のように反省悔悟して、その所為を中止したとの事実は、原判決の認定せざるところである。また驚愕が犯行中止の動機であることは、弁護人所論のとおりであるけれども、その驚愕の原因となった諸般の事情を考慮するときは、それが被告人の強姦の遂行に障碍となるべき客観性ある事情であることは前述のとおりである以上、本件被告人の所為を以て、原判決が障碍未遂に該当するものとし、これを中止未遂にあらずと判定したのは相当であって何ら所論のごとき違法はない。」被告人の上告棄却。

（原審判決、懲役一三年。）

［参照判例］

札幌高判昭和三六・二・九下級刑集三巻一号・二号三四頁。放火罪につき、大判昭和一二・九・二一刑集一六巻一三〇三頁。浦和地判平成四・二・二七判例タイムズ七九五号二六三頁。大阪地判平成九・六・一八判例時報一六一〇号一五五頁。

144 中止の任意性(3)

福岡高判昭和六一・三・六
判例時報一一九三号一五二頁、
判例タイムズ六〇〇号一四三頁

●事　実　判旨参照。

●判　旨　「本件は、被告人が、未必的殺意をもってA子の頚部を果物ナイフで一回突き刺したが、同女に加療約八週間を要する頚部刺傷等の傷害を負わせたにとどまったという事案であるところ、《証拠略》によると、被告人は、A子の頚部を果物ナイフで一回突き刺した直後、同女が大量の血を口から吐き出し、呼吸のたびに血が流れ出るのを見て、驚愕すると同時に大変なことをしたと思い、直ちにタオルを同女の頚部に当てて血が吹き出ないようにしたり、同女に『動くな、じっとしとけ。』と声をかけたりなどしたうえ、『ナイトパブチェリー』の店内から消防署に架電し、傷害事件を起こした旨告げて救急車の派遣と警察署への通報を依頼したこと、被告人は、その後『救急車がきよるけん心配せんでいいよ。』とA子を励ましながら救急車の到着を待ち、救急車が到着するや、一階出入口のシャッターの内側から鍵を差し出して消防署員にシャッターを開けてもらい、消防署員とともにA子を担架に乗せて救急車に運び込み、そのころ駆け付けた警察官に『別れ話がこじれてA子の首筋をナイフで刺した』旨自ら告げてその場で現行犯逮捕されたこと、A子は直ちに友田外科医院に搬送されて昇圧剤の投与を受けたのち、同日午前七時すぎころ廣瀬医院に転送されてB医師により手術を受けたものであるが、本件の頚部刺傷は深さ約五センチメートルで気管内に達し、多量の出血と皮下気腫を伴うもので、出血多量による失血死や出血が気道内に入って窒息死する危険があったこと、以上の事実が認められ、右認定を左右するに足る証拠は存しない。

ところで、中止未遂における中止行為は、実行行為終了前のいわゆる着手未遂においては、実行行為を中止すること自体で足りるが、実行行為終了後のいわゆる実行未遂においては、自己の行為もしくはこれと同視できる程度の真摯な行為によって結果の発生を防止することを要すると解すべきところ、本件犯行は、A子の頚部にナイフを突きつけて同女を脅かしていた際、一時的な激情にかられて未必的殺意を生じ、とっさに右ナイフで同女の頚部を一回突き刺したというものであって、二度、三度と続けて攻撃を加えることを意図していたものではなく、右の一撃によって同女に失血死、窒息死の危険を生じさせていることに照らすと、本件は実行未遂の事案というべきである。そして、前記認定事実によれば、被告人が、本件犯行後、A子が死に至ることを防止すべく、消防署に架電して救急車の派遣を要請し、A子の頚部にタオルを当てて出血を多少でもくい止めようと試みるなどの真摯な努力を払い、これが消防署員や医師らによる早期かつ適切な措置とあいまってA子の死の結果を回避せしめたことは疑いないところであり、したがって、被告人の犯行後における前記所為は中止未遂にいう中止行為に当たるとみることができる。

次に、中止未遂における中止行為は『自己ノ意思ニ因リ』(刑法四三条但書)なされることを要するが、右の『自己ノ意思ニ因リ』とは、外部的障碍によってではなく、犯人の任意の意思によってなされることをいうと解すべきところ、本件において、被告人が中止行為に出た契機が、A子の口から多量の血が吐き出されるのを目のあたりにして驚愕したことにあることは前記認定のとおりであるが、中止行為が流血等の外部的事実の表象を契機とする場合のすべてについて、いわゆる外部的障碍によるものとして中止未遂の成立を否定するのは相当ではなく、外部的事実の表象が中止行為の契機となっている場合であっても、犯人がその表象によって必ずしも中止行為に出るとは限らない場合に敢えて中止行為に出たときには、任意の意思によるものとみるべきである。これを本件についてみるに、本件犯行が早朝、第三者のいない飲食店内でなされたものであることに徴すると、被告人が自己の罪責を免れるために、A子を放置したまま犯行現場から逃走することも十分に考えられ、通常人であれば、本件の如き流血のさまを見ると、被告人の前記中止行為と同様の措置をとるとは限らないというべきであり、また、前記認定のとおり、被告人は、A子の流血を目のあたりにして、驚愕すると同時に、「大変なことをした。」との思いから、同女の死の結果を回避すべく中止行為に出たものであるが、本件犯行直後から逮捕されるまでにおける被告人の真摯な行動やA子に対する言葉などに照らして考察すると、「大変なことをした。」との思いには、本件犯行に対する反省、悔悟の情が込められていると考えられ、以上によると、本件の中止行為は、流血という外部的事実の表象を契機としつつも、犯行に対する反省、悔悟の情などから、任意の意思に基づいてなされたと認めるのが相当である」。原判決破棄。懲役二年六月。

145 中止行為(1)

東京地判昭和三七・三・一七
下級刑集四巻三・四号二二四頁

●**事　実**　被告人は、殺意をもって、被害者（当年二年七ヵ月）に致死量に足る睡眠薬を飲ませたところ、被害者が間もなく口から泡を吹き始め、脈も非常に早くなってきた様子に驚き、大変な事をしたと悟り、被害者の死の結果を防止しようと焦慮した末、独力では、いかんともし難いので、警察官に頼んで病院に収容してもらおうと警察署派出所を探し回ったが見当らなかった。そこで、被告人は急ぎ帰宅のうえ、緊急電話一一〇番をもって右事実を通報し、駆けつけた警察官の助力を得てただちに付近の病院に収容し、医療手当を加えたため、被害者は一命を取り止めるにいたった。

●**判　旨**　「本件のような犯罪の実行行為終了後におけるいわゆる実行中止による中止未遂の成立要件とされる結果発生の防止は、必ずしも犯人単独で、これに当る必要はないのであって、結果発生の防止について他人の助力を受けても、犯人自身が防止に当ったと同視するに足る程度の真摯な努力が払われたと認められる場合は、やはり、中止未遂の成立が認められるのである（大判昭和一二年六月二五日刑集一六巻九九八頁）。ところで本件においては、被告人は、判示のように、Aを殺害しようとして、一たん睡眠薬を飲ませたものの、間もなく大変な事をしたと悟り、そのまま放置すれば、Aが当然死に至るべきを、自らその結果を防止しようと、あれこれ焦慮したのであるが、Aの苦悶の様相を見て、もはや独力では、いかんともし難いと観念した被告人は、警察官に自ら犯行を告げ、その助力を得てAを病院に収容するほかAの生命を助ける手段はないものと考え、付近の警察署派出所を探し回ったが、見当らなかったので、判示のように緊急電話をもって事態を警察官に通報連絡した結果、ただちにAは病院に収容され、医療処置が講ぜられたことにより、Aの一命を取り止めたのである。Aは、当時既に睡眠薬中毒のため生死の境にあったのであって、もとより、かような場合における医療知識のない被告人に応急の救護処置を期待し得べくもなく、Aの生命を助けるため、被告人が右のような処置を採ったのは、被告人として精一杯の努力を尽したものというべきであり、その処置は、当時の差し迫った状況下において、被告人として採り得べき最も適切な善後処置であったといわなければならない。

もっとも、前記の警察官に対する緊急電話による通報が犯行時より約一時間後になされているが、それは、日常留守勝ちなB家の家庭内にとどまって、ほとんど外出する機会もなかったため付近の地理にも不案内な被告人が、前記のように警察署派出所を探し回ったことなどのため時間を経過したことによるのであって、被告人の結果防止の努力の真摯性を失わせるものではない。……駆けつけた警察官に対しても、被告人は率直に自己の犯行を告げてAを寝かせた二階に案内するなど、すみやかにAに対する救護処置が講ぜられるよう必死になって協力していたことがうかがわれ、被告人が前記の応急処置を採った前後における被告人の態度もまたきわめて真摯であったことなど諸般の情況を総合考察すれば、本件の場合、被害者Aが死の結果を免れ得たのは、警察官及び医師の協力を得たことによるのではあるけれども、被告人としては、Aの死の結果を防止するため、被告人自身その防止に当ったと同視するに足るべき程度の真摯な努力を払ったものというべきであり、被告人の判示所為は、殺人の中止未遂と認めるのが相当である。」懲役二年。執行猶予三年。

［参照判例］

殺人罪につき、大阪高判昭和四四・一〇・一七判例タイムズ二四四号二九〇頁。強盗罪につき、名古屋高金沢支判昭和二六・二・一二高裁刑判特三〇号三二頁。

146 中止行為(2)

大判昭和一二・六・二五
刑集一六巻九九八頁

●事　実　被告人は、放火の故意をもって、午後一〇時三〇分頃、被害者宅家人の不在に乗じ、同家台所土間のかまどと東側出入口板戸との間に長さ約四、五尺周圍一抱の枯松枝三束藺草一束を積み重ねかまどの上にありあわせた燐寸で最下位の松束に点火して放火し、即時その場を立去り、被害者宅裏手のA方門前にさしかかったところ、屋内より炎上する火勢を認めにわかに恐怖心を生じAに対し放火したからよろしく頼むと叫びながら走り去ったため、Aらはただちに現場に駆付け消火した結果、わずかに右松枝藺草の各一部を燃焼したに止まり、住宅焼燬の目的を遂げなかった。

●判　旨　「刑法第四十三条但書に所謂中止犯は、犯人が犯罪の実行に着手したる後其の継続中任意に之を中止しもしくは結果の発生を防止するに由り成立するものにして結果発生に付ての防止は必ずしも犯人単独にて之に当るの要なきこと勿論なりといえども、其の自ら之に当らざる場合少くとも犯人自身之が防止に当りたると同視するに足るべき程度の努力を払ふの要あるものとす。今本件を観るに、原判決の確定したる事実に依れば、被告人は本件放火の実行に著手後逃走の際火勢を認め遽に恐怖心を生じ判示Aに対し放火したるに依り宜敷頼むと叫びながら走り去りたると云ふにあるを以て、被告人において放火の結果発生の防止につき自ら之に当りたると同視するに足るべき努力を尽したるものと認むるを得ざるが故に、被告人の逃走後該A等の消火行為に依り放火の結果発生を防止し得たるとするも被告人の前示行為を以て本件犯罪の中止犯なりと認むるを得ず。」被告人の上告棄却。（第二審判決、懲役一年六月。）

［参照判例］
大判昭和四・九・一七刑集八巻四四六頁。大判昭和一二・一二・二二刑集一六巻一六九〇頁。

147 予備と中止

最判昭和二九・一・二〇
刑集八巻一号四一頁

●事　実　被告人X_1、X_2、X_3およびAは、B方で強盗をしようと企て、午後八時三〇分頃、X_1は出刃庖丁を、X_2は縄を携えてB方に赴きもって強盗の予備をした。X_3の上告趣意は次の通り。「出発前X_1から風呂敷を預りました。後でお調べの結果『ドス』が一振入って居たのですが私としては口実ではなく、まさかそんな恐しい物が入って居るとは夢にも知らず、X_1がB家の表戸を叩き『警察署の者だが』と言って家人を起して居る様子を私はこちらから眺めて、余りにも自己の罪業の深さに気付き無意識に一目散自宅へ不自由な足を引っ張って帰へりました。

強取の意志のない妾、只案内しただけで刑法第二三七条の適用、一銭の配当もなく、第四三条の中止未遂として処断して戴き度いのです。」

●**判　旨**　「原判決挙示の証拠によれば、被告人が強盗をしようとして原審相被告人等と共に原判決第四摘示の強盗予備の行為をした事実は十分これを認めることができる。故に強盗の意思がなかったとの主張は理由がなく、又予備罪には中止未遂の観念を容れる余地のないものであるから、被告人の所為は中止未遂であるとの主張も亦採ることを得ない。」X_3上告。原判決中X_3の関係部分破棄。懲役三年。（原審判決、X_1につき懲役五年。罰金千円。X_2につき懲役二年六月以上四年以下。X_3につき懲役四年。）

〔参照判例〕

殺人予備罪につき、大判大正五・五・四刑録二二輯六八五頁。

第三節　既　遂

148　窃盗罪の既遂時期(1)　車庫盗

最判昭和二三・一〇・二三
刑集二巻一一号一三九六頁

●**事　実**　被告人は、A、Bと共謀の上、窃盗の意思で、内務省東北土木出張所自動車車庫の中から木炭六俵をかつぎ出し、右土木出張所の柵外に持ち出した。

●**判　旨**　「凡そ不法に領得する意思を以って、事実上他人の支配内に存する物体を自己の支配内に移したときは、茲に窃盗罪は既遂の域に達するものであって、必らずしも犯人が之を自由に処分し得べき安全なる位置にまで置くことを必要とするものではない。原判決摘示の証拠に依れば、被告人はA、Bと共謀の上、窃盗の意思を以て判示内務省東北土木出張所自動車々庫の中から、木炭六俵を担ぎ出して之を右土木出張所の柵外に持出したことは明らかであり、此事は即ち右土木出張所管理者の右木炭に対する支配を排して被告人等の支配下に移したものと認むべきであるから、被告人らの右所為を窃盗罪の既遂を以って問擬したる原判決は正当である。」被告人の上告棄却。

（原審判決、懲役一〇月。）

［参照判例］

最判昭和二四・一二・二二刑集三巻一二号二〇七〇頁。大判大正一二・七・三刑集二巻六二四頁。東京高判昭和二七・一二・一一高刑集五巻一二号二二八三頁。仙台高判昭和二九・一一・二高裁刑裁特一巻九号四一五頁。東京高判平成五・二・二五判例タイムズ八二三号二五二頁。

149 窃盗罪の着手時期(2)　スーパーマーケットでの万引き

東京高判平成四・一〇・二八
判例タイムズ八二三号二五二頁

●事　実　被告人は、スーパーマーケット店内において食料品など三五点（時価六七〇〇円相当）を買い物かごに入れた後、レジを通過しないで、その脇のパン棚の脇から買い物かごをレジの外側に持ち出し、店内のカウンター台の上に置き、商品をかごの中から取り出してビニール袋に入れようとした際に、店員に取り押さえられた。

●判　旨「以上の事実関係の下においては、被告人がレジで代金を支払わずに、その外側に商品を持ち出した時点で、商品の占有は被告人に帰属し、窃盗は既遂に達すると解すべきである。なぜなら、右のように、買物かごに商品を入れた犯人がレジを通過することなくその外側に出たときは、代金を支払ってレジの外側へ出た一般の買物客と外観上区別がつかなくなり、犯人が最終的に商品を取得する蓋然性が飛躍的に増大すると考えられるからである。」破棄自判。懲役一〇月。執行猶予四年。

150 覚せい剤輸入罪の既遂時期

最判昭和五八・九・二九
刑集三七巻七号一一一〇頁

●事　実　被告人は、A、Bらと共謀のうえ、韓国から覚せい剤を密輸入することを企て、営利の目的をもって、昭和五六年八月二一日、韓国釜山空港から日本航空九六八便航空機に、フェニルメチルアミノプロパン塩を含有する覚せい剤結晶九九三・四グラムをキヤリーバッグの底に隠匿携帯して搭乗し、同日午後三時五〇分ころ、大阪府豊中市螢池西町三丁目五五五番地大阪国際空港に到着して、右覚せい剤を陸揚げし、もって本邦内に輸入した。

●判　旨「右のような場合において、無許可輸入罪の既遂時期は、覚せい剤を携帯して通関線を突破した時であると解されるが、覚せい剤輸入罪は、これと異なり、覚せい剤を船舶から保税地域に陸揚げし、あるいは税関空港に着陸した航空機から覚せい剤を取りおろすことによって既遂に達するものと解するのが相当である。けだし、関税法と覚せい剤取締法とでは、外国からわが国に持ち込まれる覚せい剤に対する規制の趣旨・目的を異にし、覚せい剤取締法は、覚せい剤の濫用による保健衛生上の危害を防止するため必要な取締を行うことを目的とするものであるところ（同法一条参照）、右危害発生の危険性は、右陸揚げあるいは取りおろしによりすでに生じており、通関線の内か外かは、同法の取締の趣旨・目的からはとくに重要な意味をもつものではないと解されるからである。」検察官、被告人の各上告棄却。（第一審判決、懲役五年。第二審判決、原判決破棄、懲役四年、罰金二〇万円。）

151　コントロールド・デリバリーと関税法上の禁制品輸入罪

最決平成九・一〇・三〇
刑集五一巻九号八一六頁、判例時報一六二〇号一五二頁、判例タイムズ九五五号一五四頁

●**事　実**　被告人Xと相被告人Yが、フィリピンから大麻を隠匿した航空貨物を東京都内のX、Yが共同経営する居酒屋宛に発送したところ、右貨物が新東京国際空港に到着した後、事情を知らない通関業者によって輸入申告がなされ、税関検査が行われた際、大麻が隠匿されていることが判明したことから、税関及び捜査当局の協議により、麻薬特例法四条に基づくコントロールド・デリバリーが実施されることとなった。配送業者が、税関調の輸入許可を経て、捜査当局と打ち合わせの上、右貨物を受け取って右居酒屋に配達し、Xがこれを受け取った。第一審は、大麻輸入罪輸入禁制品輸入のそれぞれ共謀共同正犯に該当するものとし、両者について観念的競合を認めた。懲役三年六月、罰金五〇万円。控訴審は、被告人側の控訴を棄却した。被告人側が上告。

●**決定要旨**　「右事実関係によれば、被告人らは、通関業者や配送業者が通常の業務の遂行として右貨物の輸入申告をし、保税地域から引き取って配達するであろうことを予期し、運送契約上の義務を履行する配送業者らを自己の犯罪実現のための道具として利用しようとしたものであり、他方、通関業者による申告はもとより、配送業者による引取り及び配達も、被告人らの依頼の趣旨に沿うものであって、配送業者が、捜査機関から事情を知らされ、捜査協力を要請されてその監視の下に置かれたからといって、それが被告人らからの依頼に基づく運送契約上の義務の履行としての性格を失うものということはできず、被告人らは、その意図したとおり、第三者の行為を自己の犯罪実現のための道具として利用したというに妨げないものと解される。そうすると、本件禁制品輸入罪は既遂に達したものと認

めるのが相当であり、これと同趣旨の原判断は、正当である。」

上告棄却。

裁判官遠藤光男の意見「私は、本件上告を棄却すべきものとする多数意見の結論に同調するが、その理由を異にし、本件禁制品輸入罪は未遂にとどまるものと解するので、この点についての私の考えを述べておくこととする。

一　輸入禁制品を輸入しようとする者が、自ら当該貨物を引き取ることなく、情を知らない配送業者をしてこれを引き取らせた場合、委託者が禁制品輸入罪につき刑事責任を負うのは、右業者が委託者の道具としてその行為を行うからにほかならない。したがって、禁制品輸入罪が既遂に達するためには、引取りの時点において、右業者が委託者の道具として当該行為を行ったことを要するものというべきである。

二　原判決が認定したところによると、税関検査の結果、本件貨物中に大麻が隠匿されていることが明らかとなったことから、税関及び捜査当局の協議により、コントロールド・デリバリーが実施されることになり、右貨物につき税関長の輸入許可がされた後、捜査当局の監視の下、配送業者が捜査当局と打合せの上、右貨物を受け取ってこれを被告人方に配送したというのであるから、既に委託者である被告人の道具としての地位を喪失したとみるのが相当である。けだし、配送業者の引取り行為は、委託者のため行われたものではなく、専ら捜査手続に協力することを目的として行われたものにすぎないからである。

三　本件の場合、配送業者が運送契約の履行という外形を保ちながら、本件貨物を引き取り、かつ、これを配送していることは、多数意見の述べるとおりである。しかしながら、配送業者としては、本件貨物中に大麻が隠匿されていることを告知された以上、捜査当局からの要請がない限り、いかに契約上の履行義務が残置していたとはいえ、これに応じてその引取り及び配送行為に及ぶことはあり得なかったはずである。けだし、右業者としては、その時点において、「情を知らない第三者」としての法的地位を失うことになるばかりでなく、あえてこれを強行したとすれば、業者自体の犯罪責任が問われることになるからである。なお、その反公序性からみても、配送業者が契約上の義務履行を適法に拒絶し得ることはいうまでもない。

そうであるとするならば、配送業者による引取り行為は、契約上の義務履行としてなされたとみるべきではなく、専ら捜査手続に協力するために行われたとみるのが相当であるから、右行為の外形に依拠して、右業者の道具性を認定することは困難であると考える。

四　被告人は、情を知らない通関業者を介して本件貨物につき輸入申請をしたものの、これを引き取るに至らなかったのであるから、本件禁制品輸入罪は未遂にとどまるものというほかない。したがって、同罪の既遂を認めた原判決には判決に影響を及ぼす法令違反がある。しかし、同罪が既遂に達しなかったのは、たまたま税関検査段階において大麻隠匿が発見されたことによるものであり、その罪質は、既遂罪の場合に比して決定的に異なるものと評価することができないことに加え、被告人は、本件禁制品輸入未遂罪と観念的競合関係にある営利目的による大麻輸入罪につき有罪の認定を受けているため、一罪として重い大麻取締法違反罪の刑により処断されるべき関係にあること、その他本件各犯行の罪質、態様、動機等の諸般の事情に照らせば、被告人に対する量刑は相当であるから、原判決を破棄しなければ著しく正義に反するとは認められず、結局、本件上告は棄却すべきものである。」

第六章　正犯・共犯論

第一節　共働現象

1　必要的共犯

152　加担者の一方に対する処罰規定を欠く場合

最判昭和四三・一二・二四
刑集二二巻一三号一六二五頁

●事　実　被告人Xは、自己の法律事件の示談解決を弁護士でないX[1]・Aに依頼し、その報酬を支払い、被告人X[1]は、自己の法律事件の示談解決をAに依頼し、その報酬を支払った。第一審は、XおよびX[1]に対して弁護士法七二条違反罪の教唆犯の成立を認めた。第二審は、量刑不当の理由で一審判決を破棄自判したが、「何人といえども他人を教唆して犯罪を実行させることは、法の認める不罰の限度を逸脱する」として、弁護士法七二条違反罪の教唆犯を認めた一審判決を是認している。

●判　旨　「弁護士法七二条は、弁護士でない者が、報酬を得る目的で、一般の法律事件に関して法律事務を取り扱うことを禁止し、これに違反した者は、同法七七条によって処罰することにしているのであるが、同法は、自己の法律事件をみずから取り扱うことまで禁じているものとは解されないから、これは、当然、他人の法律事件を取り扱う場合のことを規定しているものと見るべきであり、同法七二条の規定は、法律事件の解決を依頼する者が存在し、この者が、弁護士でない者に報酬を与える行為もしくはこれを与えることを約束する行為を当然予想しているものということができ、この他人の関与行為なくしては、同罪は成立し得ないものと解すべきである。ところが、同法は、右のように報酬を与える等の行為をした者について、これを処罰する趣旨の規定をおいていないのである。このように、ある犯罪が成立するについて当然予想され、むしろそのために欠くことができない関与行為について、これを処罰する規定がない以上、これを、関与を受けた側の可罰的な行為の教唆もしくは幇助として処罰することは、原則として、法の意図しないところと解すべきである。

そうすると、弁護士でない者に、自己の法律事件の示談解決を依頼し、これに、報酬を与えもしくは与えることを約束した者を、弁護士法七二条、七七条違反の罪の教唆犯として処罰することはできないものといわなければならない。しかるに、本件において、被告人らにつき、弁護士法違反教唆の罪の成立を認めた原判決には、法令の解釈適用をあやまった違法があり、右違法は、判決に影響を及ぼすことが明らかであって、原判決を破棄しなければ著しく正義に反するものと認める。」破棄自判。

[参照判例]
最判昭和五一・三・一八刑集三〇巻二号二一二頁、東京高判昭和五八・九・二二高刑集三六巻三号二七一頁。

2 犯罪共同説と行為共同説

153 殺人と傷害致死との間の共同実行

最決昭和五四・四・一三
刑集三三巻三号一七九頁

●事　実　X、X_1ら七名は、A巡査に暴行ないし傷害を加える旨の共謀し、派出所前でこもごもAに対し挑戦的な罵声、怒声を浴びせ、これに応答したAの言動に激昂したX_1が未必の殺意をもってAを突き刺し、よって殺害した。第一審判決は、X、X_1らに所為は刑法六〇条、一九九条に該当するが、被告人X_1を除くその余の被告人らは傷害もしくは暴行の意思で共謀したものであるから、同法三八条二項により同法六〇条、二〇五条一項（平成七年の改正により二〇五条）の罪の刑で処断するものとし、原審もこれを維持した。

●決定要旨　「殺人罪と傷害致死罪とは、殺意の有無という主観的な面に差異があるだけで、その余の犯罪構成要件要素はいずれも同一であるから、暴行、傷害を共謀した被告人Xら七名のうちのX_1が前記福原派出所前でA巡査に対し未必の故意をもって殺人罪を犯した本件において、殺意のなかった被告人Xら六名については、殺人罪の共同正犯と傷害致死罪の共同正犯の構成要件が重なり合う限度で軽い傷害致死罪の共同正犯が成立するものと解すべきである。すなわち、X_1が殺人罪を犯したということは、被告人Xら六名にとっても暴行・傷害の共謀に起因して客観的には殺人罪の共同正犯にあたる事実が実現されたことにはなるが、そうであるからといって、被告人Xら六名には殺人罪という重い罪の共同正犯の意思はなかったのであるから、被告人Xら六名に殺人罪の共同正犯が成立するいわれはなく、もし犯罪としては重い殺人罪の共同正犯が成立し刑のみを暴行罪ないし傷害罪の結果的加重犯である傷害致死罪の共同正犯の刑で処断するにとどめるとするならば、それは誤りといわなければならない。しかし、前記第一審判決の法令適用は、被告人Xら六名につき、刑法六〇条、一九九条に該当するとはいっているけれども、殺人罪の共同正犯の成立を認めているものではないから、第一審判決の法令適用を維持した原判決に誤りがあるということはできない（最高裁昭和二三年（れ）第一〇五号同年五月一日第二小法廷判決・刑集二巻五号四三五頁参照）」。上告棄却。

[参照判例]
最判昭和二三・五・一刑集二巻五号四三五頁、東京高判昭和二七・

九・一一高裁刑判特三七号一頁。

第二節　間接正犯

1　間接正犯の正犯性

154　是非弁別能力を有する刑事未成年者を利用して窃盗を行った場合

最決昭和五八・九・二一
刑集三七巻七号一〇七〇頁

●**事　実**　Xは、養女A（当時一二歳）を連れ、遍路姿で四国八十八カ所札所および霊場めぐりの旅をつづけていたが、宿泊費用などに窮した結果、Aを利用して巡礼先の寺などから金員を窃取しようと企て、盗みをすることを嫌がるAの顔にタバコの火を押しつけたり、ドライバーで顔をこすったりして、Aに盗みを命じ、刑事未成年者であるAを使用して一二カ所で一三名所有の現金と菓子等の物品を窃取した。一・二審は、Xを窃盗罪の正犯として処断した。弁護人は、Aの行為は窃盗罪の構成要件に該当し違法であるが、Aが刑事未成年者であり犯罪が成立しない場合であるので、Aに盗みを命じたXの行為は窃盗の教唆犯になると主張して上告した。

●**決定要旨**　「被告人は、当時一二歳の養女Aを連れて四国八十八カ所札所等を巡礼中、日頃被告人の言動に逆らう素振りを見せる都度顔面にタバコの火を押しつけたりドライバーで顔をこすったりするなどの暴行を加えて自己の意のままに従わせていた同女に対し、本件各窃盗を命じてこれを行わせたというのであり、これによれば、被告人が、自己の日頃の言動に畏怖し意思を抑圧されている同女を利用して右各窃盗を行ったと認められるのであるから、たとえ所論のように同女が是非善悪の判断能力を有するものであったとしても、被告人については本件各窃盗の間接正犯が成立すると認めるべきである。」上告棄却。

〔参照判例〕

仙台高判昭和二七・二・二九高裁刑判特二二号一〇六頁（後掲[187]）、仙台高判昭和二七・九・二七高裁刑判特二二号一七八頁（後掲[169]）。広島高松江支判昭和二九・一二・一三高刑集七巻一二号一七八一頁、名古屋高判昭和四九・一一・二〇刑裁月報六巻一一号一一二五頁。

大阪高判平成七・一一・九判例時報一五六九号一四五頁（一〇歳の少年が、日頃から怖いという印象を持っている被告人に、交通事故で重傷を負った者の側に落ちているバッグを「とってこい」と命じられ、それを拾って被告人に渡した事例において、被告人の行為に窃盗罪の間接正犯を認めた。）

2 被利用者の責任

155 いわゆる「故意のある幇助的道具」

最判昭和二五・七・六
刑集四巻七号一一七八頁

●事　実　Xは運送業を営む会社の代表取締役であるがX_1と共謀のうえ、食糧管理法に違反して米五二石余をXの娘Aを介し右会社の運転手X_2に命じて二回にわたりトラックで運ばせた。X_2はトラックの積荷の中味が米であることを、積荷の重量および荷箱から米粒がこぼれたことなどから知っていた。原審は、Xの所為を食糧管理法違反の共同正犯に処した。これに対して、弁護人は、本件が間接正犯の場合にあたらないことはX_2が本件の事情を知悉していたことによって明らかであるなどとして上告した。

●判　旨　「原判決の認定事実は、判示会社の代表取締役である被告人がX_1と共謀の上被告人の娘Aを介して会社の使用人X_2に命じて同人を自己の手足として判示米を自ら運搬輸送した趣旨であって、X_2を教唆し又は同人と共謀した趣旨でないことが明白である。そして、かく認めることは、挙示の証拠に照し社会通念上適正妥当である。従って、X_2等がその情を知ると否とにかかわらず被告人の行為が運搬輸送の実行正犯たることに変りはないのである。されば、原判決には、罪となるべき事実を確定しない理由不備の違法は認められないから、論旨は採ることができない。」上告棄却。

［参照判例］
横浜地川崎支判昭和五一・一一・二五判例時報八四二号一二七頁、大津地判昭和五三・一二・二六判例時報九二四号一四五頁。

3　自手犯

156　間接正犯と自手犯

岡山簡判昭和四四・三・二五
刑裁月報一巻三号三一〇頁

●**事　実**　自動二輪の運転免許資格を有しオートバイの修理・販売業を営んでいる被告人Xは、Aが原動機付自転車の運転免許しかないことを知りながら、エンジンの総排気量五五ccの自動二輪車一台をエンジンの総排気量五〇ccの原動機付自転車である旨偽ってAに販売し、よって情を知らないAをして公安委員会の運転免許を受けないで右自動二輪車を運転させた。

●**判　旨**　「間接正犯とは、他人を道具に使って自己の犯罪を実行することをいうものであるところ、自動車または原動機付自転車の運転については、道路における危険防止と、交通の安全および円滑を図るため、道路交通法第六四条、第八四条第一項、第八五条等により、自動車または原動機付自転車を運転しようとする者は、その運転しようとする車輛の種類に応じ、公安委員会の運転免許を受けなければならない旨を規定しているが、これは右の危険等を伴う車輛の運転行為の特質上、車輛の種類に応じた運転免許の有無を基準として、それに応じた免許を有しない者が、当該車輛を運転したときは、その運転行為を直接に実行した者自体の直接正犯行為として評価され、他人を道具として利用する間接正犯の形態においては犯されないものと解するを相当とする。したがって、前記Aの車輛運転行為は、同人の自動二輪車無免許運転の直接正犯行為として評価しつくされるものであるから、さらに、被告人が右Aを道具に使って、被告人自体の自動二輪車無免許運転行為を実行するという間接正犯は成立しないものというべく、被告人の前示行為は無免許運転罪を構成しないものと解すべきである。」無罪（確定）。

［参照判例］
大判大正一〇・一一・二二刑録二七輯六八九頁、大判大正一一・四・一刑集一巻一九四頁、最判昭和二六・一・一七刑集五巻一号一頁、最判昭和二七・一二・二五刑集六巻一二号一三八七頁、最判昭和三二・一〇・四刑集一一巻一〇号二四六四頁。

第三節　共同正犯

1　共同正犯の主観的成立要件

157　過失犯の共同正犯(1)

最判昭和二八・一・二三
刑集七巻一号三〇頁

●**事　実**　被告人X、X[1]は共同して飲食店を営んでいたものであるが、昭和二一年九月半ば頃Aから仕入れた「ウイスキー」と称する液体には「メタノール」（メチルアルコール）を含有するかもわからないから十分にこれを検査し「メタノール」を含有しないことを確かめた上で客に販売すべきであったに拘らず不注意にも何等の検査をせず、被告人両名は意思を連絡し「メタノール」約三一パーセント乃至三三パーセントを含有する液体を同年九月一五日から一七日までの間十数回にわたり右店舗で販売し、四人の死者と六人の中毒患者を出した。右事実に対し原審は、被告人両名の行為は有毒飲食物等取締令一条、四条一項後段、刑法六〇条に該当するとし、各被告人を懲役三年の実刑に処している。

●**判　旨**　「原判決は、被告人両名の共同経営にかかる飲食店で、右のごとき出所の不確かな液体を客に販売するには『メタノール』を含有するか否かを十分に検査した上で、販売しなければならない義務のあることを判示し、被告人等はいずれも不注意にもこの義務を懈り、必要な検査もしないで、原判示液体は法定の除外量以上の『メタノール』を含有しないものと軽信してこれを客に販売した点において有毒飲食物等取締令四条一項後段にいわゆる『過失ニ因リ違反シタル』ものと認めたものであることは原判文上明らかである。しかして、原判決の確定したところによれば、右飲食店は、被告人両名の共同経営にかかるものであり、右液体の販売についても、被告人等は、その意思を連絡して販売をしたというのであるから、此点において被告人両名の間に共犯関係の成立を認めるのを相当とするのであって原判決がこれに対し刑法六〇条を適用したのは正当であって、所論のような違法ありとすることはできない。」上告棄却。

少数意見（小谷裁判官）「過失犯には共同正犯を認むべきものではないと信ずるから、本件に刑法六〇条を適用した原判決は失当」

［参照判例］
名古屋高判昭和三一・一〇・二二高裁刑裁特三巻二一号一〇〇七頁、京都地判昭和四〇・五・一〇下級刑集七巻五号八五五頁、広島高判昭和三二・七・二〇高裁刑裁特四巻追録六九六頁、秋田地判昭和四〇・

三・三一下級刑集七巻三号五三六頁、越谷簡判昭和五一・一〇・二五判例時報八四六号一二八頁、名古屋高判昭和六一・九・三〇高刑集三九巻四号三七一頁。

158 過失の共同正犯(2)

東京地判平成四・一・二三
判例時報一四一九号一三三頁

●事　実　いわゆる世田谷通信ケーブル火災事件において、二名の通信工事会社作業員（被告人）が、電話ケーブルの接続部分を披露している鉛管をトーチランプの炎により溶解開被して行う断線探索作業等の業務に従事中、トーチランプの火の不始末により布製防護シート等に着火させ、さらに電話ケーブル等に延焼させ、電話ケーブル、洞道壁面を焼損させ、これにより世田谷電話局第三棟局舎に延焼するおそれのある状態を発生させたとして以下の理由により刑法一一七条ノ二の業務上失火罪の共同正犯の成立を認めた。

●判　旨「本件の被告人両名においては、第二現場でトーチランプを使用して解鉛作業を行い、断線箇所を発見した後、その修理方法等につき上司の指示を仰ぐべく、第三棟局舎へ赴くために第二現場を立ち去るに当たり、被告人両名が各使用した二個のトーチランプの火が完全に消火しているか否かにつき、相互に指差し呼称して確認し合うべき業務上の注意義務があり、被告人両名がこの点を十分認識していたものであることは、両名の作業経験等に徴して明らかである。」

「被告人両名においては、冷静に前記共同の注意義務を履行すべき立場に置かれていたにも拘らず、これを怠り、前記二個のトーチランプの火が完全に消火しているか否かにつき、なんら相互の確認をすることなく、トーチランプをIYケーブルの下段の電話ケーブルを保護するための防護シートに近接する位置に置いたまま、被告人両名が共に同所を立ち去ったものであり、この点において、被告人両名が過失行為を共同して行ったことが明らかであるといわなければならない。」

「本件のごとく、社会生活上危険かつ重大な結果の発生することが予想される場合においては、相互利用・補充による共同の注意義務を負う共同作業者が現に存在するところであり、しかもその共同作業者間において、その注意義務を怠った共同の行為があると認められる場合には、その共同作業者全員に対し過失犯の共同正犯の成立を認めた上、発生した結果全体につき共同正犯者としての刑事責任を負わしめることは、なんら刑法上の責任主義に反するものではないと思料する。」有罪（控訴）。

2　共同正犯の客観的成立要件—共謀共同正犯の問題性

159 「共謀共同正犯—共同意思のもとに一体」となったことを強調する判例

最判昭和二五・四・二〇
刑集四巻四号六〇二頁

●事　実　X、X_1、X_2は他の数名と共謀の上、M会社工場に到り宿直員A、Bに暴行、脅迫を加えてその抵抗を抑圧し、会社所有の財物およびA、B所有の財物を強取した。原審は、右被告人らの行為は刑法二三六条一項、六〇条に該当すると判示した。弁護人は、Xの行為は幇助にすぎないこと、また、Xは実行を分担していないのに、謀議に加わり実行を分担した旨判示した原審判決を論難し、特に後者の点について、これは、共謀共同正犯においては判文上、共謀の事実を確実にさえすれば、共犯の何人がその実行行為の際その如何なる部分を分担したかについては明示しなくとも罪となるべき事実の判示に欠けるところはないとの判例を踏襲したものであるが、これによると刑法六〇条を無視して共同正犯と教唆犯・正犯の区別を抹消して立法の領域を侵すことになるなどと主張し、上告した。

●判　旨　「被告人Xが同判示の他の者と強盗を共謀の上判示深夜判示工場に到り、共謀者中の或る者が判示のごとく強盗の実行行為をしたことを認定判示したものであって、被告人Xが強盗の実行行為を分担した趣旨でないことを窺い知ることができる。そして、共謀共同正犯は、単なる教唆や従犯とは異り、共謀者が共同意思の下に一体となって、互に他人の行為を利用してその意思を実行に移すものであるから、犯罪の予備、着手、実行、未遂、中止結果等は、すべて共謀者同一体として観察すべきものである。されば、強盗を共謀した者は、自ら実行行為を分担しなくとも、他の共謀者の実行した強盗行為の責を免れないものである。従って、原判示のごとき判示方法も強盗の共謀共同正犯の判示として差支えないものであることは当法廷従来の判例とするところであって、これを変更する必要を認めないし、また、その判示認定事実は挙示の証拠を綜合すれば、これを肯認することができる。それ故、論旨はとることができない。」上告棄却。

［参照判例］
大判明治四四・一〇・六刑録一七輯一六一八頁、大判大正一一・四・一八刑集一巻二三三頁、大（連）判昭和一一・五・二八刑集一五巻七一五頁、最判昭和二五・二・一六刑集四巻二号一八四頁。

160 共謀共同正犯　行為支配(1)

最大判昭和三三・五・二八
刑集一二巻八号一七一八頁（練馬事件）

●**事　実**　O製紙会社の争議に関連して(1)X_1方においてX、X_1は練馬署旭町駐在所のA巡査に暴行を加えようと企図し、その実行をX_1が指導・連絡することを決め、(2)X_2方にX_2、X_3、X_4、X_5等が集合しX_1もこれに加わりAに暴行を加えること及びその方法を協議し、(3)X_6、X_7等はX_3方に集りX_2のところからきたX_1の連絡示唆によりX_6、X_7もX_3等に合流してAに暴行を加えることを決し、更にX_8はX_1を通じ、X_4はX_6を介しこれに加担することになり、かくしてX～X_7等は順次共謀し、X_2、X_3、X_4、X_5、X_7、X_8、X_9は他の数名と共に現場に赴き、行き倒れがある旨詐ってAを駐在所より練馬区旭町の道路上に誘い出し、古鉄管やモップの板などでAの頭部等を乱打して頭蓋骨骨折等により死亡させた。第一審は、Aに対する暴行の実行に加わらなかったX、X_1を含め全被告人を傷害致死の共同正犯として有罪を認め、原審もこの結論を是認した。

●**判　旨**　「共謀共同正犯が成立するには、二人以上の者が、特定の犯罪を行うため、共同意思の下に一体となって互に他人の行為を利用し、各自の意思を実行に移すことを内容とする謀議をなし、よって犯罪を実行した事実が認められなければならない。したがって右のような関係において共謀に参加した事実が認められる以上、直接実行行為に関与しない者でも、他人の行為をいわば自己の手段として犯罪を行ったという意味において、その間刑責の成立に差異を生ずると解すべき理由はない。さればこの関係において実行行為に直接関与したかどうか、その分担または役割のいかんは右共犯の刑責じたいの成立を左右するものではないと解するを相当とする。」上告棄却。

［参照判例］
千葉地松戸支判昭和五五・一一・二〇判例時報一〇一五号一四三頁、東京地判昭和五七・七・二八判例時報一〇七三号一五九頁、大阪高判昭和五九・三・一四判例タイムズ五三五号三〇四頁、札幌高判昭和六〇・三・二〇判例時報一一六九号一五七頁、東京高判昭和四九・七・三一高刑集二七巻四号三二八頁。

161 共謀共同正犯　行為支配(2)

最決昭和五七・七・一六
刑集三六巻六号六九五頁

●**事　実**　被告人Xは、X_1から大麻密輸入の計画をもちかけられたが、自分は執行猶予中の身であることを理由に、その実行担当者になることは断った。しかし、Xは知人のX_2に情をあかして協力を求めたところ同人も承諾したので、X_2をX_1に引きあわせ、またX_1に対して、大麻密輸入の資金の一部として金二〇万円を提供するとともに、同人との間で大麻を入手したときは右金額に見合う大麻をもらいうけることを約束した。一方、X_1は知人のX_3および右X_2を交えて協議し、X_3がタイ国現地における大麻の買付け役、X_2が大麻をタイ国から本邦内に運び込む運び役と決定し、大麻の密輸入を実行に移した。

一、二審ともに、Xの行為は、刑法六〇条・大麻取締法二四条二号・四条一号と刑法六〇条、関税法一一一条二項・一項に該当し、両罪は併合罪の関係にあると判示した。

●決定要旨「原判決の認定したところによれば、被告人は、タイ国からの大麻密輸入を計画したX_1からその実行担当者になって欲しい旨頼まれるや、大麻を入手したい欲求にかられ、執行猶予中の身であることを理由にこれを断ったものの、知人のX_2に対し事情を明かして協力を求め、同人を自己の身代りとしてX_1に引き合わせるとともに、密輸入した大麻の一部をもらい受ける約束のもとにその資金の一部（金二〇万円）をX_1に提供したというのであるから、これらの行為を通じ被告人が右X_1及びX_2らと本件大麻密輸入の謀議を遂げたと認めた原判断は、正当である。」

団藤裁判官の意見「本人が共同者に実行行為をさせるについて自分の思うように行動させ本人自身がその犯罪実現の主体となったものといえるようなばあいには、利用された共同者が実行行為者として正犯となるのはもちろんであるが、実行行為をさせた本人も、基本的構成要件該当事実の共同実現者として、共同正犯となるものというべきである。……本件の事実関係を総合して考えると、被告人は大麻密輸入罪の実現についてみずからもその主体になったものとみるべきであり、私見においても、被告人は共同正犯の責任を免れないというべきである。」

上告棄却。

［参照判例］［160］にあげる判例を参照。

162 共謀関係からの離脱(1)

松江地判昭和五一・一一・二
刑裁月報八巻一一・一二号四九五頁

●事　実　被告人XはT組の若頭であるが、対立関係にあるグループの配下の者Aを殺害することを決意するに至り、そこで、X、X_1、X_2、X_3が集り、これら被告人の間に殺害の実行をX_3が担当することの謀議が成立したが、X_3はA殺害をためらい実行しないで引き返した。このことを知ったX_2はX_4とX_1を呼び出し、X_1は自分が現場に赴けば実行行為に至るかもしれないがそれもやむをえないと決意して出発前に、若頭Xに出かける旨を告げたところ、Xは、X_3がAの殺害の実行をしない以上現場付近に多数の組員が彷徨することはまずいと考え、X_1に対し、皆をとにかく連れて帰るよう指示した。しかし、X_1、X_2、X_4の間で再びA殺害の謀議がなされ、その実行行為はX_1、X_4が担当することに決り、実行担当者以外の者がその場を立ち去ったあと、X_1、X_4はAを刺殺した。裁判所はXに対しても殺人罪の共謀共同正犯の罪責を認めた。

●判　旨　「一般的には犯罪の実行を一旦共謀したものでも、その着手前に他の共謀者に対して自己が共謀関係から離脱する旨を表明し、他の共謀者もまたこれを了承して残余のものだけで犯罪を実行した場合、もはや離脱者に対しては他の共謀者の実行した犯罪について責任を問うことができないが、ここで留意すべきことは、共謀関係の離脱といいうるためには、自己と他の共謀者との共謀関係を完全に解消することが必要であって、殊に離脱しようとするものが共謀者団体の頭にして他の共謀者を統制支配しうる立場にあるものであれば、離脱者において共謀関係がなかった状態に復元させなければ、共謀関係の解消がなされたとはいえないというべきである。被告人XはT組若頭の地位にあって組員を統制し、同被告人を中心としてA殺害の共謀がなされていたのであるから、仮りに同被告人がこの共謀関係から離脱することを欲するのであれば、……他の被告人らに対し……共謀以前の状態に回復させることが必要であったというべきところ、前認定のとおり、……一応皆を連れて帰るよう指示したのみで……自ら現場に赴いて同所にいる被告人らを説得して連れ戻すなどの積極的行動をとらなかった……のである。してみれば結局被告人Xにおいて共謀関係の離脱があったと認めることはできない。」有罪・確定。

［参照判例］

福岡高判昭和二四・九・一七高裁刑判特一号一二七頁、東京高判昭和二五・九・一四高刑集三巻三号四〇七頁、福岡高判昭和二八・一・一二高刑集六巻一号一頁、東京高判昭和三一・二・二一東高刑時報八巻二号三九頁、大阪高判昭和四一・六・二四高刑集一九巻四号三七五頁。

163　共謀関係からの離脱(2)

最決平成元・六・二六
刑集四三巻六号五六七頁

●事　実　被告人XとX_1は意思を通じて被害者に暴行を加えたのち、被告人は「おれ帰る」といっただけで現場をそのままにして立ち去った。その後ほどなくしてX_1は被害者Aの言動に激昂して、Aの顔を木刀で突くなどの暴行を加えた。Aは死亡したが、右の死の結果は、Xが帰る前にXとX_1とが加えた暴行によって生じたのか、その後のX_1の暴行により生じたのか断定できなかった。

●決定要旨　「右事実関係に照らすと、被告人が帰った時点では、X_1においてなお制裁を加えるおそれが消滅していなかったのに、被告人において格別これを防止する措置を講ずることなく、成り行きに任せて現場を去つたに過ぎないのであるから、X_1との間の当初の共犯関係が右の時点で解消したということはできず、その後のX_1の暴行も右の共謀に基づくものと認めるのが相当である。そうすると、原判決がこれと同旨の判断に立ち、かりにAの死の結果が被告人が帰つた後にX_1が加えた暴行によって生じていたとしても、被告人は傷害致死の責を負うとしたのは、正当である。」上告棄却。

3　共同正犯と正当防衛・過剰防衛

164　共同正犯と正当防衛

最判平成六・一二・六
刑集四八巻八号五〇九頁

●事　実　(1)AがX_1の乗用車のアンテナを曲げたことに端を発する争いから、Aが甲女の髪をつかんだまま道路向かいの駐車場付近まで引っぱっていった。被告人Xおよび第一審相被告人X_1、X_2は、Aの手から甲女の髪を放させようとして、Aに対して殴る・蹴るなどし、Aもこれに応戦した。(2)Aが甲女の髪から手を放したすぐあとに、その場所から20mの地点の駐車場の奥の方で、X_1がAの顔面を殴打して入院加療七ヵ月半を要する傷害を負わせた。

第一審は、被告人等の行為は一連の行為でありAに対する攻撃の意図を放棄したことは認められないこと、X_1の(2)の殴打行為も、X、X_1、X_2の一連の行為の一つとして、Aの侵害行為に応ずる暴行であるが、必要な程度を超えているとして、刑法六〇条、二〇四条を適用してX、X_1、X_2に傷害罪の共同正犯の成立を認めた。

被告人Xが控訴。X_1、X_2は、(2)の段階でAに暴行を加えたがYによりこれを制止され、その後にX_1がAに七ヵ月余りの傷害を負わせている。これに対して被告人XはX_1、X_2の暴行を制止しなかったが、(2)の段階で自らはAに暴行を加えなかった。第二審は原判決を維持し、Xの控訴を棄却した。

●判　旨　「本件のように、相手方の侵害に対し、複数人が共同して防衛行為としての暴行に及び、相手方からの侵害が終了した後に、なおも一部の者が暴行を続けた場合において、後の暴行を加えていないものについて正当防衛の成否を検討するに当たっては、侵害現在時と侵害終了後とに分けて考察するのが相当であり、侵害現在時における暴行が正当防衛と認められる場合には、侵害終了後の暴行については、侵害現在時における防衛行為としての暴行の共同意思から離脱したかどうかではなく、新たに共謀が成立したかどうかを検討すべきであって、共謀の成立が認められるときに初めて、侵害現在時及び侵害終了後の一連の行為を全体として考察し、防衛行為としての相当性を検討すべきである。

右のような観点から、被告人らの本件行為を、Aが甲女の髪を放すに至るまでの行為（以下、これを「反撃行為」という。）と、その後の行為（以下、これを「追撃行為」という。）とに分けて考察すれば、以下のとおりである。

まず、被告人らの反撃行為についてみるに、Aの甲女に対する行為は……急迫不正の侵害に当たることは明らかであるが、これに対する被告人ら四名の反撃行為は、素手で殴打し又は足で蹴るというものであり、……右反撃行為は、いまだ防衛手段としての相当性の範囲を超えたものということはできない。

次に、被告人らの追撃行為について検討するに、前示のとおり、X_1およびX_2はAに対して暴行を加えており、他方、Yは右両名の暴行を制止しているところ、この中にあって、被告人は、自ら暴行を加えていないが、他の者の暴行を制止しているわけでもない。……被告人については、追撃行為に関し、Aに暴行を加える意思を有し、X_1及びX_2との共謀があったものと認定することはできないものと言うべきである。

以上に検討したところによれば、被告人に関しては、反撃行為については正当防衛が成立し、追撃行為については新たに暴行の共謀が成立したとは認められないのであるから、反撃行為と追撃行為とを一連一体のものとして総合評価する余地はなく、被告人に関して、これを一連一体のものと認めて、共謀による傷害罪の成立を認め、これが過剰防衛に当たるとした第一審判決を維持した原判決には、判決に影響を及ぼすべき重大な事実誤認があり、これを破棄しなければ著しく正義に反するものと認められる。

そして、本件については、訴訟記録並びに原裁判所及び第一審裁判所において取り調べた証拠によって直ちに判決をすることができるものと認められるので、被告人に対し無罪の言渡しをすべきである。」

165　共同正犯が成立する場合における過剰防衛の成否

最決平成四・六・五
刑集四六巻四号二四五頁

●**事　実**　Aの態度に立腹した被告人Xは、X_1を説得してAの店にX_1と共に出向き、X_1を同店出入口附近に行かせ、Xは少し離れたところで待機していた。X_1の予期に反してAがいきなりX_1に対して暴力を振ってきたので、X_1は自己の生命・身体を防衛する意思で、Aを殺害することも止むなしとの犯意をもってAを包丁で刺し殺した。右の事実は、XがX_1の加勢に赴くのをしゅん巡しているうちに生じたのであるが、XはAが攻撃してくる機会を利用し、X_1をして包丁でAに反撃を加えさせようとしていたのであり、X_1における殺意発生時点（殺意をもっての包丁での攻撃）において、X、X_1間のAを殺害するという共謀が成立した。

●決定判旨　「共同正犯が成立する場合における過剰防衛の成否は、共同正犯者の各人につきそれぞれの要件を満たすかどうかを検討して決するべきであって、共同正犯者の一人について過剰防衛が成立したとしても、その結果当然に他の共同正犯者についても過剰防衛が成立することになるものではない。

原判決の認定によると、被告人は、Aの攻撃を予期し、その機会を利用してX_1をして包丁でAに反撃を加えさせようとしていたもので、積極的な加害の意思で侵害に臨んだものであるから、AのX_1に対する暴行は、積極的な加害の意思がなかったX_1にとっては急迫不正の侵害であるとしても、被告人にとっては急迫性を欠くものであって（最高裁昭和五一年（あ）第六七一号同五二年七月二一日第一小法廷決定・刑集三一巻四号七四七頁参照）、X_1について過剰防衛の成立を認め、被告人についてこれを認めなかった原判断は、正当として是認することができる。」上告棄却。

4　承継的共同正犯

166　承継的共同正犯(1)

浦和地判昭和三三・三・二八第一審刑集一巻三号四五五頁

●事　実　X、X_1は昭和三二年一〇月六日M工場倉庫内でAを強姦し、ついでX、X_1は同日時・同一場所で順次、①X_2と共謀のうえ、②X_3と共謀のうえ、③X_4と共謀のうえ、④X_5、X_6と共謀のうえ、⑤X_7と共謀のうえ、Aを強姦しようと企て、X_2ら右の六名がそれぞれAに対する強姦の実行行為を為し、一部はその目的を遂げ、他はその目的を遂げなかったのであるが、以上の強姦行為によりAに傷害を与えた。なお、X、X_1の以上の各行為は包括した単一の犯意のもとに同一機会に行われた。裁判所は、X、X_1の行為は刑法一八一条、一七七条、六〇条に該当するとしたが、X_2他五名に対しては公訴棄却の判決を言い渡した。被害者の父親より昭和三二年一一月一一日に公訴取下げがなされ、この当時は刑法一八〇条二項の規定は存在せず、「二人以上現場にて共同して」強姦した場合も親告罪であったことがその理由である。

●判　旨　「先行者が犯罪の一部を実行した後介入した共に

犯罪を実現した後行者がいかなる責任を負うべきかいわゆる承継的共同正犯の成否がここで問題となる。……共同正犯の場合……においても複数の者が同時又は時を異にして客観的に一個の犯罪として評価される犯行に関係していると云うのみではなく主観的に一個の犯罪に関与したものの間に於て共同正犯の認識即ち相手方の行為を心理的に支配して利用していることを帰責の事由としているのである。従ってその心理的支配は必然的に相手方の行為の前に存する筋合でなければならない。とすれば後行者が先行者の行為終了後たとえそれを認識してその犯行に参加したとしても、後行者は先行者の行為を支配したとは云えないわけで先行者の行為についてその責を負うべき理由はない。この事は仮に後行者が先行者の惹起した状態を利用したとしても同じであり、先行者が一方的に後行者の参加を予定していたとしても消長を来たさない。又この事は単純一罪のみならず包括一罪においても同様である。かくて本件においても、X_3、X_4、X_5、X_6、X_7、X_8の各被告人はその参加前の他の被告人の犯行については責を負わないものといわなければならない。従ってX及びX_1以外の各被告人に本件致傷の責任を負わすには、本件一連の強姦行為により傷害の結果を生じたと云うことが確定出来るだけでなく進んで当該被告人の犯行の際本件致傷の結果を来した事が確定出来なければならないのであるが本件においては前記の如くこれを確定できないのであるから結局同被告人等については強姦の範囲内で責任を問い得るに過ぎない。」有罪。

［参照判例］
広島高判昭和三四・二・二七高刑集一二巻一号三六頁、福岡地判昭和四〇・二・二四下級刑集七巻二号二二七頁、札幌高判昭和二八・六・三〇高刑集六巻七号八五九頁、東京高判昭和三四・一二・二東高刑時報一〇巻一二号四三五頁、名古屋高判昭和五八・一・一三判例時報一〇八四号一四四頁。

167　承継的共同正犯(2)

大阪高判昭和六二・七・一〇
高刑集四〇巻三号七二〇頁

●事　実　被害者は暴力団事務所内等でX_1、X_2、X_3から暴行をうけ、被告人Xは右暴行およびこれによる同人の受傷の事実を認識・認容しながら、これに途中から共謀加担し、同人の顎を手で二、三回突き上げる暴行を加え、その後さらにX_1においても被害者の顔面を一回殴打した。被害者の受傷の少なくとも大部分はXの共同加担前に生じていたことが明らかであり、右加担後の暴行（特にX_1の顔面殴打）によって生じたと認めうる傷害は存在しなかった。以上の事実関係のもとで主として以下の判旨に述べる基本的考え方に基づきXに対しては暴行罪の共同正犯が成立するにとどまり、傷害罪の共同正犯の刑責を問うことはできないとした事例である。

●判　旨「いわゆる承継的共同正犯が成立するのは、後行者において、先行者の行為及びこれによつて生じた結果を認識・認容するに止まらず、これを自己の犯罪遂行の手段として積極的に利用する意思のもとに、実体法上の一罪（狭義の単純一罪に限らない。）を構成する先行者の犯罪に途中から共謀加担し、右行為等を現にそのような手段として利用した場合に限られると解するのが相当である。」

「先行者が遂行中の一連の暴行に、後行者がやはり暴行の故意をもつて途中から共謀加担したような場合には、一個の暴行行為がもともと一個の犯罪を構成するもので、後行者は一個の暴行そのものに加担するのではない上に、後行者には、被害者に暴行を加えること以外の目的はないのであるから、後行者が先行者の行為等を認識・認容していても、他に特段の事情のない限り、先行者の暴行を、自己の犯罪遂行の手段として積極的に利用したものと認めることができず、このような場合、当裁判所の見解によれば、共謀加担後の行為についてのみ共同正犯の成立を認めるべきこととなり、全面肯定説とは結論を異にすることになる。」破棄自判・確定。

168　承継的幇助犯

大判昭和一三・一一・一八
刑集一七巻八三九頁

●事　実　被告人XはX_1の妻であるが、X_1が夜十一時過頃に地下足袋を穿きマセン棒を携帯して自宅を出てゆくその行動を憂慮し、その後を追いA方に到り同家の住宅と東側納屋との間においてX_1に出会った。X_1は、金員強取のためAを殺害したことをXに話し、さらに金員を強取するにつき協力を求められ、Xはやむなくこれを承諾し、直ちにX_1が開けてくれたA方住宅表入口より屋内に侵入し、点火したローソクを手にしてX_1に燈火を送り、X_1の金員強取を容易ならしめ、もってその犯行を幇助した。原審は、Xの所為を強盗幇助罪にあたるとした。

●判　旨「刑法第二百四十條後段ノ罪ハ強盗罪ト殺人罪若ハ傷害致死罪ヨリ組成セラレ右各罪種カ結合セラレテ單純一罪ヲ構成スルモノナルヲ以テ他人カ強盗ノ目的ヲ以テ人ヲ殺害シタル事實ヲ知悉シ其ノ企図スル犯行ヲ容易ナラシムル意思ノ下ニ該強盗殺人罪ノ一部タル強取行為ニ加擔シ之ヲ幇助シタルトキハ其ノ所爲ニ對シテハ強盗殺人罪ノ從犯ヲ以テ問擬スルヲ相當トシ之ヲ以テ單ニ強盗罪若ハ窃盗罪ノ從犯ヲ構成スルニ止マルモノト爲スヘキニアラス……右X_1ノ金品強取ヲ容易ナラシメ

タル被告人Xノ所爲ハ冒頭説示ノ理由ニ依リ強盜殺人罪ノ從犯ヲ構成スルモノト謂ハサル可カラス然ラハ右被告人Xノ所爲ヲ刑法第二百三十六條第一項強盜ノ罪ノ從犯ニ問擬シタル原判決ハ違法ニシテ論旨結局理由アリ」破棄自判。

〔参照判例〕
横浜地判昭和五六・七・一七判例時報一〇一一号一四二頁。

第四節　共犯の独立性と従属性

共犯の従属性

169　極端従属性

仙台高判昭和二七・九・二七
高裁刑判特二二号一七八頁

●事　実　被告人は一三歳に満たない少年を利用して、(1)A方より瓶に入った煙草光五〇個を盗らせ、(2)B方より売って金になるような物を盗って来いと言いつけ盗るのを見ていてジャンバー一枚を盗らせ、(3)判示のところにおいて角巻を持ってこいと言付けて盗らせ、(4)C店より格子縞夜具地三反位を盗らせ、(5)D店より何か品物を盗って来いと言付けて綿絣一反を盗らせた。

●判　旨　「被告人は刑事責任なき少年を利用して自己の罪を遂行したものと認むべきであるから、右は窃盗正犯をもって、論ずべきこと言を俟たない。所論は該少年に特定せざる物を窃取せしめた案件だから、窃盗の正犯も教唆も成立しないというのであるから、前記(2)(5)以外は孰れも特定物件を窃取せしめたことが窺われるが、(2)(5)は孰れも場所を指定し売って金になるような物を盗って来いと命じただけであるが、斯かる場合にも窃盗の間接正犯が成立するものと解すべきである。」控訴棄却。

［参照判例］［154］に掲げる判例を参照。

第五節　共犯の成立要件

1　教唆犯・幇助犯の行為――共犯の主観的成立要件

170　不作為の幇助

大判昭和三・三・九
刑集七巻一七二頁

●**事　実**　K町町長である被告人Xは、同町町会議員総選挙の際には選挙長として右選挙会の取締の任にあたっていたところ、選挙権を有しないX[1]が中風症の選挙人Aに附添い投票所のある町役場内選挙会場に立ち入り、同所においてAの依頼に応じ正当の事実なく投票用紙に被選挙人氏名を代書しこれを投票函に投入して右Aの投票に干渉した行為を右Xは目撃しながらこれを制止せず、X[1]の行為を容易ならしめた。原審は、被告人Xの所為は、衆議院議員選挙法一一八条一項の「投票所又ハ開票所ニ於テ正當ノ事由ナクシテ選挙人ノ投票ニ関渉シ……タル者」を処罰する規定、および刑法六二条一項等に該当すると判示した。

●**判　旨**　「不作為ニ因ル幇助犯ハ他人ノ犯罪行爲ヲ認識シ

ナカラ法律上ノ義務ニ違背シ自己ノ不作爲ニ因リテ其實行ヲ容易ナラシムルニヨリ成立シ犯罪ノ實行ニ付相互間ニ意思ノ連絡又ハ共同ノ認識アルコトヲ必要トスルモノニ非ス而シテ原判示ノ事實ニ依レハ被告人ハX_1ノ判示投票関渉ヲ現識シナカラ法律上ノ義務ニ違背シ之ヲ制止セス因テ右X_1ノ関渉行爲ノ遂行ヲ容易ナラシメタルモノナレハ罪トナルヘキ事實ニ付認識アリシハ勿論其ノ不作爲タルヤ過失ニ出テタルモノト認ムヘカラサルコト言フヲ俟タス記録ヲ査スルモ判示幇助犯ヲ認定シタル原判決ニ重大ナル事實ノ誤認アルコトヲ疑フニ足ルヘキ顯著ナル事由ナキカ故ニ論旨ハ理由ナシ」上告棄却。

[参照判例]

大判昭和一三・四・七刑集一七巻二四四頁、高松高判昭和二八・四・四高裁刑判特三六号九頁、高松高判昭和四〇・一・一二下級刑集七巻一号一頁、大阪地判昭和四四・四・八判例時報五七五号九六頁、名古屋高判昭和三一・二・一〇高裁刑裁特三巻五号一四八頁、大阪高判昭和六二・一〇・二判例タイムズ六七五号二四六頁（不作為による殺人幇助罪が成立するとされた事例）。

東京高判平成一一・一・二九判例時報一六八三号一五三頁（金庫に納められているパチンコ店の売上金を集金して本社に搬送する集金人に、ブラジル人等により暴行が加えられ現金が奪われた強盗致傷の犯行について、共同正犯者の一人であるAから被告人Xは事前に犯行の企てを知らされたが、Aの求めに応じて右犯行を黙認・放置した。パチンコ店と同じビル内のパチンコ店主が経営するゲームセンターの店長であったXにとっては、金庫に納められている金銭の搬送はその職務の対象ではないので、右金銭が本社に無事に搬送されるようにそれを保管する義務はなく、また、XがAの行状を監督する職務を負っている者でもないことから、Aの犯行を阻止すべき義務もないという理由の下に、Xには、A等の犯行を阻止しなかった不作為による強盗致傷罪の幇助犯は成立しないと判示。原審判決を破棄自判）。

札幌高判平成一二・三・一六判例時報一七一一号一七〇頁（被告人Xは、Xが親権者となっている三才の次男を連れてAと内縁関係に入ったが、Aの次男に対するせっかんを放置して、Aによる傷害致死行為を容易にしたとしてXに同罪の幇助犯の成立が問われた。

(1)Aによる暴行を現場において阻止しうるのは、親権者であるXしかおらず、次男の生命・身体の安全の確保のため、Aが次男に対して暴行に及ぶことをXが阻止すべき作為義務があること、(2)Aが次男にせっかんを加えようとしているのをXは認識しており、Aを監視したり制止したりするなどの一定の作為により、Aの次男に対する暴行を阻止することが可能であったこと、(3)Xの右不作為の結果、Aの次男に対する暴行はより容易になったことなどを理由に、Xの行為は、作為による幇助犯の場合と同視できるものというべきであるとして、Xに傷害致死幇助罪の成立を認めた。原審判決を破棄自判）。

2 教唆犯・幇助犯の因果性――共犯の客観的成立要件

171 幇助の因果関係

東京高判平成二・二・二一
判例タイムズ七三三号二三二頁

●事　実　宝石商殺害を企てたX_1が①当初、殺害場所として地下室を予定していたため、被告人XはX_1の強盗殺人の意図を認識しつつ、けん銃の音が外部に洩れないように、すき間にガムテープで目張りをしたり換気口を毛布でふさぐなどをした(但し、Xのこれらの行為をX_1に認識させたと認めるに足りる証拠はないとしている)、②X_1が地下室での実行計画を変更し、車中で宝石商殺害を実行したが、その際、XはX_1の自動車に追従し殺害現場まで至るなどした。②の点については、被告人は強盗殺人幇助等で有罪となったが、①の点については、強盗殺人幇助行為にあたらないと判示した。

●判　旨「被告人の地下室における目張り等の行為がX_1の現実の強盗殺人の実行行為との関係では全く役に立たなかったことは、原判決も認めているとおりであるところ、このような場合、それにもかかわらず、被告人の地下室における目張り等の行為がX_1の現実の強盗殺人の実行行為を幇助したといい得るには、被告人の目張り等の行為が、それ自体、X_1を精神的に力づけ、その強盗殺人の意図を維持ないし強化することに役立ったことを要すると解さなければならない」。「X_1が被告人に対し地下室の目張り等の行為を指示し、被告人がこれを承諾し、被告人の協力ぶりがX_1の意を強くさせたというような事実を認めるに足りる証拠はなく、そもそも被告人の目張り等の行為がX_1に認識された事実すらこれを認めるに足りる証拠もなく、したがって、被告人の目張り等の行為がそれ自体X_1を精神的に力づけ、その強盗殺人の意図を維持ないし強化することに役立ったことを認めることはできないのである。」破棄自判。

［参照判例］
大判大正二・七・九刑録一九輯七七一頁。
東京地判昭和六三・七・二七判例時報一三〇〇号一五三頁（けん銃及びけん銃用実包の密輸入につき片面的従犯の成立を認めた事例）。

172 再間接教唆

大判大正一一・三・一
刑集一巻九九頁

●事　実　原審によれば被告人XはX_1に対し市会議員A、B、C、Dを脅迫することを教唆し、更にX_1はX_2に右脅迫を教唆し、

X_2はX_3、X_4、X_5、X_6、X_7に同じく脅迫行為を教唆した。これらの脅迫にもとづき、①X_1、X_7はAを、②X_3、X_4はBを、③X_6、X_3はCを、④X_5、X_2、X_4はDを各脅迫した、とし、右事実に関して、原審は、被告人Xは教唆者として前記脅迫行為全部について刑法上の責任ありとした。弁護人の上告理由は、被告人Xの責任の範囲は、X_1の実行行為、X_1より教唆されたX_2の実行行為中X_1の部分、④の脅迫の実行行為中X_2に関する部分にのみとどまり、その他の実行行為、即ち、①のX_7、②のX_3、X_4、③のX_6、X_3、④のX_5、X_4に関する部分については被告人Xは刑法上の責任を負わないと主張した。

●判　旨　「然レトモ教唆者ヲ教唆シタル者亦一ノ教唆者ニ外ナラサルヲ似テ之ヲ教唆シタル者亦同條項ニ所謂教唆者ヲ教唆シタル者ニ該當スルノミナラス元来教唆者ハ正犯者ニ犯意ヲ惹起セシメタルモノニシテ事實上犯罪ノ根源ト云フヲ得ヘク再間接教唆ノ場合ト雖其ノ教唆行為無カリセハ正犯ノ犯罪行爲行ハレサリシモノニシテ前者ハ後者ニ對スル一ノ条件ヲ成シ事實上相當ナル因果ノ連絡アルカ故ニ之ヲ不問ニ付スルカ如キハ法ノ精神ニ適合セサルモノト謂ハサルヘカラス要之同條項ハ教唆関係ヲ間接教唆ノ限度ニ制限セントスル趣旨ニ非スシテ再間接教唆以上ノ場合ヲモ包含セシメテ處罰スヘキモノト解スルハ毫モ失當ニ非ス……原判決カ該事實ニ依リ被告人ニ對シ刑法第九五條第二項ノ教唆罪ノ成立ヲ認メタルハ正當」上告棄却。

〔参照判例〕（いずれも間接教唆の事案に関するもの）

大判明治四三・一二・九刑録一六輯二一三九頁、大判大正三・一一・七刑録二〇輯二〇四六頁、大判昭和六・一二・一八刑集一〇巻七九三頁、最判昭和二八・六・一二刑集七巻六号一二七八頁。

173　間接幇助

大判大正一四・二・二〇
刑集四巻七三頁

●事　実　A外六名が拳銃・実砲を密輸出することの情を知って、X_1・X_2・X_3はA等に目的物を供給し又はこの物の荷造等をしてやることによりA等の密輸出を容易ならしめたのであるが、その際、被告人XはX_1より密輸出用拳銃・実砲の譲渡の依頼をうけ、これらの拳銃等がX_1の手を経て密輸出されることを領知しながらこれに応じ、数回にわたり各種の拳銃・実砲をX_1に譲渡・交付し、A等の拳銃・実砲の輸出をX_1等が幇助する行為を容易ならしめた。

●判　旨　「原判決ハ被告人Xノ行為ヲ似テ原審相被告人某等ノ判示密輸出行為ヲ間接ニ幇助シタルモノトシテ処罰シタルモノトス而シテ刑法第六十二条ハ従犯ヲ教唆シタル者ハ従犯ニ準シテ之ヲ処断スヘキ旨ヲ規定セルモ正犯ヲ間接ニ幇助シタル者ハ従犯ニ準シテ之ヲ論スヘキ旨ヲ規定セスト雖之ヲ以テ直ニ

刑法ハ所謂間接従犯ヲ以テ罪ト為ササル趣旨ナリト解スヘカラス惟フニ従犯ヲ処罰スル所以ハ正犯ノ実行ヲ容易ナラシムル點ニ於テ存スルヲ以テ其ノ幇助行為カ正犯ノ実行行為ニ対シテ直接ナルト間接ナルトタ問フヘキニ非ス苟モ正犯カ犯行ヲ為スノ情ヲ知ツテ其ノ実行ヲ容易ナラシムルニ於テハ均シク因果関係ヲ有シ幇助ノ効ヲ致スモノト認ムヘク其ノ間ニ区別ヲ設クヘキニ非ス従テ正犯ヲ間接ニ幇助スル行為モ亦従犯トシテ処断スルヲ相当ト謂ハサルヘカラス然ラハ原判決ニ於テ被告人Xノ間接従犯ノ行為ヲ認定シ之ヲ処罰シタルハ毫モ違法ニ非ス」上告棄却。

［参照判例］

大判昭和一〇・二・一三刑集一四巻八三頁、大判昭和一一・一一・一二刑集一五巻一四三一頁、大判昭和一五・一・三〇評論二九巻刑法九八頁。最決昭和四四・七・一七刑集二三巻八号一〇六一頁（被告人が、Aまたはその得意先の者において不特定の多数人に観覧せしめるであろうことを知りながら、本件の猥せつ映画フイルムを右Aに貸与し、Aからその得意先であるBに右フイルムが貸与され、Bにおいてこれを映写し十数名の者に観覧させて公然陳列するに至ったという本件事案につき、被告人は正犯たるBの犯行を間接に幇助したものとして、従犯の成立を認めた原判決の判断は相当である）。

3 共犯と予備・未遂・既遂

174 予備の幇助か実行行為そのものの幇助か

大判昭和一〇・一〇・二四
刑集一四巻一二六七頁

●事　実　被告人Xは昭和七年三月頃X_1、X_2より手榴弾および拳銃を使用し集団的暴行により政党・財閥・特権階級等を襲撃し国家革正の烽火をあげんとする用に供する拳銃の調達を懇請されてこれを承諾した。この承諾にもとづきX_3が右拳銃を調達し、これを使用して破壊活動による治安を妨げ人命に損傷をきたすに至るべきことを予見しながら共謀のうえこれをX_1に交付した。そして右拳銃のうち各一挺はAによる殺人行為およびBによる殺人未遂の用に供されA、Bの右犯行を容易ならしめるなどしてこれを幇助した。弁護人の上告理由は、右拳銃交付の当時X等は正犯たるX_1、X_2等がいつ計画を遂行しうるか、その時期ならびに具体的方法についてそれを知るところがなかったのであるから法律上予備の段階にとどまるものであり、X等はこの予備行為のみを幇助したるがゆえに刑法二〇一条・六二条を適用すべきものなるに刑法一九九条を適用したのは違法であると主張した。

●判　旨　「原判決ニ依レハ被告人X、X_3ハX_1等少壮海軍将校カ陸軍士官候補生等ト提携シ手榴弾及拳銃ヲ使用シ集団的ニ暴力ニ依リ政党財閥特権階級等ヲ襲撃シ因テ国家革正ノ烽火ヲ揚ケントスル犯罪ノ実行ヲ予見シナカラ其ノ用ニ供スル拳銃実弾ヲ供興シタルモノナレハ假令被告人等ハ当時正犯カ其ノ犯罪ヲ実行スル時期方法等ニ付具体的ニ之ヲ了知スルコトナク差当リ武器ノ調達等其ノ実行ノ予備ヲ為スニ止マルモノト思料シ居リタルトスルモ苟モ正犯ニシテ単ニ予備ノ程度ニ止ラス進ンテ被告人等ノ予見シタル実行行為ヲ遂行シタル場合ニ於テハ被告人等ハ其ノ実行行為ヲ幇助シタル従犯トシテ責ニ任スヘク単ニ予備ノ行為ヲ幇助シタルモノ即チ予備罪ノ従犯タルニ過キサルモノト解スヘキモノニ非ス従テ此ノ點ニ於テハ原判決ニ所論ノ如キ審理不盡ノ違法アルモノト謂フヲ得サルモ刑法百九十九条ヲ適用シタル原判決ニハ擬律ノ錯誤アルカ故ニ結局此ノ點ニ於テ本論旨モ亦理由アリ」「党ヲ結ヒテ反乱ヲ為シタル以上ハ所論殺人既遂ノ如キ当然反乱罪ニ包括セラルル行為ニ付テハ假令X_1X_2ニ於テ自ラ手ヲ下サストスルモ反乱ノ正犯トシテ其ノ責ヲ負フヘキハ勿論被告人等モ亦反乱罪ノ従犯トシテ其ノ責ニ任セサルヘカラス而テ被告人等ノ行為ハ之ヲ反乱罪ノ従犯トシテ処断シ殺人幇助ヲ以テ律スヘキモノニ非ス」破棄自判。

［参照判例］

名古屋高判昭和三六・一一・二七高刑集一四巻九号六三五頁、最決昭和三七・一一・八刑集一六巻一一号一五二二頁（AがBを殺害するための毒薬の入手をAより依頼された被告人は、被告人の知人より青酸ソーダを譲りうけ、これをA宅において同人に手渡した。しかし、Aはこの青酸ソーダを使用することなく別の方法でBを殺害したという事案について、殺人予備罪の共同正犯に問擬した原判決〈名古屋高判昭和三六年一一月二七日高刑集一四巻九号一三五頁〉を正当と認めた判例）。大阪高判昭和三八・一・二二高刑集一六巻二号一七七頁。

第六節　共犯と身分

1　身分の意義

175　「身分」の意義

最判昭和四二・三・七
刑集二一巻二号四一七頁

●事　実　Aが本件麻薬を本邦で売却しようとする営利の目的で被告人Xに麻薬の密輸入を依頼し、被告人XはX_1と共謀のうえ麻薬を密輸入した。第一審は、XとX_1はAが営利の目的をもっていることを知ったうえで密輸入した以上、少なくとも第三者に財産上の利益を得させる目的があり、麻薬取締法六四条二項にいう営利の目的に欠けるところはないとして、被告人両名の麻薬密輸入行為について、麻薬取締法六四条二項、一二条一項、刑法六〇条に該当するとの判断を示した。被告人Xは量刑不当等を理由に控訴したが、第二審はこれを棄却した。

●判　旨　「職権によって調査するに、麻薬取締法六四条一項は、同法一二条一項の規定に違反して麻薬を輸入した者は一年以上の有期懲役に処する旨規定し、同法六四条二項は、営利の目的で前項の違反行為をした者は無期若しくは三年以上の懲役に処し、又は情状により無期若しくは三年以上の懲役及び五百万円以下の罰金に処する旨規定している。これによってみると、同条は、同じように同法一二条一項の規定に違反して麻薬を輸入した者に対しても、犯人が営利の目的をもっていたか否かという犯人の特殊な状態の差異によって、各犯人に科すべき刑に軽重の区別をしているものであって、刑法六五条二項に言う「身分ニ因リ特ニ刑ノ軽重アルトキ」に当るものと解するのが相当である。そうすると、営利の目的をもつ者ともたない者とが、共同して麻薬取締法一二条一項の規定に違反して麻薬を輸入した場合には、刑法六五条二項により、営利の目的をもつ者に対しては麻薬取締法六四条二項の刑を、営利の目的をもたない者に対しては同条一項の刑を科すべきものといわなければならない。

しかるに原判決及びその是認する第一審判決は、共犯者であるAが営利の目的をもっているものであることを知っていただけで、みずからは営利の目的をもっていなかった被告人に対して、同条二項の罪の成立を認め、同条項の刑を科しているのであるから、右判決には同条および刑法六五条二項の解釈適用を誤った違法があり、右違法は判決に影響を及ぼすものであって、これを破棄しなければ著しく正義に反するものと認められる。

よって、刑訴法四一一条一号、四一三条但書により、原判決および第一審判決中Xに関する部分を破棄し、当裁判所においてさらに判決することとする。

第一審判決がその挙示の証拠によって確定した被告人の所為（ただし、被告人に営利の目的があったとの部分を除く。）は、麻薬取締法六四条一項、一二条一項、刑法六〇条に該当する」

［参照判例］

大判明治四四・三・一六刑録一七輯四〇五頁（「刑法第六五条ニ所謂身分トハ必スシモ論旨ノ如ク男女ノ性、内外国人ノ別、親族ノ関係、公務員タル資格ノ如キ関係ノミニ限ラス汎ク一定ノ犯罪行為ニ関スル犯人ノ人的関係タル特殊ノ地位又ハ状態ヲ指称スルモノトス。」）、最判昭和二七・九・一九刑集六巻八号一〇八三頁。

2　共犯と真正身分犯

176　不真正身分犯と刑法六五条一項、二項の適用について

最判昭和三一・五・二四
刑集一〇巻五号七三四頁

●**事　実**　被告人Xおよび同X_1は共謀の上、調理した汁粉の中に青酸加里を混入してこれをXの母Aに供し、よってAを死亡せしめた。第一審判決はXの所為は刑法二〇〇条、六〇条に該当し、X_1の所為は刑法二〇〇条、六五条一項、六〇条に該当するが、X_1は身分なきものであるから同法六五条二項、一九九条により処断すると判示した。原審では、右の点について特に争われることなく控訴棄却となっている。これに対して、弁護人はその上告理由として、刑法二〇〇条の罪は、同法一五六条（虚偽文書偽造）の罪や一九七条（収賄）の罪と異なり、犯人の身分により特に構成すべき犯罪ではなく、卑属親たるため特にその刑を加重する規定であるので、X_1に対しては刑法六五条二項により同法一九九条、同二〇〇条を適用すべきであるところ、第一審が同法六五条一項を適用したのは大審院の判例（大判大正七年七月二日法律新聞一四六〇号二三頁）に反し違法であると主張した。なお、刑法二〇〇条尊属殺の規定は、平成七年に削除された。

●**判　旨**　「刑法二〇〇条の罪は犯人の身分により特に構成すべき犯罪ではなく単に卑属親たる身分あるがため特にその刑を加重するに過ぎないものであるから直系卑属でない共犯者に対しては刑法六五条二項によって処断すべきものと解するを相当とする。従って引用の判例はなお維持さるべきである。しかるに所論第一審判決は被告人X_1の所為は刑法二〇〇条六五条一項六〇条に該当する旨判示しているのであるからこの点においては違法の譏を免れ得ないけれども、同判決は結局被告人に対し刑法六五条二項を適用しているのであって、いまだこれを破棄しなければ著しく正義に反するものとは認められない。」上告棄却。

［参照判例］
大判大正二・三・一八刑録一九輯三五三頁、大判大正七・七・二新聞一四六〇号二三頁、大判昭和一四・四・六刑集一八巻一八七頁。

177 刑法六五条一項の共同正犯への適用について

最決昭和五二・三・一六
刑集三一巻二号八〇頁

●**事　実**　被告人Xは沖縄県農林水産部林務課造林係員、同X_1は同県K村経済課林務係員、同X_2は造林業を営む者であるが、Xら右三名は共謀のうえ、間接補助金である造林事業補助金の交付を受けることを企て、K村の山林に造林事業を行った事実がないのに行ったものと偽って右補助金交付申請書を提出し、不正の手段により造林事業補助金名下に現金二一四万円の交付を受けた。補助金適正化法二九条一項は、不正の手段により間接補助金の交付を受けた者を処罰の対象とし、同条二項は、情を知って交付した者も同じと規定する。Xが同条二項の「交付する者」に該当すれば、「交付を受けた」X_2と共謀しても同条一項の共犯にはならないが、この点について原審判決時は、被告人Xは同条二項の「交付する者」に該当しないので、被告人Xの行為につき刑法六〇条、補助金適正化法二九条一項を適用した一審判決を正当と認めている。

●**決定要旨**　「記録によれば、被告人Xが間接補助金である本件造林事業補助金の交付につき単に沖縄県農林水産部林務課造林係員として上司の手足となって補助的な事務を執っていたにすぎずその交付決定処分をするについてこれを左右する地位にあったものではない旨の原判決の認定は相当と認められるから、同被告人は補助金等に係る予算の執行の適正化に関する法律二九条二項にいう交付する者にあたらないとした原判決の判断は正当である。」上告棄却。

裁判官岸盛一、同岸上康夫の補足意見「本件における重要な法律問題は、補助金等に係る予算の執行の適正化に関する法律二九条一項の受交付罪につきその行為主体たりうる補助事業者等又は間接補助事業者等の身分を有しない被告人X及びX_1が、その身分を有する被告人X_2と共謀して行った本件犯行につき刑法六五条一項を適用し、被告人X_2との共同正犯の成立を認めた原判決の法律判断の当否である。……刑法六五条一項が共同正犯に適用があることを認める判例は共謀共同正犯についての判例と共通の問題点を包蔵しているのである。身分のないものは単独では身分を構成要件要素とする犯罪を犯すことはできないが身分のあるものと共同加巧することによって身分犯の共同正犯となることを認めてきた従来の判例の態度は、具体的事実に却して、共謀に関与したが実行には加担しなかった者でも共同正犯となることを認める基本的な態度に基づいているものであって、今本件について刑法六五条一項の解釈を変更することは相当ではない」

裁判官団藤重光の補足意見「不正受交付罪は真正身分犯であって、『交付を受けた者』とは補助金等を現実に受領した補助事業者または間接補助事業者等をいうものと解しなければならない。被告人X_2は間接補助金を現実に受領した林業者であるから、まさしく不正受交付罪の正犯であるが、被告人Xおよび同X_1の両名は、このような真正身分犯にはなりえず、したがって共同正犯にもなりえないはずである。刑法六五条一項は、真正身分犯の共同正犯については、性質上適用を制限されるものといわなければならない。しかし、真正身分犯についても、教唆犯および幇助犯に関するかぎり、刑法六五条一項の適用がある。けだし、教唆犯および幇助犯は、実行行為以外の行為をもって正犯の行為に加巧するものであって、身分がない者にもその成立をみとめうるのは当然だからである。……しかし……X・X_1両名の行為は、受交付罪に対する定型的な関与形式としての単なる交付行為ではなくて、X_2の受交付行為を積極的に促進したものというべきであり、それはもはや前述のような対向犯の特殊性による不可罰の限度内には属せず、受交付罪の教唆犯としての処罰を免れないものというべきである。原判決が被告人両名を被告人X_2とともに不正受交付罪の共同正犯になるものとしたことは不当であるが、両名がいずれにせよ同罪の教唆犯としての罪責を免れないものとみとめられる以上、原判決を破棄しなくてもいちじるしく正義に反するものということはできない。」

［参照判例］

大判明治四四・一〇・九刑録一七輯一六五二頁、大判大正四・三・二刑録二一輯一九四頁、大判昭和七・三・一〇刑集一一巻二八六頁、大判昭和九・一一・二〇刑集一三巻一五一四頁、最決昭和四〇・三・三〇刑集一九巻二号一二五頁。

178　非占有者が業務上横領に加功したとき

最判昭和三二・一一・一九
刑集一一巻一二号三〇七三頁

●事　実　被告人Xは、もとA村村長および中学校建設工事委員会工事委員長、同X_1は同村助役および同委員会の工事副委員長としてXを補佐していた。またX_2は、同村収入役として出納その他の会計事務を掌り、かたわら前示委員会の委託を受け同校建設資金の寄附金の受領、保管その他の会計事務を管掌していた。X、X_1、X_2は共謀のうえ、X_2が受け取りこれを業務上保管する学校建設資金としての寄附金の中から酒食等の買入れ代金として支払い、これを費消横領した。一・二審は右の事実につき、X、X_1の行為に二五三条を適用した。これに対して、

X、X_1には事実上も法律上も当該資金の占有を認めえず、被告人らの行為が、刑法二五三条、六五条二項、二五二条に該当するかどうかは別の問題として、二五三条を適用して業務上横領罪が成立するとしたのは擬律錯誤の違法ありとの理由で上告。

●判　旨　「X_2のみが……A村の収入役として同村のため右中学校建設資金の寄附金の受領、保管その他の会計事務に従事していたものであって、被告人両名はかかる業務に従事していたことは認められないから、刑法六五条一項により同法二五三条に該当する業務上横領罪の共同正犯として論ずべきものである。しかし、同法二五三条は横領罪の犯人が業務上物を占有する場合において、とくに重い刑を科することを規定したものであるから、業務上物の占有者たる身分のない被告人両名に対しては同法六五条二項により同法二五二条一項の通常の横領罪の刑を科すべきものである。しかるに、第一審判決は被告人両名の……所為を単に同法二五三条に問擬しただけで、何等同法六〇条、六五条一項・二項、二五二条一項を適用しなかったのは違法であり、この違法は原判決を破棄しなければ著しく正義に反するものと認められる。」破棄自判。

[参照判例]

大判明治四四・八・二五刑録一七輯一五一三頁、大判昭和一五・三・一刑集一九巻六三頁、東京高判昭和四二・八・二九高刑集二〇巻四号五二一頁。

3　共犯と不真正身分犯

179　賭博の常習者を非常習者が幇助した場合 ―刑法六五条二項の適用と罪名・罰条の個別化

大判大正二・三・一八
刑録一九輯三五三頁

●事　実　被告人X、X_1等は米穀の売買取引に名を借りたる賭博行為を行い、同X_2、X_3等はこれを幇助した。弁護人の上告理由によれば、原審は被幇助者X、X_1等は賭博常習者の身分ある者であり、X_2、X_3等はその身分を有しない者であるので、幇助者X_2等に対しては刑法六五条一項により同法一八六条一項の共犯となすなどと判示しているが、賭博常習犯は一個の犯罪行為にして常習そのことは犯罪の事実に属し犯者の身分ではないにもかかわらず原審がX_2等に対し刑法六五条一項を適用したのは誤りであると主張した。

●判　旨　「賭博罪ハ偶然ノ輸贏ニ関シ財物ヲ以テ博戯又ハ賭事ヲ為スニ因テ成立シ犯人ニ賭博ノ常習アルト否トハ犯罪ノ成立ニ何等影響ナキモノナルコトハ法律上毫モ疑ナキ所ニシテ其常習アルト否トニ従ヒ之カ罰條ヲ異ニスルハ犯罪構成要件ノ異ナル為メニ非スシテ法律カ之ヲ処罰スルニ軽重相異ナル別箇ノ刑ヲ以テシタル結果ニ外ナラス而シテ刑法第六十五条第一項

ハ犯人ノ身分ヲ以テ構成要件トセル犯罪ニ加巧シタルモノハ其身分アラサルモ身分アルモノノ共犯トシテ処分スル事ヲ規定シタルモノニシテ犯人ノ身分ヲ以テ其構成要件トセス単ニ刑ノ軽重ノ原因トセル犯罪ニ付テハ何等関係ナキ条項ナレハ本件被告X_2同X_3ノ如ク賭博ノ常習ナキ者カ賭博常習者ノ犯罪ヲ幇助シタル場合ニ於テハ同条項ハ之ヲ適用スヘキ筋合ノモノニ非ス……被告X_2、X_3ノ行為ハ……賭博幇助トシテ同法六十五条第二項ニ依リ同法第百八十五条第六十三条第六十八条ニ該当スル」破棄自判。

［参照判例］（〔181〕に掲げるものの他、左の判例等を参照）

大判大正七・七・二法律新聞一四六〇号二四頁。

180　刑法六五条二項の適用について
——堕胎罪の場合

大判大正九・六・三
刑録二六輯三八二頁

●事　実　被告人XはX_1と医師X_2の両人に対して、X_1がAと私通し懐胎した三カ月の胎児を堕胎することを教唆し、堕胎行為を遂行せしめた。原審は右二人に対し、一箇の堕胎罪を教唆したとして、被告人Xの行為に刑法二一三条を適用処断した。

●判　旨　「被告人カ一面懐胎ノ婦女ヲ教唆シテ堕胎ノ決意ヲ為サシメ他面医師ヲ教唆シテ同婦女ニ対スル堕胎手術ヲ行フヘキ決意ヲ為サシメ因テ一箇ノ堕胎行為ヲ遂行セシメタル場合ニ於テハ其前者ニ対スル教唆行為ハ刑法第六十一条第一項第二百十二条ニ後者ニ対スル教唆行為ハ同第六十一条第一項第二百十四条前段ニ該当スル所元来被告ノ行為ハ二人ヲ教唆シテ一箇ノ堕胎行為ヲ実行セシメタルニ過キサレハ包括的ニ之ヲ観察シ重キ後者ニ対スル刑ニ後フヘキモノナルモ被告ハ医師タル身分ナキモノナルヲ以テ同第六十五条第二項ニ依リ同第二百十三条前段ノ刑ヲ科スヘキモノトス原判文ヲ通読スルニ其擬律ハ之ト同旨趣ニ帰スルモノト解スルヲ得ルカ故ニ原判決ヲ以テ所論ノ如キ不法アルモノト為スヲ得ス」上告棄却。

［参照判例］

大判大正六・三・一七刑録二三輯二〇八頁、大判大正六・一二・二一刑録二三輯一五七二頁、大判大正八・二・二七刑録二五輯二六一頁、大判昭和一〇・二・七刑集一四巻七六頁、大判昭和一五・一〇・一四刑集一九巻六八五頁。

181 刑法六五条二項の適用
——身分者が非身分者の行為に加功した場合

大判大正三・五・一八
刑録二〇輯九三二頁

●**事　実**　被告人Xは賭博の常習者であるが、賭博常習者X_1と非常習者X_2が賭博をなす情を知りながら房屋及び骨牌を貸与してもってX_1等の賭博行為を幇助した。

●**判　旨**　「刑法第百八十六条第一項ハ同法第百八十五条通常賭博罪ノ加重規定ニシテ其加重ハ賭博ヲ反覆スル習癖ヲ有スル者ニ限リ其共同実行正犯タル他人ニ影響ヲ及ホササル点ヨリ観察シテ之ヲ犯人ノ一身ニ属スル特殊状態ニ因ルモノト認ムヘク従テ犯人ノ身分ニ因ル加重ナリト解スヘキモノトス依テ其加重ハ財物ヲ賭シテ自ラ輸贏ヲ決シタル本人即チ実行正犯者ノミニ限ルヘキモノナルヤ否ヤノ点ニ付キ審究スルニ身分ニ因ル加重減軽ニ関スル同法第六十五条第二項ノ規定ハ止タ実行正犯ノミナラス教唆者及ヒ従犯ニ其適用アリ……二人共ニ賭博ヲ為シ其一人ニ対シテハ通常賭博罪カ成立スル場合ニ其従犯カ犯罪ノ当時賭博ノ常習ヲ有スルニ於テハ（従来賭博ノ常習アリタルト其従犯タル行為ヲ為スニ依リテ初メテ其習癖カ成立シタルトヲ問ハス）其者ニ対シテハ刑法第六十五条第二項ノ趣旨ニ依リ同法第百八十六条第一項ヲ適用シタル上一般従犯ニ関スル減軽ヲ為スヘキモノトス原判決ヲ査スルニ……X_1ニ対シテハ賭博常習者タル故ヲ以テ刑法第百八十六条第一項ヲ適用シX_2ニ対シテハ常習ヲ認メスシテ同法第百八十五条ヲ適用シタル上被告Xニ対シ同法第百八十六条第一項第六十二条第一項等ヲ適用シタルモノニシテ同法六十五条第二項ノ趣旨ニ則リタルコトモ亦自ラ明ナルヲ以テ其擬律ハ正当ニシテ論旨ハ理由ナシ」上告棄却。

［参照判例］

大判大正三・三・一〇刑録二〇輯二六六頁、大判大正七・六・一七刑録二四輯八四四頁、大判大正一二・二・二二刑集二巻一〇七頁、名古屋高判昭和三〇・五・一七高裁刑裁特二巻一一号五二二頁。

第七節　共犯と錯誤

1　共犯と「客体の錯誤」・「方法の錯誤」など

182　共犯の錯誤——正犯における客体の錯誤

大判昭和六・七・八
刑集一〇巻三一二頁

●**事　実**　被告人Xは多衆の面前でAにより乱打・足蹴りされたことに対する憤満の情に堪えず、被告人X_1、X_2、X_3と意を通じて拳銃・実砲等を懐中に入れA方に謝罪を求めに出かけAが謝罪せざるとき同人を殺害することもあえて辞さない旨を決意し、X等四名がA方に行ったところAはB方に行って不在であったのでこんどはB方に向い、B方玄関でXが「親分は」と呼んだのに応じてBが立ちあがってきたところ、X_3は同人をAと誤信し矢庭に所携の拳銃でBを狙撃し治療三週間の銃創を与えた。

●**判　旨**　「犯意トハ法定ノ範囲ニ於ケル罪トナルヘキ事実ノ認識ヲ云フモノナレハ行為者カ被害者ヲ誤認シ殺意ヲ以テ暴行ヲ加ヘ他人ヲ殺傷シタル場合ニテモ行為者ノ認識シタル犯罪事実ト現ニ発生シタル事実トハ法定ノ範囲ニ於テ一致スルヲ以テ行為者ハ現ニ発生シタル事実ニ付認識ヲ欠クモノニ非サルヤ論ナク数人カ殺人罪ノ遂行ヲ共謀シタル場合ニ於テ共謀者ノ或者カ被害者ヲ誤認シ暴行ヲ為シタルトキト雖行為者及ヒ他ノ共謀者ノ認識シタル犯罪事実ト現ニ発生シタル事実トハ法定ノ範囲ニ於テ符合スルヲ以テ共謀者全部ハ現ニ発生シタル事実ニ付認識ヲ欠クコトナク若シ他ノ共謀者カ殺人罪ノ実行行為又ハ之ト密接且必要ナル行為ヲ為スニ於テハ被害者ヲ誤認セルト否トニ拘ラス行為者ト共ニ殺人罪ノ刑責ヲ免カルコトヲ得サルモノトス……共謀者ノ一人タル被告人X_3ハBヲAナリト誤認シ之ニ暴行ヲ加ヘタルモノナレハ其ノ所為ハ所謂客体ノ錯誤ニ出タルニ過キサルヲ以テ現ニ発生シタル事実ニ付被告人X_3ハ勿論其ノ他ノ共謀者共ニ認識ヲ欠クコトナシト言ワサルヘカラス……他ノ共謀者モ被告人X_3ト共ニ殺人罪ノ刑責ヲ負フヘキヤ疑ヲ容レス」上告棄却。

［参照判例］
大判大正九・三・一六刑録二六輯一八五頁。

183　共犯の「客体の錯誤」・「方法の錯誤」

最判昭和二五・七・一一
刑集四巻七号一二六一頁

●事　実　XはX_1に対し、A方に侵入して金品を盗取することを教唆した。X_1はXのこのすすめにより強盗をなすことを決意して、X_2等三名と共にA方に強盗の目的で屋内に侵入したが母屋に侵入する方法を発見しえなかったので断念した。しかし、X_2等三名はただでは帰れないといいだし、そこで隣のB電気商会に押入ることをX_1とX_2等は謀議し、X_1はB商会附近で見張をし、X_2等は屋内に侵入し就寝中のCに暴行・脅迫をなしCおよびD所有の金品を強取した。原判決はXを窃盗教唆に問擬した。

●判　旨　「犯罪の故意ありとなすには、必ずしも犯人が認識した事実と、現に発生した事実とが、具体的に一致（符合）することを要するものではなく、右両者が犯罪の類型（定型）として規定している範囲において一致（符合）することを以て足るものと解すべきものであるから、いやしくも右X_1の判示住居侵入強盗の所為が、被告人Xの教唆に基いてなされたものと認められる限り、被告人Xは住居侵入窃盗の範囲において、右X_1の強盗の所為について教唆犯としての責任を負うべきは当然であって、被告人Xの教唆行為において指示した犯罪の被害者と、本犯たるX_1のなした犯罪の被害者とが異る一事を以て、直ちに被告人Xに判示X_1の犯罪について何等の責任なきものと速断することを得ないものと言わなければならない。しかし、被告人Xの本件教唆に基いて、判示X_1の犯行がなされたものと言い得るか否か、換言すれば右両者間に因果関係が認められるか否かという点について検討するに……X_1のD方における犯行は、被告人Xの教唆に基いたものというよりむしろX_1は一旦右教唆に基く犯意は障碍の為め放棄したが、たまたま、共犯者三名が強硬に判示B電気商会に押入らうと主張したことに動かされて決意を新たにして遂にこれを敢行したものであるとの事実を窺われないでもないのであって、彼是総合するときは、原判決の趣旨が果して明確に被告人Xの判示教唆行為と、X_1の判示所為との間に、因果関係があるものと認定したものであるか否かは頗る疑問であると言わなければならないから、原判決は結局罪となるべき事実を確定せずして法令の適用をなし、被告人Xの罪責を認めた理由不備の違法ある。」破棄差戻。

〔参照判例〕
大判昭和九・一一・一八刑集一三巻一七四七頁。
最判昭和二三・一〇・二三刑集二巻一一号一三八六頁。

2　共犯の過剰など

184　共同正犯の過剰
――窃盗の意思で強盗の見張をした者の責任

最判昭和二三・五・一
刑集二巻五号四三五頁

●事　実　被告人XはA方から金品を強奪しようと共謀していた原審相被告人X_1、X_2等からその同行を勧誘され、XはX_1、X_2等が右A方に食品を窃取しにゆくと思ってその勧誘に応じ、X_1、X_2等と共にA方に赴き、Xは屋外で見張をし、X_1、X_2等は屋内に入って強盗を実行した。原審は、Xの所為は刑法二三六条一項、六〇条にあたるが、同法三八条二項によって結局は同法二三五条の刑責を負わしめらるにすぎないと判示した。

●判　旨　「原判決の法律適用の部分を見るとその最初の所に『……刑法第二百三十六条第一項第六十条に当るが』とあるが結局は刑法第三十八条第二項により窃盗罪として同法第二百三十五条を適用し……右最初の記載は要するに『生じた結果の点からすれば本来は刑法第二百三十六条第一項第六十条に当るべき場合なのであるが』という意味に過ぎないので同法条を適用した趣旨でないことは疑を容れない。……被告人以外の共犯者は最初から強盗の意思で強盗の結果を実現したのであるがただ被告人だけは軽い窃盗の意思で他の共犯者の勧誘に応じて屋外で見張をしたというのであるから被告人は軽い窃盗の犯意で重い強盗の結果を発生させたものであるが共犯者の強盗所為は被告人の予期しないところであるからこの共犯者の強盗行為について被告人に強盗の責任を問うことはできない訳である。然らば原判決が被告人に対し刑法第三十八条第二項により窃盗罪として処断したのは正当であって原判決にも毫も所論の如き擬律錯誤の違法はない。」上告棄却。

［参照判例］
大正元・一一・二八刑録一八輯一四四五頁、仙台高秋田支判昭和二五・三・六高裁刑判特七号八五頁、最判昭和二五・四・一一判例体系三〇巻一〇一八頁、和歌山地判昭和三四・六・一二下級刑集一巻六号一四一五頁、東京高判昭和三五・四・二一東高刑時報一一巻四号八六頁。

185　結果的加重犯の共同正犯
――共同正犯の過剰に関連して

最判昭和二二・一一・五
刑集一巻一頁

●事　実　被告人XはAからその所有するサッカリンの売却斡旋方を依頼されたのを奇貨とし、X、X_1共謀のうえ右サッカリンを強取しようと企て、被告人Xは同X_1に対し暴行の用に供するための樫棒を交付したうえ、Aを買受先に案内するという口実のもとに同人に右サッカリンを持参させて犯行現場に連れだし、約束に従って同附近に待ちうけていた被告人X_1が同Xの合図によりAの持っていたサッカリン入の風呂敷包を強奪しようとして、Aに対し「声を出すと殺すぞ」と脅迫し、尚右樫棒をもってAの頭部両手等を殴打したがAが附近に助けを求めたため該サッカリンを強取できなかったが、右暴行によりAに全治二カ月の打撲傷を負わせた。

●判　旨　「およそ強盗の共犯者中の一人の施用した財物奪取の手段としての暴行の結果、被害者に傷害を生ぜしめたときは、その共犯者の全員につき、強盗傷人罪は成立するのであって、このことは強盗傷人罪が所謂結果犯たるの故に外ならない。……原判決を目して審理に盡さざる所があると云い、或は過失犯に共同正犯なしとする理論を援引して、結果的加重犯たる強盗傷人罪にも共同正犯なしと云うが如き所論は、いずれも独自の見解であって、ともに採用に値しないから、論旨はいづれも理由がない。」上告棄却。

［参照判例］

最判昭和二三・四・一七刑集二巻四号三八四頁、最判昭和二三・五・八刑集二巻五号四七八頁、最判昭和二六・三・二七刑集五巻四号六八六頁、最判昭和三三・六・一七刑集一二巻一〇号二一四二頁。

186　正犯が幇助犯の故意の範囲を超えた「結果」を生じさせた場合

最判昭和二五・一〇・一〇
刑集四巻一〇号一九六五頁

●事　実　Xは、X_1がA・Bと闘争し同人等に傷害を加えるようなことが起こるかもしれないことを察知しながら、所持していた匕首をX_1に貸与し、X_1が殺意をもってA・Bを突き刺して殺害する行為を容易ならしめ、以てこれを幇助した。

●判　旨　「本件は、前段に説明した如く、被告人の認識したところ即ち犯意と現に発生した事実とが一致しない場合であるから、刑法第三八条第二項の適用上、軽き犯意についてその既遂を論ずべきであって、重き事実の既遂を以って論ずることはできない。原判決は右の法理に従って法律の適用を示したもので、所論幇助の点は客観的には殺人幇助として刑法第一九九条第六二条第一項に該当するが、軽き犯意に基き傷害致死幇助として同法第二〇五条第六二条を以って処断すべきものであることを説示したものであることは判文上極めて明かであって、その間何ら所論の如き曖昧な点はなく、原判決の法律の適用は正当であって、論旨は理由がない。」上告棄却。

［参照判例］

神戸地判昭和三六・四・八下級刑集三巻三・四号二九五頁、東京高判昭和五二・六・三〇判例時報八八六号一〇四頁。

3　共犯形式相互の錯誤

187　教唆犯の意思で間接正犯の結果を生じさせた場合

仙台高判昭和二七・二・二九
高裁刑判特二二号一〇六頁

●事　実　被告人Xは犯罪の実行意思のなかった原判示X_1及びX_2を唆かして窃盗を決意実行せしめた。なお、Xは、当時X_2は責任能力者と思惟していたが、事実は刑事責任年齢に達していなかった。

●判　旨　「原審が被告人の右事実を窃盗の教唆と認定したのは相当である。なお被告人は当時X_1は責任能力者と思惟していたが事実は刑事責任年令に達していなかったことが確認しえられるので此の点は窃盗の間接正犯の概念をもって律すべきであるが刑法第三十八条第二項により被告人は結局犯情の軽いと認める窃盗教唆罪の刑をもって処断さるべきが相当であるというべきであるから原判決には所論のような違法は存しない。」控訴棄却。

第八節　共犯と中止未遂

共犯の中止

188　共犯者の一人が自己の意思で犯行を中止し、他の者が犯行の目的を遂げた場合

最判昭和二四・一二・一七
刑集三巻一二号二〇二八頁

●事　実　X、X_1は共謀してAを脅迫し、その抵抗を抑圧したうえ、Aの妻が出してきた現金九〇〇円を強取した。原審は、Xが右現金を受けとることを自ら差し控えたとしてもX_1がそれを強取することを放任したかぎり、Xの行為は中止未遂ではなく強盗既遂となると判示している。原審のいう「Xが現金を受け取ることを差し控えた」との点について、弁護人は上告理由のなかで、被害者宅は教員の家で余り金のないことをAの妻よりきかされ、Xは「俺も困って入ったのだから、お前の家も金がないのならばそのような金はいらん」などといって、X_1に「帰ろう」と促し先に表にでたあとで、三分位してX_1が右九〇〇円を「もらってきた」といって出てきて二人で帰りにその金で遊んで帰った、と説明している。

●判　旨「被告人がAの妻の差し出した現金九〇〇円を受取ることを断念して同人方を立ち去った事情が所論の通りであるとしても、被告人において、その共謀者たる一審相被告人X_1が判示のごとく右金員を強取することを阻止せず放任した以上、所論のように、被告人のみを中止犯として論ずることはできないのであって、被告人としても右X_1によって遂行せられた本件強盗既遂の罪責を免れることを得ないのである。してみればこれと同一の見解に立って、原審弁護人の中止犯の主張を排斥し被告人に対し本件強盗罪の責任を認めた原判決は相当であって所論の違法はない。」上告棄却。

［参照判例］

大判大正二・一一・一八刑録一九輯一二一二頁、大判大正一二・七・二刑集二巻六一〇頁、大判昭和一〇・六・二〇刑集一四巻七二二頁、大判昭和一二・一二・二四刑集一六巻一七二八頁、最判昭和二四・七・一二刑集三巻一二三七頁。

第七章　罪数論

第一節　科刑上一罪

189　観念的競合における「一個ノ行為」の意義(1)

最大判昭和四九・五・二九
刑集二八巻四号一一四頁

●**事　実**　被告人は、酒に酔い正常な運転ができないおそれのある状態で普通乗用自動車を運転し、酒酔いのため前方注視が困難な状態に陥り、直ちに運転を中止し事故の発生を未然に防止しなければならない業務上の注意義務があるのに、これを怠り、そのまま運転を継続した過失により、自車を通行人に衝突させ、よって同人を路上に転倒させ、全身打撲傷等により死亡させるに至った。

●**判　旨**「刑法五四条一項前段の規定は、一個の行為が同時に数個の犯罪構成要件に該当して数個の犯罪が競合する場合において、これを処断上の一罪として刑を科する趣旨のものであるところ、右規定にいう一個の行為とは、法的評価をはなれ構成要件的観点を捨象した自然的観察のもとで、行為者の動態が社会的見解上一個のものとの評価をうける場合をいうと解すべきである。

ところで、本件の事例のような、酒に酔った状態で自動車を運転中に過って人身事故を発生させた場合についてみるに、もともと自動車を運転する行為は、その形態が、通常、時間的継続と場所的移動とを伴うものであるのに対し、その過程において人身事故を発生させる行為は、運転継続中における一時点一場所における事象であって、前記の自然的観察からするならば、両者は、酒に酔った状態で運転したことが事故を惹起した過失の内容をなすものかどうかにかかわりなく、社会的見解上別個のものと評価すべきであって、これを一個のものとみることはできない。」上告棄却。（併合罪。）

［参照判例］

最決昭和四九・一〇・一四刑集二八巻七号三七二頁（信号を無視して一時停止することなく漫然交差点に侵入した過失により自車を他車に衝突させ、人身事故を発生させた場合、信号無視の罪と業務上過失傷害罪との観念的競合である）。

最決昭和五〇・五・二七刑集二九巻五号三四八頁（運転技術の未熟な者が酒酔い状態で自動車の運転をした重大な過失により運転開始直後に自車を車庫等に衝突させ、同乗者に傷害を負わせた場合、酒酔い運転の罪と重過失傷害罪との併合罪である）。

最決昭和四九・一一・二八刑集二八巻八号三八五頁（無免許運転とその運転中に行われた速度違反の行為は、無免許運転の罪と速度違反の罪との併合罪である）。

最決平成五・一〇・二九刑集四七巻八号九八頁（制限速度を超過した状態で継続して自動車を運転した場合の二地点における速度違反行

為の罪数関係について、二地点の距離が約一九・四キロメートルであり、その道路状況が変化していることをも勘案して、これを併合罪とした)。

190 観念的競合における「一個ノ行為」の意義(2)

最判昭和五八・九・二九
刑集三七巻七号一一一〇頁

●事　実　被告人は、覚せい剤を隠匿携帯して外国から空路税関空港である大阪国際空港に到着、右覚せい剤を輸入し、これを携帯して、いわゆる通関線である同空港内大阪税関伊丹空港支署旅具検査場を右輸入の申告をせずに通過しようとして同係官に右覚せい剤を発見された。

●判　旨　「覚せい剤輸入罪と無許可輸入罪(未遂罪を含む。)との罪数関係について考えるに、右のように、保税地域、税関空港等税関の実力的管理支配が及んでいる地域を経由する場合、両罪はその既遂時期を異にするけれども、外国から船舶又は航空機によつて覚せい剤を右地域に持ち込み、これを携帯して通関線を突破しようとする行為者の一連の動態は、法的評価をはなれ構成要件的観点を捨象した自然的観察のもとにおいては、社会的見解上一個の覚せい剤輸入行為と評価すべきものであり(最高裁昭和四六年(あ)第一五九〇号、同四七年(あ)第一八九六号、同年(あ)第七二五号同四九年五月二九日各大法廷判決、刑集二八巻四号一一四頁、五一頁、一六八頁、同五〇年(あ)第一五号同五一年九月二二日大法廷判決、刑集三〇巻八号一六四〇頁参照)、それが両罪に同時に該当するのであるから、両罪は刑法五四条一項前段の観念的競合の関係にあると解するのが相当である。」上告棄却。(観念的競合。)

[参照判例]
最決昭和五八・一二・二一刑集三七巻一〇号一八七八頁(大麻を外国から新東京国際空港に持ち込み、これを携帯して通関線を突破する行為は、大麻輸入罪と無許可輸入罪との観念的競合である)。

191 牽連犯

最判昭和二四・七・一二
刑集三巻八号一二三七頁

●事　実　被告人らは、AがB子と語り合っているのを認め、その跡をつけ、AとB子が某休憩所二階に入るのを認め、同所においてAを階下に引き下ろして監禁し、その間交代でB子を姦淫することを共謀し、右休憩所二階の室入口に押し上がり、所持する匕首を示して脅しながら、Aを階下の炭小屋に押し込め、交代に同人を監視し、約一時間三〇分にわたって同人を不法に監禁し、その間B子を脅迫して交代でこれを姦淫、その結果同女に処女膜裂傷の傷害を負わせた。

●判　旨　「刑法第五四条に所謂犯罪の手段とは、或犯罪の性質上其手段として普通に用いられる行為をいうのであり、又犯罪の結果とは或犯罪より生ずる當然の結果を指すと解すべきものであるから、牽連犯たるには或犯罪と、手段若くは結果たる犯罪との間に密接な因果関係のある場合でなければならない、従つて犯人が現實に犯した二罪がたまたま手段結果の関係にあるだけでは牽連犯とはいい得ない。そして本件の不法監禁罪と、強姦致傷罪とは、たまたま手段結果の関係にあるが、通常の場合においては、不法監禁罪は通常強姦罪の手段であるとはいえないから、被告人等の犯した不法監禁罪と強姦致傷罪は、牽連犯ではない。」破棄自判。（他の点について、破棄。）

〔参照判例〕

最大判昭和二四・一二・二一刑集三巻一二号二〇四八頁（「数罪が牽連犯となるためには犯人が主観的にその一方を他方の手段又は結果の関係において実行したというだけでは足らず、その数罪間にその罪質上通例手段結果の関係が存在すべきものたることを必要とする」。銃砲等所持禁止令違反の罪と強盗殺人未遂罪とは牽連犯ではない）。

大判大正一五・一〇・一四刑集五巻四五六頁（人を監禁して、恐喝しようとしたが未遂に終わった場合、監禁罪と恐喝未遂罪との牽連犯である）。

192　牽連犯を構成する二罪の中間に別罪の確定裁判が介在する場合と刑法五四条の適用

最大判昭和四四・六・一八
刑集二三巻七号九五〇頁

●事　実　第一審判決は、昭和四〇年一月二八日有印公文書である福岡県公安委員会作成名義の大型自動車運転免許証一通を偽造した行為と、昭和四二年一〇月二二日から同年一二月一日までの間一九回にわたり、タクシー運転手として営業用普通自動車を運転した際右偽造運転免許証を携帯行使した行為との中間に、昭和四一年一月二六日宣告、同年二月一〇日確定の窃盗、有印私文書偽造、同行使罪による懲役一年の確定裁判があったが、前記有印公文書偽造罪と各同行使罪とを牽連犯とし、最も重い昭和四二年一二月一日の偽造公文書行使罪の刑により処断した。原判決は、この第一審判決を是認し、牽連犯の中間に別罪の確定裁判が介在してもなお科刑上一罪として処断すべきであるとした。

●判　旨　「牽連犯を構成する手段となる犯罪と結果となる犯罪とは、本来数罪として広義の併合罪に包含されるが、科刑上の一罪として罪数上は本来の一罪と同様に取り扱われ、刑法四五条の適用については数罪ではなく一罪であると解することに文理上支障はない。そして、牽連犯はその数罪間に罪質上通例その一方が他方の手段または結果となる関係があり、しかも具体的に犯人がかかる関係においてその数罪を実行した場合(昭和二三年(れ)第二〇六二号同二四年一二月二一日大法廷判決、刑集三巻一二号二〇四八頁、二〇五三頁参照)に科刑上とくに一罪として取り扱うこととしたものであるから、牽連犯を構成する手段となる犯罪と結果となる犯罪との中間に別罪の確定裁判が介在する場合においても、なお刑法五四条の適用があるものと解するのが相当である。これと同旨の原判決は正当である。」破棄差戻。(破棄は、原審が偽造公文書行使罪成立とした点に関する。)

[参照判例]

東京高判昭和四一・三・二九高刑集一九巻二号一二五頁(本来牽連犯の関係にあるはずの手段たる行為と結果たる行為との間に、別罪による確定裁判が介在する場合には、両行為を別個独立の行為とみて、二罪として処断すべきである)。

193 「最モ重キ刑ヲ以テ処断ス」の意義

最判昭和二八・四・一四
刑集七巻四号八五〇頁

●事　実　第一審判決は、公務執行妨害の罪と傷害の罪とを刑法五四条一項前段の一所為数法の関係にあるとし、最も重い刑を定めた傷害の罪の法条によって処断するものとしたが、公務執行妨害の罪の刑が三年以下の懲役又は禁錮と定められ、罰金の定めがないにもかかわらず、傷害の罪にその定めがあることから、被告人を罰金二万円に処した。

●判　旨　「刑法五四条一項前段の一個の行為にして数個の罪名に触れる場合において、『其最モ重キ刑ヲ以テ処断ス』と定めているのは、その数個の罪名中もっとも重い刑を定めている法条によって処断するという趣旨と共に、他の法条の最下限の刑よりも軽く処断することはできないという趣旨を含むと解するを相当とする。いいかえれば数個の罪について刑を定めるには、各法条中の法定刑の最上限も最下限も共に重い刑の範囲内において処断すべきものとする趣旨である。本件において、第一審判決が公務執行妨害の罪と傷害の罪とを刑法五四条一項前段の一所為数法の関係において処断するにあたり、もっとも重い刑を定めた傷害の法案によって処断したのは正当であるが、公務執行妨害の罪の刑が三年以下の懲役又は禁錮と定められ罰金の定めがないのにかかわらず、傷害の罪にその定めがあるのに従って、被告人を罰金二万円に処したのは、刑法五四条一項の解釈を誤ったものであり違法たるを免れない。」破棄自判。(懲役三月。)

第二節　包括一罪

194　「数個の未遂と既遂」

大判昭和一三・一二・二三
刑集一七巻九八〇頁

●事　実　六月から一〇月までの間に東京および樺太において5回にわたり毒薬の食物への混入、毒薬注射を試みたが、いずれも殺害に失敗し、一一月に出刃包丁で被害者を殺害した。

●判　旨　「殺害ノ目的ヲ以テ同一人ニ対シ数次ニ亘リ攻撃ヲ加ヘ遂ニ其ノ目的ヲ達シタル場合其ノ数個ノ攻撃行為ガ同一ノ意思発動ニ出デ其ノ間犯意ノ更新ナキ限リハ其ノ各行為ガ同一ノ日時場所ニ於テ行ハレタルト将異ナル日時場所ニ於テ行ハレタルトヲ問ハズ又其ノ方法が同一ナルト否トヲ論ゼズ其ノ目的ヲ達シタル迄ノ攻撃行為ハ総テ実行行為ノ一部トシテ之ヲ包括的ニ観察シ一個ノ殺害行為ト看做スベク従テ此ノ場合ニハ単純ナル一個ノ殺人既遂罪ヲ以テ処断スベキモノニシテ殺人未遂ト同既遂トノ連続一罪ト為スコトヲ得ズ」上告棄却。（原審、包括一罪。）

［参照判例］

大判大正元・一一・一一刑録一八輯一三六二頁（同一の意思のもとに同一人に対し日時場所を異にして二個の殺人未遂行為と一個の殺人既遂行為を行った場合、刑法五十五条（削除）の「連続したる数個の行為にして同一の罪名に触るる場合に該当する。」）。

大判昭和七・四・三〇刑集一一巻五五八頁（放火未遂行為に引き続き、同一目的物に放火した場合、「犯意の一なるも放火行為は別個に之を観察すべく犯意の一なるの故を以て包括的に之を観察すべきものにあらず。」連続犯）。

195　不可罰的事後行為の成否

最判昭和二五・二・二四
刑集四巻二号二五五頁

●事　実　被告人は、窃取した他人名義の郵便預金通帳を利用して、情を知らない郵便局員を欺罔し、真実名義人において、貯金の払戻を請求するものと誤信させ、貯金の払戻名義のもとに金員を騙取した。

●判　旨　「賍物を処分することは財産罪に伴う事後処分に過ぎないから別罪を構成しないことは勿論であるが窃取または騙取した郵便貯金通帳を利用して郵便局係員を欺罔し真実名義人において貯金の払戻を請求するものと誤信せしめて貯金の払

戻名義の下に金員を騙取することは更に新法益を侵害する行為であるからここに亦犯罪の成立を認むべきであつてこれをもつて贓物の単なる事後処分と同視することはできないのである。然らば原審が所論郵便貯金通帳を利用して貯金を引出した行為に対し詐欺罪をもつて問擬したことは正当である。」上告棄却。（詐欺罪成立。）

［参照判例］

最決昭和三八・五・一七刑集一七巻四号三三六頁（窃取した持参人払式小切手を呈示して、小切手支払名下に金員を交付させた場合、小切手の窃盗罪のほか詐欺罪が成立する）。

196 接続犯

最判昭和二四・七・二三
刑集三巻八号一三七三頁

●**事　実**　被告人は、昭和二二年一二月一四日午後一〇時頃から翌一五日午前零時頃までの間、三回にわたって農業会倉庫で同農業会倉庫係B保管の水粳玄米四斗入三俵ずつ合計九俵を窃取した。

●**判　旨**　「右三回における窃盗行為は僅か二時間余の短時間のうちに同一場所で為されたもので同一機会を利用したものであることは挙示の証拠からも窺われるのであり、且ついずれも米俵の窃取という全く同種の動作であるから単一の犯意の発現たる一連の動作であると認めるのが相当であつて原判決挙示の証拠によるもそれが別個独立の犯意に出でたものであると認むべき別段の事由を発見することはできないのである。然らば右のような事実関係においてはこれを一罪と認定するのが相当であつて独立した三個の犯罪と認定すべきではない。」破棄差戻。（原審、併合罪。）

［参照判例］

最判昭和三一・八・三刑集一〇巻八号一二〇二頁（麻薬施用者として免許を受けている医師が同一の麻薬中毒者に対し、およそ三ケ月にわたって多数回麻薬を注射した各麻薬取締法違反の行為は包括一罪である）。

最判昭和二五・一二・一九刑集四巻一二号二五七七頁（二日間に異なる多数の観客の前で七回にわたり公然猥褻行為を行なった場合、七個の公然猥褻罪が成立する）。

197　常習賭博罪における数個の賭博行為と罪数

最判昭和二六・四・一〇
刑集五巻五号八二五頁

●事　実　被告人Xは、四回の賭博行為を行ったとして、起訴された。これに対して、原判決は、被告人Xは花札を使用して金銭を賭し、俗に花合せまたはハンカンという博奕を昭和二三年四月上旬頃および同月中旬頃A方ほか一カ所でB等数名とともに前後二回常習として行ったとして、常習賭博罪が成立すると認定した。

弁護人は上告し、他の一回について何らかの判断を試みるべきにかかわらず、これをなしていないのは刑訴法（旧）第四一〇条第二〇号違反である、と主張した。

●判　旨「常習賭博罪における数個の賭博行為は、包括して単純な一罪を構成するものであるから、所論原審の認定しなかつた二回の賭博行為は、被告人Xに対する一個の公訴事実の一部をなすに過ぎない。従つて原審がこの二回の賭博行為を認めない場合には、単に、犯罪事実としてこれを判示しないだけで足りるのであつて、特にこれを認めない旨を判示しなくとも、所論のような違法あるものということはできない。」上告棄却。

［参照判例］
札幌高判昭和二六・一一・一二高裁刑判特一八号六三頁（常習賭博である以上、同一意思のもとに賭博行為を反復した場合であると、個々の意思で数回これを実行した場合であるとを問わず、一個の常習賭博として処断すべきである）。

198　数種の行為態様をもつ常習犯規定と罪数

大判昭和二・七・一一
刑集六巻二六〇頁

●事　実　被告人Xは、深夜、酒気を帯びて旅館兼料理店に出かけ、同家雇人Aに対し、肴を調理し、飲酒させるよう申込んだところ、Aがこれを拒絶するや、やにわにAの顔面を平手で数回殴打し、さらに飲酒したうえ、酒気に乗じて同家二階客室のガラス障子一枚および階下店の間の電燈一個を損壊した。原判決は、被告人が常習としてこれらの行為をしたものとし、暴力行為等処罰に関する法律一条二項（昭和三九年法律一一四号による改正前）を適用した。これに対し、弁護人は上告し、暴行罪と器物毀棄罪の連続犯とすべきであると主張した。

●判　旨「暴力行為等処罰ニ関スル法律第一条第二項ノ犯罪ハ常習トシテ同条第一項ニ掲クル刑法各条ノ罪ヲ犯シタル場

合ニ成立スルモノニシテ其ノ所謂常習トハ叙上掲記ノ刑法罰ニ規定スル各個ノ犯罪行為ノ常習性ノミヲ指スモノニ非ス是等ノ犯罪行為ヲ包括シタル暴力行為ヲ為ス習癖ヲモ言フモノト解スルヲ相当トスルヲ以テ、知上習癖ヲ有スル者ニ於テ前掲刑法各条項所定ノ罪ノ数種ヲ犯シタルトキト雖其ノ各行為ハ包括セラレテ右暴力行為等処罰ニ関スル法律第一条第二項ノ単純一罪ヲ構成スルニ止マリ其ノ各行為毎ニ其ノ触ルル所ノ刑法各条項所定ノ罪ノ常習罪ヲ構成スヘキモノニ非ス……（原判決認定事実として の——筆者注）該各所為ハ包括セラレテ前掲暴力行為等処罰ニ関スル法律第一条第二項ノ単純一罪ヲ構成スルニ止マリ所論ノ如ク別個独立ノ二罪ヲ構成スルモノニ非サル」上告棄却。（単純一罪。）

199 販売行為の罪数

大判昭和一〇・一一・一一
刑集一四巻一一六五頁

●**事　実**　昭和九年五月(イ)A方で猥褻文書を販売した行為と、(ロ)同年二月同市内B方で同様の販売行為をした事案につき、原判決は(イ)、(ロ)の行為の連続犯とした。

●**判　旨**　「原判示第一ノ(イ)ノ事実ハ其ノ引用証拠ニ依リテ之ヲ認ムルヲ得ヘク該事実ハ判示第一ノ(ロ)ノ事実ト共ニ刑法第一七五条前段所定ノ猥褻画販売罪ヲ構成スルコト勿論ナリ。而シテ同条ニ所謂販売トハ曩ニ第二点ノ論旨ニ対シテ説明シタルカ如ク不定多衆ニ対シテ為スノ目的ニ出テタル有償的ノ護渡行為ニシテ性質上反覆セラルル多数ノ行為ヲ包括スルモノナルカ故ニ、右ノ(イ)(ロ)ノ各販売行為ハ之ヲ包括的ニ一個ノ犯罪トシテ処罰スヘキモノニシテ連続犯トシテ処断スヘキモノニ非ス」上告棄却。（包括一罪）。

200 「吸収」の意義

最決昭和六一・七・一七
刑集四〇巻五号三九七頁

●**事　実**　被告人及びAは、共謀の上、昭和五五年六月一五日ころ、Bほか三名に対し、某候補のため投票並びに投票取りまとめなどの選挙運動をすることの報酬として一〇万円を供与する旨を約し、右買収資金一〇万円を被告人において選挙対策本部の方から調達してAに交付することにした。しかし、それができないときは二人で半額ずつ負担することにした。しかし、Aは、同月一九日ころになっても被告人から連絡がなかつたため、右Bらとの約束を守るために、自己において立て替えることとし、被告人に知らせることなく、一〇万円を用意し、Bほか三名に対し、前記の趣旨で右一〇万円を手渡して供与した。ところが、その供与後に、被告人がAに対し、前記の趣旨でBほか三名に供与すべきものとして、一〇万円を交付した。

●決定要旨　「供与の目的であらかじめ共謀者間で金員の交付が行われ、その後共謀にかかる供与が行われた場合について、交付の罪は、後の供与の罪に吸収されるというのが当裁判所の判例（最高裁昭和四〇年（あ）第一五四一号同四一年七月一三日大法廷判決・刑集二〇巻六二三頁）であるところ、本件は、これと事実関係を異にはしているものの、供与の共謀者間でその手段として買収資金の交付が約束され、偶々供与直後にその交付約束が履行されたにすぎない場合であるから、その間に実質的な差があるとは認め難い。したがつて、本件についても、……被告人のAに対する交付の罪は、……両名共謀によるBほか三名に対する供与の罪に吸収されると解するのが相当であり、これを併合罪とした原判決は法令の適用を誤ったものといわなければならない。」上告棄却。（処断刑の範囲に差異がない。）

［参照判例］

最大判昭和四一・七・一三刑集二〇巻六号六二三頁（供与共謀者間における買収目的の金品授受行為は交付・受交付罪になるが、共謀にかかわる供与等が行われた場合には、「一旦成立した交付又は受交付の罪は後の供与等の罪に吸収され」る）。

201　贓物牙保の目的で贓物を運搬しその一部を牙保するにとどまった場合の罪数（包括一罪）

最決昭和三二・四・一六
刑集一一巻四号一三六六頁

●事　実　被告人は判示日時にA等から映写機四台の売却方を依頼され、右映写機四台が全部贓物であることの情を知りながら、B外二名と共謀の上直ちにこれをT市から判示場所まで運搬した上、判示日時に判示場所で右四台の内二台を同人等をして判示のCに判示の代金で売却させたが、残り二台については、売却などの周旋ができなかった。

●決定要旨　「被告人の右行為はこれを包括的に観察して贓物運搬牙保罪の包括一罪として処断さるべきである。原判決が被告人の右行為を目して贓物運搬罪と贓物牙保罪の二罪が成立すると判示したのは刑法二五六条二項の解釈を誤つたもの」である。上告棄却。（原判決の法令違反は判決に影響を及ぼさない。）

［参照判例］

仙台高判昭和二八・一一・一六高裁刑判特三五号七五頁（贓物を牙保するために運搬した場合、「包括一罪であって、運搬と牙保との二罪を構成するものではない」）。

名古屋高判昭和二七・一二・二六高刑集五巻一三号二六六九頁（贓

物を牙保するために運搬したが、牙保の目的を達しなかった場合、贓物牙保の未遂として不可罰になるのではなく、贓物運搬罪として処罰される)。

第三節　併合罪

202　併合罪の範囲

最決昭和三四・二・九
刑集一三巻一号八二頁

●事　実　被告人は昭和三二年五月一三日静岡地方裁判所掛川支部において、同三一年八月より一〇月までの間に犯した窃盗罪により懲役三年六月に処せられ、同三三年一月二三日上告棄却となり、右判決は同月二八日確定した。ところが、被告人は、右犯行後上告棄却までの保釈中に、さらに大規模の窃盗を行った。

●決定要旨　「刑法四五条後段が『或罪ニ付キ確定裁判アリタルトキハ止タ其罪ト其裁判確定前ニ犯シタル罪トヲ併合罪トス』と規定したのは、その前段が『確定裁判ヲ経サル数罪ヲ併合罪トス』と規定したのを受けて、併合罪となるのは確定裁判を経た罪とその裁判確定前に犯した罪即ち併合審判の可能性が原則として存在した罪についてであつて、その後に犯した罪は併合罪とならないという趣旨を規定しただけであつて、その処断刑をどのようにするかを定めたものではないと解するのを相当とする。そのような場合は刑法五〇条により未だ裁判を経ない罪だけが改めて審判され、確定裁判を経た罪について更に審判するものではない（昭和二四年（れ）一四〇四号同二五年三月一五日大法廷判決・刑集四巻三号二六六頁参照）。前の確定裁判の刑と新に審判された併合罪たる罪の刑との関係は、執行の面で調整されることになる（刑法五一条）。そして確定裁判を経ない罪が数個あつて同時に審判すべき場合にあつては、刑法四五条前段が適用され、その処断刑は同四六条から四九条を適用して定められるべきであつて、刑法四五条後段が適用されることによつて直ちに同四六条から四九条が当然に適用されるものではないと解すべきである。従つて本件所為につき刑法四五条後段のほか同前段をも適用した原判決は正当である。」上告棄却。

［参照判例］

東京高判昭和六三・八・二東高刑時報三九巻五―八合併号三二頁（確定判決前の犯行は、右確定判決の罪と同時審判の可能性がないものであったとしても、刑法四五条後段の併合罪である）。

203　併合罪か包括一罪か

最決昭和五三・三・二二
刑集三二巻二号三八一頁

●**事　実**　被告人が被害者と熊撃ちに出かけ、山小屋にいた被害者を熊と誤認して、猟銃を二発発射し、放置すると二、三日で死亡する程度のものと、手当不能で数分ないし十数分内外で死亡する程度の瀕死の重傷を負わせた後、誤射に気づき、銃創の状況と同人の苦悶する状態を見て、間もなく同人が死亡すると考え、目撃者がいないところから、同人を殺害して逃走しようと決意し、銃弾を発射し、即死させた。

●**決定要旨**　「本件業務上過失傷害罪と殺人罪とは責任条件を異にする関係上併合罪の関係にあるものと解すべきである、とした原審の罪数判断は、その理由に首肯しえないところがあるが、結論においては正当である」上告棄却。（原審、併合罪。）

第四節　その他の問題

204　共犯と罪数

最決昭和五七・二・一七
刑集三六巻二号二〇六頁

●**事　　実**　被告人は、正犯らが二回にわたり覚せい剤を密輸入し、二個の覚せい剤取締法違反の罪を犯した際、覚せい剤の仕入資金にあてられることを知りながら、正犯の一人から渡された現金等を銀行保証小切手にかえて同人に交付し、もって正犯らの右各犯行を幇助した。

●**決定要旨**「幇助罪は正犯の犯行を幇助することによつて成立するものであるから、成立すべき幇助罪の個数については、正犯の罪のそれに従つて決定されるものと解するのが相当である」。したがって、右事実関係のもとでは、「たとえ被告人の幇助行為が一個であつても、二個の覚せい剤取締法違反幇助の罪が成立すると解すべきである。この点に関する原審の判断は、結論において相当である。

ところで、右のように幇助罪が数個成立する場合において、それが刑法五四条一項にいう一個の行為によるものであるか否かについては、幇助犯における行為は幇助犯のした幇助行為そのものにほかならないと解するのが相当であるから、幇助行為それ自体についてこれを見るべきである。本件における前示の事実関係のもとにおいては、被告人の幇助行為は一個と認められるから、たとえ正犯の罪が併合罪にあつても、被告人の二個の覚せい剤取締法違反幇助の罪は観念的競合の関係にあると解すべきである。そうすると、原判決が右の二個の幇助罪を併合罪の関係にあるとしているのは、誤りであるといわなければならない。」上告棄却。（原判決の違法は、著しく正義に反するものではない。）

205　不作為の罪数

最大判昭和五一・九・二二
刑集三〇巻八号一六四〇頁

●**事　　実**　被告人は普通乗用自動車を運転して歩行者に傷害を負わせる交通事故を起こしながら、負傷者の救護もせず、事故を警察官に報告することもせず現場から逃走した。

●**判　　旨**「刑法五四条一項前段にいう一個の行為とは、法的評価をはなれ構成要件的観点を捨象した自然的観察のもとで行為者の動態が社会的見解上一個のものと評価される場合をいい（当裁判所昭和四七年（あ）第一八九六号同四九年五月二九日大法廷判決・刑集二八巻四号一一四頁参照）、不作為もここにいう動態に含まれる。

いま、道路交通法七二条一項前段、後段の義務及びこれらの義務に違反する不作為についてみると、右の二つの義務は、いずれも交通事故の際『直ちに』履行されるべきものとされており、運転者等が右二つの義務に違反して逃げ去るなどした場合、社会生活上、しばしば、ひき逃げというひとつの社会的出来事として認められている。前記大法廷判決のいわゆる自然的観察、社会的見解のもとでは、このような場合において右各義務違反の不作為を別個の行為であるとすることは、格別の事情がないかぎり、是認しがたい見方であるというべきである。

したがつて、車両等の運転者等が、一個の交通事故から生じた道路交通法七二条一項前段、後段の各義務を負う場合、これをいずれも履行する意思がなく、事故現場から立ち去るなどしたときは、他に特段の事情がないかぎり、右各義務違反の不作為は、社会的見解上一個の動態と評価すべきものであり、右各義務違反の罪は刑法五四条一項前段の観念的競合の関係にあるものと解するのが、相当である。」上告棄却。

〔参照判例〕

最大判昭和三八・四・一七刑集一七巻三号二二九頁（車両等の運転者等がいわゆる「ひき逃げ」した場合、道交法七二条一項前段の救護義務と同後段の報告義務はその内容を異にするものであり、別個独立の義務を定めたものであるから、救護義務違反の罪と報告義務違反の罪とが成立し、両者は併合罪の関係にたつ）。

206　かすがい理論

最決昭和二九・五・二七
刑集八巻五号七四一頁

●**事　実**　被告人は、A宅に侵入して、Aの他その家族二名を次々と殺害した。

●**決定要旨**　「所論三個の殺人の所為は所論一個の住居侵入の所為とそれぞれ牽連犯の関係にあり刑法五四条一項後段、一〇条を適用し一罪としてその最も重き罪の刑に従い処断すべきであ」る。上告棄却。

〔参照判例〕

最判昭和三三・五・六刑集一二巻七号一二九七頁（業として多数の女性に売春を斡旋し、雇主から紹介手数料を受領した場合、営業犯としての中間搾取罪と本来併合罪である有害目的職業紹介罪のそれぞれが観念的競合の関係にたち、各有害目的職業紹介罪が中間搾取罪を「媒介として」一罪の関係にある）。

最決平成6・6・30刑集48巻4号21頁 ……98
大阪地判平成6・9・26判例タイムズ881号291頁 ……133
最判平成6・12・6刑集48巻8号509頁 ……202
最決平成6・12・9刑集48巻8号576頁、判例時報1519号148頁、
判例タイムズ870号111頁 ……13
横浜地判平成7・3・28判例時報1530号28頁、判例タイムズ877号148頁 ……107
大阪高判平成7・11・9判例時報1569号145頁 ……194
東京地判平成8・6・26判例時報1578号39頁 ……139
大阪高判平成8・7・24判例時報1584号150頁 ……53
東京高判平成8・9・5判例時報1608号156頁 ……164
最判平成8・11・18判例時報1587頁 ……8
最判平成8・11・18刑集50巻10号745頁 ……124
最判平成8・11・28刑集50巻10号827頁、判例時報1585号134頁、
判例タイムズ925号179頁 ……18
東京地判平成9・4・14判例時報1609号3頁、判例タイムズ952号75頁 ……117
最判平成9・6・16刑集51巻5号435頁 ……87
大阪地判平成9・6・18判例時報1610号155頁 ……178
東京地判平成9・7・15判例時報1641号156頁 ……122
東京高判平成9・8・4高刑集50巻2号130頁、判例時報1629号151頁 ……110
大阪高判平成9・8・29判例タイムズ983号283頁 ……87
最決平成9・10・7刑集51巻9号716頁、判例時報1623号153頁、
判例タイムズ958号116頁 ……25
最決平成9・10・30刑集51巻9号816頁、判例時報1620号152頁、
判例タイムズ955号154頁 ……185
東京高判平成10・3・25判例タイムズ984号287頁 ……36
東京地判平成10・4・17判例タイムズ989号77頁 ……117
東京高判平成10・6・4判例時報1650号155頁 ……158-59
東京高判平成11・1・29判例時報1683号153頁 ……209
裁刑平成11・9・28刑集53巻7号621頁、判例時報1697号122頁、
判例タイムズ1019号95頁 ……164
札幌高判平成12・3・16判例時報1711号170頁 ……209

最判昭和 59・3・6 刑集 38 巻 5 号 1961 頁 ……58
大阪高判昭和 59・3・14 判例タイムズ 535 号 304 頁 ……199
最決昭和 59・3・27 刑集 38 巻 5 号 2064 頁 ……41
東京高判昭和 59・6・13 高刑集 37 巻 3 号 383 頁 ……59
最決昭和 59・7・3 刑集 38 巻 8 号 2783 頁 ……114
最決昭和 59・7・6 刑集 38 巻 8 号 2793 頁 ……71
大阪高判昭和 59・11・9 判例タイムズ 555 号 349 頁 ……165
大阪高判昭和 60・2・19 判例タイムズ 559 号 296 頁 ……21
札幌高判昭和 60・3・20 判例時報 1169 号 157 頁 ……199
最判昭和 60・9・12 刑集 39 巻 6 号 275 頁 ……90
最決昭和 60・10・21 刑集 39 巻 6 号 362 頁 ……60
最判昭和 60・10・23 刑集 39 巻 6 号 413 頁 ……5
大阪簡判昭和 60・12・11 判例時報 1204 号 161 頁 ……145
福岡高那覇支判昭和 61・2・6 判例時報 1184 号 158 頁 ……47
福岡高判昭和 61・3・6 判例時報 1193 号 152 頁、判例タイムズ 600 号 143 頁 ……178
最決昭和 61・6・24 刑集 40 巻 4 号 292 頁 ……86
最決昭和 61・7・17 刑集 40 巻 5 号 397 頁 ……236
名古屋高判昭和 61・9・30 高刑集 39 巻 4 号 371 頁 ……197
高松高判昭和 61・12・2 判例タイムズ 631 号 244 頁 ……13
東京高判昭和 61・12・15 高刑集 39 巻 4 号 511 頁 ……60
大阪高判昭和 61・12・16 高刑集 39 巻 4 号 592 頁 ……38
仙台高石巻支判昭和 62・2・18 判例時報 1249 号 145 頁 ……110
東京高判昭和 62・3・16 判例時報 1232 号 43 頁 ……64
最決昭和 62・3・26 刑集 41 巻 2 号 182 頁 ……143
大阪高判昭和 62・7・10 高刑集 40 巻 3 号 720 頁 ……205
最決昭和 62・7・16 刑集 41 巻 5 号 237 頁 ……132
東京高判昭和 62・7・16 判例時報 1247 号 140 頁 ……175
金沢地判昭和 62・8・26 判例時報 1261 号 141 頁 ……100
大阪高判昭和 62・10・2 判例タイムズ 675 号 246 頁 ……209
東京高判昭和 62・10・6 判例タイムズ 665 号 231 頁 ……62
名古屋高判昭和 63・2・19 高刑集 41 巻 2 号 75 頁 ……14
東京地判昭和 63・7・27 判例時報 1300 号 153 頁 ……210
東京高判昭和 63・8・2 東高刑時報 39 巻 5-8 合併号 32 頁 ……239
最決昭和 63・11・21 刑集 42 巻 9 号 1251 頁 ……60
札幌高判平成元・1・26 高刑集 42 巻 1 頁 ……68
最決平成元・3・14 刑集 43 巻 3 号 262 頁 ……45,133
大阪地判平成元・5・29 判例タイムズ 756 号 265 頁 ……118
最決平成元・6・26 刑集 43 巻 6 号 567 頁 ……201
最判平成元・7・18 刑集 43 巻 7 号 752 頁 ……148
最判平成元・11・13 刑集 43 巻 10 号 823 頁 ……91,97
最決平成元・12・15 刑集 43 巻 13 号 879 頁 ……67
最決平成 2・2・9 判例タイムズ 722 号 234 頁、判例時報 1341 号 157 頁 ……56
東京高判平成 2・2・21 判例タイムズ 733 号 232 頁 ……210
高知地判平成 2・9・17 判例タイムズ 742 号 224 頁 ……107
高知地判平成 2・9・17 判例時報 1353 号 160 頁 ……139
最決平成 3・2・1 刑集 45 巻 2 号 1 頁 ……60
大阪地判平成 3・4・24 判例タイムズ 763 号 284 頁 ……97
最判平成 3・11・14 刑集 45 巻 8 号 221 頁 ……45
長崎地判平成 4・1・14 判例時報 1415 号 142 頁 ……122
東京地判平成 4・1・23 判例時報 1419 号 133 頁 ……197
浦和地判平成 4・2・27 判例タイムズ 795 号 263 頁 ……178
最決平成 4・6・5 刑集 46 巻 4 号 245 頁 ……97,203
最決平成 4・12・17 刑集 46 巻 9 号 693 頁 ……40
最決平成 5・10・29 刑集 47 巻 8 号 98 頁 ……229

最大判昭和 51・5・21 刑集 30 巻 5 号 1178 頁 ……106
福岡高判昭和 51・5・26 高刑集 29 巻 2 号 284 頁 ……101
東京高判昭和 51・7・14 判例時報 834 号 106 頁 ……173
最大判昭和 51・9・22 刑集 30 巻 8 号 1640 頁 ……240
越谷簡判昭和 51・10・25 判例時報 846 号 128 頁 ……197
松江地判昭和 51・11・2 刑裁月報 8 巻 11・12 号 495 頁 ……200
横浜地川崎支判昭和 51・11・25 判例時報 842 号 127 頁 ……195
最決昭和 52・3・16 刑集 31 巻 2 号 80 頁 ……216
最大判昭和 52・5・4 刑集 31 巻 3 号 182 頁 ……86,103
東京高判昭和 52・6・30 判例時報 886 号 104 頁 ……224
最判昭和 52・12・22 刑集 31 巻 7 号 1176 頁 ……16
最決昭和 53・3・22 刑集 32 巻 2 号 381 頁 ……239
最判昭和 53・3・24 刑集 32 巻 2 号 408 頁 ……115
最決昭和 53・5・31 刑集 32 巻 3 号 457 頁 ……101
最判昭和 53・6・29 刑集 32 巻 4 号 967 頁 ……124,130
最判昭和 53・7・28 刑集 32 巻 5 号 1068 頁 ……78
大津地判昭和 53・12・26 判例時報 924 号 145 頁 ……195
最決昭和 54・3・27 刑集 33 巻 2 号 140 頁 ……76
最決昭和 54・4・13 刑集 33 巻 3 号 179 頁 ……192
最判昭和 54・7・31 刑集 33 巻 5 号 494 頁 ……11
最判昭和 54・12・25 刑集 33 巻 7 号 1105 頁 ……165
東京高判昭和 55・9・26 高刑集 33 巻 5 号 359 頁 ……129
東京高判昭和 55・10・7 刑裁月報 12 巻 10 号 1101 頁 ……100
最決昭和 55・11・7 刑集 34 巻 6 号 381 頁 ……25
最決昭和 55・11・13 刑集 34 巻 6 号 396 頁 ……109
千葉地松戸支判昭和 55・11・20 判例時報 1015 号 143 頁 ……199
最決昭和 55・12・9 刑集 34 巻 7 号 513 頁 ……62
大阪高判昭和 56・1・30 判例時報 1009 号 134 頁 ……121
東京高判昭和 56・4・1 判例タイムズ 442 号 163 頁 ……100
最決昭和 56・4・8 刑集 35 巻 3 号 57 頁 ……76
横浜地判昭和 56・7・17 判例時報 1011 号 142 頁 ……207
大阪高判昭和 56・9・30 高刑集 34 巻 3 号 385 頁 ……121
最決昭和 56・12・21 刑集 35 巻 9 号 911 頁 ……58
東京高判昭和 56・12・25 刑裁月報 13 巻 12 号 828 頁 ……102
最決昭和 57・2・17 刑集 36 巻 2 号 206 頁 ……240
最決昭和 57・5・26 刑集 36 巻 5 号 609 頁 ……87
最決昭和 57・7・16 刑集 36 巻 6 号 695 頁 ……199
東京地判昭和 57・7・28 判例時報 1073 号 159 頁 ……199
那覇地判昭和 57・10・12 刑裁月報 14 巻 10 号 755 頁 ……14
東京地八王子支判昭和 57・12・22 判例タイムズ 494 号 142 頁 ……44
名古屋高判昭和 58・1・13 判例時報 1084 号 144 頁 ……205
最判昭和 58・2・24 判例時報 1070 号 5 頁 ……55
大阪地判昭和 58・3・18 判例時報 1086 号 158 頁 ……123
最判昭和 58・4・8 刑集 37 巻 3 号 215 頁 ……74
最判昭和 58・6・23 刑集 37 巻 5 号 55 頁 ……65
福岡地判昭和 58・7・20 判例時報 910 号 242 頁 ……163
横浜地判昭和 58・7・20 判例時報 1108 号 138 頁 ……163
最決昭和 58・9・13 判例時報 1100 号 156 頁 ……117
最決昭和 58・9・21 刑集 37 巻 7 号 1070 頁 ……193
東京高判昭和 58・9・22 高刑集 36 巻 3 号 271 頁 ……192
最判昭和 58・9・29 刑集 37 巻 7 号 1110 頁 ……184,230
最決昭和 58・12・21 刑集 37 巻 10 号 1878 頁 ……230
最判昭和 59・1・30 刑集 38 巻 1 号 185 頁 ……96
最判昭和 59・2・24 刑集 38 巻 4 号 1287 頁 ……131

最決昭和44・7・17刑集23巻8号1061頁 ……212
東京高判昭和44・7・21東高刑時報20巻7号132頁 ……158
東京地判昭和44・9・1刑裁月報1巻9号865頁 ……72
東京高判昭和44・9・17高刑集22巻4号595頁 ……126
大阪高判昭和44・10・17判例タイムズ244号290頁 ……181
高松高判昭和44・11・27高刑集22巻901頁 ……118
最判昭和44・12・4刑集23巻12号1573頁 ……90,97
最大判昭和44・12・22刑集23巻5号305頁 ……106
最判昭和45・1・29刑集24巻1号1頁 ……85
福岡高判昭和45・2・14高刑集23巻1号156頁 ……109
東京高判昭和45・3・26高刑集23巻1号239頁 ……71
東京高判昭和45・5・11高刑集23巻2号386頁 ……36
福岡高判昭和45・5・16判例時報621号106頁 ……54
最決昭和45・7・28判例時報605号97頁 ……82
最決昭和45・7・28刑集24巻7号585頁 ……162
最決昭和45・9・30刑集24巻10号1435頁 ……15
東京高判昭和45・10・2高刑集23巻4号640頁 ……41,140
浦和地判昭和45・10・22刑裁月報2巻10号1107頁 ……166
東京高判昭和45・11・11高刑集23巻4号759頁 ……102
広島地呉支判昭和45・11・17刑裁月報2巻11号1238頁 ……80
最決昭和45・11・17刑集24巻12号1622頁 ……82
最判昭和46・4・22刑集25巻3号451頁 ……14
最判昭和46・4・22刑集25巻3号492頁 ……15
最判昭和46・6・17刑集25巻4号567頁 ……70
最判昭和46・6・25刑集25巻4号655頁 ……82
最決昭和46・7・30刑集25巻5号756頁 ……108
最決昭和46・10・22刑集25巻7号838頁 ……49,154
最判昭和46・11・16刑集25巻8号996頁 ……88
東京高判昭和47・12・19刑裁月報44巻12号1940頁 ……67
徳島地判昭和48・2・28刑裁月報5巻2号1473頁、判例時報721号7頁、
判例タイムズ302号123頁 ……30
最判昭和48・4・4刑集27巻3号265頁 ……6
最大判昭和48・4・25刑集27巻3号418頁 ……86
最大判昭和48・4・25刑集27巻4号547頁 ……9,106
徳島地判昭和48・10・25下級刑集5巻9・10号1473頁 ……30
東京地判昭和49・4・25刑裁月報6巻4号475頁、判例タイムズ315号163頁、
判例時報744号37頁 ……47
最大判昭和49・5・29刑集28巻4号114頁 ……8,229,241
東京高判昭和49・7・31高刑集27巻4号328頁 ……199
最決昭和49・10・14刑集28巻7号372頁 ……229
最判昭和49・11・6刑集28巻9号393頁 ……3
名古屋高判昭和49・11・20刑裁月報6巻11号1125頁 ……194
最決昭和49・11・28刑集28巻8号385頁 ……229
最判昭和50・4・3刑集29巻4号132頁 ……99
大阪高判昭和50・5・15高刑集28巻3号249頁 ……98
最決昭和50・5・27刑集29巻5号348頁 ……229
最判昭和50・9・10刑集29巻8号489頁 ……3
最判昭和50・10・24刑集29巻9号777頁 ……125
最判昭和50・11・28刑集29巻10号983頁 ……89
大阪地判昭和51・3・4判例時報822号109頁 ……120
最判昭和51・3・16刑集30巻2号146頁 ……171
札幌高判昭和51・3・18高刑集29巻1号78頁 ……133
最判昭和51・3・18刑集30巻2号212頁 ……192
最判昭和51・4・30刑集30巻3号453頁 ……12

最決昭和 37・11・8 刑集 16 巻 11 号 1522 頁 ……158,213
最判昭和 37・11・21 刑集 16 巻 11 号 1570 頁 ……60
大阪高判昭和 38・1・22 高刑集 16 巻 2 号 177 頁 ……213
最判昭和 38・2・26 刑集 12 巻 1 号 15 頁 ……24
最判昭和 38・2・26 刑集 17 巻 1 号 15 頁 ……24
最判昭和 38・3・15 刑集 17 巻 2 号 23 頁 ……106
最大判昭和 38・4・17 刑集 17 巻 3 号 229 頁 ……241
最決昭和 38・5・17 刑集 17 巻 4 号 336 頁 ……234
東京高判昭和 38・6・13 高刑集 16 巻 4 号 358 頁 ……162
広島高松江支判昭和 39・1・20 高刑集 17 巻 1 号 47 頁 ……40
東京地判昭和 39・5・30 下級刑集 6 巻 5・6 号 694 頁 ……157,159
東京地判昭和 39・6・26 判例タイムズ 164 号 152 頁 ……40
静岡地判昭和 39・9・1 下級刑集 6・9＝10・1005 頁 ……163
最判昭和 39・11・24 刑集 8 巻 11 号 1866 頁 ……13
高松高判昭和 40・1・12 下級刑集 7 巻 1 号 1 頁 ……209
福岡地判昭和 40・2・24 下級刑集 7 巻 2 号 227 頁 ……205
最決昭和 40・3・9 刑集 19 巻 2 号 69 頁 ……160
最判昭和 40・3・26 刑集 19 巻 2 号 83 頁 ……24
最決昭和 40・3・30 刑集 19 巻 2 号 125 頁 ……217
秋田地判昭和 40・3・31 下級刑集 7 巻 3 号 536 頁 ……196
京都地判昭和 40・5・10 下級刑集 7 巻 5 号 855 頁 ……196
東京地判昭和 40・9・30 下級刑集 7 巻 9 号 1828 頁 ……43
宇都宮地判昭和 40・12・9 下級刑集 7 巻 12 号 2189 頁 ……162
大津地判昭和 41・1・21 下級刑集 8 巻 1 号 181 頁 ……117
東京高判昭和 41・3・29 高刑集 19 巻 2 号 125 頁 ……232
高松高判昭和 41・3・31 高刑集 19 巻 2 号 136 頁 ……31
最判昭和 41・6・14 刑集 20 巻 5 号 449 頁 ……81
大阪高判昭和 41・6・24 高刑集 19 巻 4 号 375 頁 ……201
最決昭和 41・7・7 刑集 20 巻 6 号 554 頁 ……142,144
最大判昭和 41・7・13 刑集 20 巻 6 号 623 頁 ……237
高松高判昭和 41・8・9 高刑集 19 巻 5 号 520 頁 ……162
最大判昭和 41・10・26 刑集 20 巻 8 号 901 頁 ……10,106
最判昭和 42・2・23 刑集 21 巻 1 号 313 頁 ……172
最判昭和 42・3・7 刑集 21 巻 2 号 417 頁 ……214
東京高判昭和 42・3・24 高刑集 20 巻 3 号 229 頁 ……168
東京高判昭和 42・4・21 東高時報 18 巻 4 号 120 頁 ……52
最決昭和 42・5・26 刑集 21 巻 4 号 710 頁 ……99
東京地判昭和 42・7・19 判例時報 490 号 16 頁 ……127
最判昭和 42・7・20 判例時報 496 号 68 頁 ……10
東京高判昭和 42・8・29 高刑集 20 巻 4 号 521 頁 ……218
最判昭和 42・10・13 刑集 21 巻 8 号 1097 頁 ……82
最決昭和 42・10・24 刑集 21 巻 8 号 1116 頁 ……69
最決昭和 43・2・27 刑集 22 巻 2 号 67 頁 ……117
尼崎簡判昭和 43・2・29 下級刑集 10 巻 2 号 211 頁 ……39
最決昭和 43・3・30 刑集 19 巻 2 号 125 頁 ……35
最判昭和 43・12・24 刑集 22 巻 13 号 1625 頁 ……191
最判昭和 44・2・27 判例タイムズ 232 号 168 頁 ……31
岡山簡判昭和 44・3・25 刑裁月報 1 巻 3 号 310 頁 ……195
最大判昭和 44・4・2 刑集 23 巻 5 号 305 頁 ……9,10
最大判昭和 44・4・2 刑集 23 巻 5 号 685 頁 ……10,106
大阪地判昭和 44・4・8 判例時報 575 号 96 頁 ……209
大阪高判昭和 44・5・20 刑裁月報 1 巻 5 号 462 頁 ……56
最大判昭和 44・6・18 刑集 23 巻 7 号 950 頁 ……231
最判昭和 44・6・25 刑集 23 巻 7 号 975 頁 ……152

最判昭和 32・1・22 刑集 11 巻 1 号 31 頁 ……91
東京高判昭和 32・2・16 高裁刑裁特 4 巻 9 号 212 頁 ……56
東京高判昭和 32・2・21 東高刑時報 8 巻 2 号 39 頁 ……201
最判昭和 32・3・13 刑集 11 巻 3 号 997 頁 ……51
最決昭和 32・4・16 刑集 11 巻 4 号 1366 頁 ……237
広島高判昭和 32・7・20 高裁刑裁特 4 巻追録 696 頁 ……196
旭川地判昭和 32・7・27 判例時報 125 号 28 頁 ……101
最決昭和 32・9・10 刑集 11 巻 9 号 2202 頁 ……176
最判昭和 32・10・3 刑集 11 巻 10 号 2413 頁 ……150
最判昭和 32・10・4 刑集 11 巻 10 号 2464 頁 ……195
最判昭和 32・10・9 刑集 11 巻 10 号 2497 頁 ……21
最判昭和 32・10・9 刑集 11 巻 10 号 2509 頁 ……21
最判昭和 32・10・18 刑集 11 巻 10 号 2663 頁 ……124
名古屋高金沢支昭和 32・10・29 高裁刑裁特 4 巻 21 号 558 頁 ……94
最判昭和 32・11・19 刑集 11 巻 12 号 3073 頁 ……217
最大判昭和 32・11・27 刑集 11 巻 12 号 3113 頁 ……23-4
最判昭和 33・2・7 刑集 12 巻 2 号 117 頁 ……24
浦和地判昭和 33・3・28 第 1 審刑集 1 巻 3 号 455 頁 ……204
最判昭和 33・4・18 刑集 12 巻 6 号 1090 頁 ……62
最判昭和 33・5・6 刑集 12 巻 7 号 1297 頁 ……241
最大判昭和 33・5・28 刑集 12 巻 8 号 1718 頁 ……8,199
最判昭和 33・6・17 刑集 12 巻 10 号 2142 頁 ……224
最判昭和 33・7・10 刑集 12 巻 11 号 2471 頁 ……134
東京高判昭和 33・7・19 高裁刑裁特 5 巻 8 号 337 頁 ……67
最判昭和 33・7・25 刑集 12 巻 12 号 2746 頁 ……60
最判昭和 33・9・9 刑集 12 巻 13 号 2882 頁 ……44
福岡高宮崎支判昭和 33・9・9 判例時報 169 号 30 頁 ……133
最判昭和 33・11・4 刑集 12 巻 15 号 3439 頁 ……136
最判昭和 34・2・5 刑集 13 巻 1 号 1 頁 ……97
最決昭和 34・2・9 刑集 13 巻 1 号 82 頁 ……238
最判昭和 34・2・27 刑集 2 巻 250 頁 ……150
広島高判昭和 34・2・27 高刑集 12 巻 1 号 36 頁 ……205
最判昭和 34・5・7 刑集 13 巻 5 号 641 頁 ……153
和歌山地判昭和 34・6・12 下級刑集 1 巻 6 号 1415 頁 ……223
東京高判昭和 34・6・29 下級刑集 1 巻 6 号 1366 頁 ……29
最判昭和 34・7・24 刑集 13 巻 8 号 1163 頁 ……39
神戸地姫路支判昭和 34・11・27 下級刑集 1 巻 11 号 2496 頁 ……158
東京高判昭和 34・12・2 東高刑時報 10 巻 12 号 435 頁 ……205
最判昭和 35・2・4 刑集 14 巻 1 号 61 頁 ……92,95
東京高判昭和 35・4・21 東高刑時報 11 巻 4 号 86 頁 ……223
札幌高判昭和 36・2・9 下級刑集 3 巻 1 号・2 号 34 頁 ……178
神戸地判昭和 36・4・8 下級刑集 3 巻 3・4 号 295 頁 ……224
広島高判昭和 36・7・10 高刑集 14 巻 5 号 310 頁 ……169
広島高判昭和 36・8・25 高刑集 14 巻 5 号 333 頁 ……55
福岡地小倉支判昭和 36・9・4 下級刑集 3 巻 9・10 号 870 頁 ……114
名古屋高判昭和 36・11・27 高刑集 14 巻 9 号 135 頁 ……213
名古屋高判昭和 36・11・27 高刑集 14 巻 9 号 635 頁 ……213
最判昭和 36・12・20 刑集 15 巻 11 号 1940 頁 ……21
東京地判昭和 37・3・17 下級刑集 4 巻 3・4 号 224 頁 ……180
最判昭和 37・3・23 刑集 16 巻 3 号 305 頁 ……171
名古屋高判昭和 37・4・2 高刑集 15 巻 9 号 674 頁 ……106
最判昭和 37・4・4 刑集 16 巻 4 号 345 頁 ……19
最判昭和 37・5・1 判例時報 296 号 3 頁 ……139
大阪地判昭和 37・7・24 下級刑集 4 巻 7・8 号 696 頁 ……34

東京高判昭和 27・9・11 高裁刑判特 27 号 1 頁 ……192
最判昭和 27・9・19 刑集 6 巻 8 号 1083 頁 ……215
仙台高判昭和 27・9・27 高裁刑判特 22 号 178 頁 ……194,207
札幌高判昭和 27・11・20 高刑集 5 巻 11 号 2018 頁 ……29
東京高判昭和 27・12・12 高刑集 5 巻 12 号 2283 頁 ……184
最判昭和 27・12・25 刑集 6 巻 12 号 1387 頁 ……195
名古屋高判昭和 27・12・26 高刑集 5 巻 13 号 2669 頁 ……237
福岡高判昭和 28・1・12 高刑集 6 巻 1 号 1 頁 ……201
最判昭和 28・1・23 刑集 7 巻 1 号 30 頁 ……196
最判昭和 28・1・23 刑集 7 巻 1 号 46 頁 ……54
広島高岡山支判昭和 28・2・17 高裁刑判特 31 号 67 頁 ……151
高松高判昭和 28・2・25 高刑集 6 巻 4 号 417 頁 ……160
最判昭和 28・3・16 刑集 7 巻 3 号 529 頁 ……162
最判昭和 28・4・14 刑集 7 巻 4 号 850 頁 ……232
最判昭和 28・6・12 刑集 7 巻 6 号 1278 頁 ……211
札幌高判昭和 28・6・30 高刑集 6 巻 7 号 859 頁 ……205
最判昭和 28・7・22 刑集 7 巻 7 号 1562 頁 ……21
東京高判昭和 28・7・27 高刑集 6 巻 8 号 1028 頁 ……64
広島高判昭和 28・10・5 高刑集 6 巻 9 号 1261 頁 ……161
福岡高判昭和 28・11・10 高裁刑判特 26 巻 58 頁 ……171,173
仙台高判昭和 28・11・16 高裁刑判特 35 号 75 頁 ……237
大阪高判昭和 28・11・18 高刑集 6 巻 11 号 1603 頁 ……151
最判昭和 28・12・22 刑集 7 巻 13 号 2608 頁 ……70
最判昭和 28・12・25 刑集 7 巻 13 号 2671 頁 ……93-94
最判昭和 29・1・20 刑集 8 巻 1 号 41 頁 ……182
最決昭和 29・5・6 刑集 8 巻 5 号 634 頁 ……161
最判昭和 29・5・20 刑集 8 巻 5 号 692 頁 ……64
最決昭和 29・5・27 刑集 8 巻 5 号 741 頁 ……241
福岡高判昭和 29・5・29 高裁刑判特 26 巻 93 頁 ……177
仙台高判昭和 29・11・2 高裁刑裁特 1 巻 9 号 415 頁 ……184
最判昭和 29・11・10 刑集 8 巻 11 号 1791 頁 ……21
最判昭和 29・12・1 刑集 8 巻 12 号 1911 頁 ……21
広島高松江支判昭和 29・12・13 高刑集 7 巻 12 号 1781 頁 ……194
最判昭和 29・12・23 刑集 8 巻 13 号 2309 頁 ……21
最判昭和 30・2・23 刑集 9 巻 2 号 344 頁 ……21
最判昭和 30・3・1 刑集 9 巻 3 号 381 頁 ……10
大阪高判昭和 30・5・16 高刑集 8 巻 4 号 545 頁 ……100
名古屋高判昭和 30・5・17 高裁刑裁特 2 巻 11 号 522 頁 ……220
仙台高判昭和 30・6・21 高裁刑裁特 2 巻 12 号 619 頁 ……46
最判昭和 30・7・7 刑集 9 巻 9 号 1816 頁 ……8
最判昭和 30・7・20 刑集 9 巻 9 号 1922 頁 ……21
仙台高判昭和 30・11・8 高裁刑裁特 2 巻 22 号 1157 頁 ……160
最判昭和 30・11・11 刑集 9 巻 12 号 2438 頁 ……109
名古屋高判昭和 30・12・13 高裁刑裁特 2 巻 24 号 1276 頁 ……29
名古屋高判昭和 31・2・10 高裁刑裁特 3 巻 5 号 148 頁 ……209
名古屋高判昭和 31・2・13 高裁刑裁特 3 巻 8 号 353 頁 ……64
最判昭和 31・4・10 刑集 10 巻 4 号 520 頁 ……10
名古屋高判昭和 31・4・19 高刑集 9 巻 5 号 411 頁 ……118
最判昭和 31・5・24 刑集 10 巻 5 号 734 頁 ……215
最判昭和 31・6・27 刑集 10 巻 6 号 921 頁 ……10
最判昭和 31・7・11 刑集 10 巻 7 号 1035 頁 ……21
最判昭和 31・8・3 刑集 10 巻 8 号 1202 頁 ……234
最判昭和 31・9・26 刑集 10 巻 9 号 1403 頁 ……21
名古屋高判昭和 31・10・22 高裁刑裁特 3 巻 21 号 1007 頁 ……196

大判昭和 15・10・14 刑集 19 巻 685 頁 ……219
大判昭和 16・5・20 刑集 20 巻 305 頁 ……21
大判昭和 16・12・18 刑集 20 巻 709 頁 ……24
大判昭和 17・7・24 刑集 21 巻 319 頁 ……24
大判昭和 17・9・16 刑集 21 巻 417 頁 ……24
大判昭和 18・3・29 刑集 22 巻 61 頁 ……24
最判昭和 22・11・5 刑集 1 巻 1 頁 ……223
最判昭和 23・3・16 刑集 2 巻 3 号 227 頁 ……55
最判昭和 23・4・17 刑集 2 巻 4 号 384 頁 ……224
最判昭和 23・5・1 刑集 2 巻 5 号 435 頁 ……192,223
最判昭和 23・5・8 刑集 2 巻 5 号 478 頁 ……224
最判昭和 23・6・22 刑集 2 巻 7 号 694 頁 ……17,92
最判昭和 23・7・14 刑集 28 巻 8 号 889 頁 ……9
最判昭和 23・10・23 刑集 2 巻 11 号 1396 頁 ……183,222
最判昭和 24・1・20 刑集 3 巻 1 号 47 頁 ……171
最判昭和 24・4・5 刑集 3 巻 4 号 421 頁 ……97
最大判昭和 24・5・18 判例体系 1・1032 頁 ……109
最判昭和 24・7・9 刑集 3 巻 8 号 1174 頁 ……177
最判昭和 24・7・12 刑集 3 巻 1237 頁 ……226,230
最判昭和 24・7・23 刑集 3 巻 8 号 1373 頁 ……234
福岡高判昭和 24・9・17 高裁刑判特 1 号 127 頁 ……201
最判昭和 24・12・17 刑集 3 巻 12 号 2028 頁 ……225
最大判昭和 24・12・21 刑集 3 巻 12 号 2048 頁 ……231-32
最判昭和 24・12・22 刑集 3 巻 12 号 2070 頁 ……184
最判昭和 24・12・24 刑集 3 巻 12 号 2088 頁 ……158
最判昭和 25・2・16 刑集 4 巻 2 号 184 頁 ……198
最判昭和 25・2・24 刑集 4 巻 2 号 255 頁 ……233
仙台高秋田支判昭和 25・3・6 高裁刑判特 7 号 85 頁 ……223
大判昭和 25・3・15 刑集 4 巻 3 号 266 頁 ……239
最判昭和 25・4・11 判例体系 30 巻 1018 頁 ……223
最判昭和 25・4・20 刑集 4 巻 4 号 602 頁 ……198
最判昭和 25・4・26 刑集 4 巻 4 号 700 頁 ……8,18
最判昭和 25・7・4 刑集 4 巻 7 号 1168 頁 ……29
最判昭和 25・7・6 刑集 4 巻 7 号 1178 頁 ……194
最判昭和 25・7・11 刑集 4 巻 7 号 1261 頁 ……222
東京高判昭和 25・9・14 高刑集 3 巻 3 号 407 頁 ……201
最判昭和 25・10・10 刑集 4 巻 10 号 1965 頁 ……224
福岡高判昭和 25・10・17 高刑集 3 巻 3 号 487 頁 ……150
名古屋高判昭和 25・11・14 高刑集 3 巻 4 号 748 頁 ……160
最判昭和 25・11・28 刑集 4 巻 12 号 2463 頁 ……9
最判昭和 25・12・19 刑集 4 巻 12 号 2577 頁 ……234
最判昭和 26・1・17 刑集 5 巻 1 号 1 頁 ……195
最判昭和 26・1・17 刑集 5 巻 1 号 20 頁 ……121
最判昭和 26・1・30 刑集 5 巻 2 号 374 頁 ……124
名古屋高金沢支判昭和 26・2・12 高裁刑判特 30 号 32 頁 ……181
最判昭和 26・3・27 刑集 5 巻 4 号 686 頁 ……224
最判昭和 26・4・10 刑集 5 巻 5 号 825 頁 ……235
最判昭和 26・6・7 刑集 5 巻 7 号 1236 頁 ……61
最判昭和 26・7・17 刑集 5 巻 8 号 1448 頁 ……171
最判昭和 26・8・17 刑集 5 巻 9 号 1789 頁 ……150
札幌高判昭和 26・11・12 高裁刑判特 18 号 63 頁 ……235
東京高判昭和 26・11・26 高刑集 4 巻 13 号 1933 頁 ……64
仙台高判昭和 27・2・29 高裁刑判特 22 号 106 頁 ……194,225
東京高判昭和 27・4・24 高刑集 5 巻 5 号 666 頁 ……74

大判大正 14・1・28 刑集 4 巻 14 頁 …36
大判大正 14・2・20 刑集 4 巻 73 頁 …211
大判大正 14・6・9 刑集 4 巻 378 頁 …148
大判大正 15・10・14 刑集 5 巻 456 頁 …231
大判昭和 2・7・11 刑集 6 巻 260 頁 …235
大判昭和 3・3・9 刑集 7 巻 172 頁 …208
大判昭和 4・4・11 法律新聞 3006 号 15 頁 …66
大判昭和 4・9・17 刑集 8 巻 446 頁 …182
大判昭和 6・1・19 刑集 10 巻 1 頁 …123
大判昭和 6・7・8 刑集 10 巻 312 頁 …221
大判昭和 6・12・3 刑集 10 巻 682 頁 …113
大判昭和 6・12・18 刑集 10 巻 793 頁 …211
大判昭和 7・1・25 刑集 11 巻 1 頁 …92
大判昭和 7・3・10 刑集 11 巻 286 頁 …217
東京地判昭和 7・4・22 法律新聞 3412 号 9 頁 …69
大判昭和 7・4・30 刑集 11 巻 558 頁 …233
大判昭和 7・8・4 刑集 11 巻 1153 頁 …146
大判昭和 7・12・12 刑集 11 巻 1881 頁 …162
東京控訴審昭和 8・2・28 法律新聞 354 号 5 頁 …68
大判昭和 8・8・30 刑集 12 巻 1445 頁 …80
大判昭和 8・11・30 刑集 12 巻 2160 頁 …93, 95
大判昭和 9・6・21 刑集 13 巻 843 頁 …12
大判昭和 9・9・28 刑集 13 巻 1231 頁 …150
大判昭和 9・10・19 刑集 13 巻 1473 頁 …160
大判昭和 9・11・17 刑集 13 巻 1577 頁 …12
大判昭和 9・11・20 刑集 13 巻 1514 頁 …217
大判昭和 9・12・18 刑集 13 巻 1747 頁 …222
大判昭和 10・2・7 刑集 14 巻 76 頁 …219
大判昭和 10・2・13 刑集 14 巻 83 頁 …212
大判昭和 10・3・25 刑集 14 巻 339 頁 …61
大判昭和 10・6・20 刑集 14 巻 722 頁 …226
大判昭和 10・7・17 刑集 20 巻 425 頁 …18
大判昭和 10・10・24 刑集 14 巻 1267 頁 …212
大判昭和 10・11・11 刑集 14 巻 1165 頁 …236
大判昭和 11・5・28 刑集 15 巻 715 頁 …198
大判昭和 11・11・12 刑集 15 巻 1431 頁 …212
大判昭和 11・12・7 刑集 15 巻 1561 頁 …89
大判昭和 12・6・6 刑集 16 巻 272 頁 …177
大判昭和 12・6・25 刑集 16 巻 998 頁 …182
大判昭和 12・9・21 刑集 16 巻 1303 頁 …178
大判昭和 12・11・16 判例体系刑法 2 ・1245 頁 …96
大判昭和 12・12・22 刑集 16 巻 1690 頁 …182
大判昭和 12・12・24 刑集 16 巻 1728 頁 …226
大判昭和 13・3・11 刑集 17 巻 23 頁 …45
大判昭和 13・4・7 刑集 17 巻 244 頁 …209
大判昭和 13・7・28 刑集 17 巻 614 頁 …12
大判昭和 13・10・29 刑集 17 巻 853 頁 …21
大判昭和 13・11・18 刑集 17 巻 839 頁 …206
大判昭和 13・12・23 刑集 17 巻 980 頁 …233
大判昭和 14・4・6 刑集 18 巻 187 頁 …216
大判昭和 15・1・30 評論 29 巻刑法 98 頁 …212
大判昭和 15・3・1 刑集 19 巻 63 頁 …218
大判昭和 15・7・1 刑集 19 巻 401 頁 …21
大判昭和 15・8・22 刑集 19 巻 540 頁 …10

判例索引

大判明治36・5・21刑録9輯874頁 ……11
大判明治43・4・28刑録16輯760頁 ……78
大判明治43・6・23刑録16輯1276頁 ……168
大判明治43・10・11刑録16輯1620頁 ……85
大判明治43・12・9刑録16輯2139頁 ……211
大判明治44・3・16刑録17輯405頁 ……215
大判明治44・6・16刑録17輯1202頁 ……13
大判明治44・8・25刑録17輯1513頁 ……218
大判明治44・10・6刑録17輯1618頁 ……198
大判明治44・10・9刑録17輯1652頁 ……217
大判大正元・11・11刑録18輯1362頁 ……233
大判大正元・11・28刑録18輯1445頁 ……223
大判大正2・3・18刑録19輯353頁 ……216, 218
大判大正2・7・9刑録19輯771頁 ……210
大判大正2・11・18刑録19輯1212頁 ……226
大判大正3・3・10刑録20輯266頁 ……220
大判大正3・3・23刑録20輯326頁 ……37
大判大正3・5・18刑録20輯932頁 ……220
大判大正3・6・29刑録20輯1289頁 ……168
大判大正3・7・24刑録20輯1546頁 ……169
大判大正3・11・7刑録20輯2046頁 ……211
大判大正4・3・2刑録21輯194頁 ……217
大判大正4・11・2刑録21輯1831頁 ……41
大判大正5・5・4刑録22輯685頁 ……183
大判大正5・8・2刑録22輯1332頁 ……168
大判大正5・8・11刑録22輯1313頁 ……80
大判大正5・12・21刑録22輯1925頁 ……158
大判大正6・3・17刑録23輯208頁 ……219
大判大正6・9・10刑録623輯999頁 ……168
大判大正6・12・21刑録23輯1572頁 ……219
大判大正7・5・24刑録24輯613頁 ……172
大判大正7・6・17刑録24輯844頁 ……220
大判大正7・7・2法律新聞1460号24頁 ……219
大判大正7・11・16刑録24輯1352頁 ……162, 167
大判大正7・12・18刑録24輯1558頁 ……45
大判大正8・2・27刑録25輯261頁 ……219
大判大正8・11・13刑録25輯1081頁 ……61
大判大正9・3・16刑録26輯185頁 ……221
大判大正9・6・3刑録26輯382頁 ……219
大判大正10・11・21刑録27輯689頁 ……195
大判大正11・3・1刑集1巻99頁 ……210
大判大正11・4・1刑集1巻194頁 ……195
大判大正11・4・18刑集1巻233頁 ……198
大判大正11・5・6刑集1巻255頁 ……55
大判大正12・2・22刑集2巻107頁 ……220
大判大正12・4・27刑集2巻370頁 ……76
大判大正12・4・30刑集2巻5号378頁 ……56
大判大正12・7・2刑集2巻610頁 ……226
大判大正12・7・3刑集2巻624頁 ……184
大判大正13・3・14刑集3巻285頁 ……37
大判大正13・4・25刑集3巻364頁 ……147
大判大正13・12・12刑集3巻867頁 ……93

三訂　刑法判例大系（総論）

2002年10月15日　第3版1刷発行
2010年10月25日　第3版6刷発行

編　者　内田文昭
山火正則
福山道義
吉田敏雄
林　美月子
発行者　大野俊郎
印刷所　壮光舎㈱
製本所　グリーン製本

八千代出版株式会社　東京都千代田区三崎町2−2−13
TEL　03（3262）0420
FAX　03（3237）0723
振替　00190−4−168060

ISBN978-4-8429-1259-2